ENSEIGNEMENT CLASSIQUE

Classes de Lettres

A. SEIGNETTE

COURS ÉLÉMENTAIRE DE GÉOLOGIE

HACHETTE ET Cie

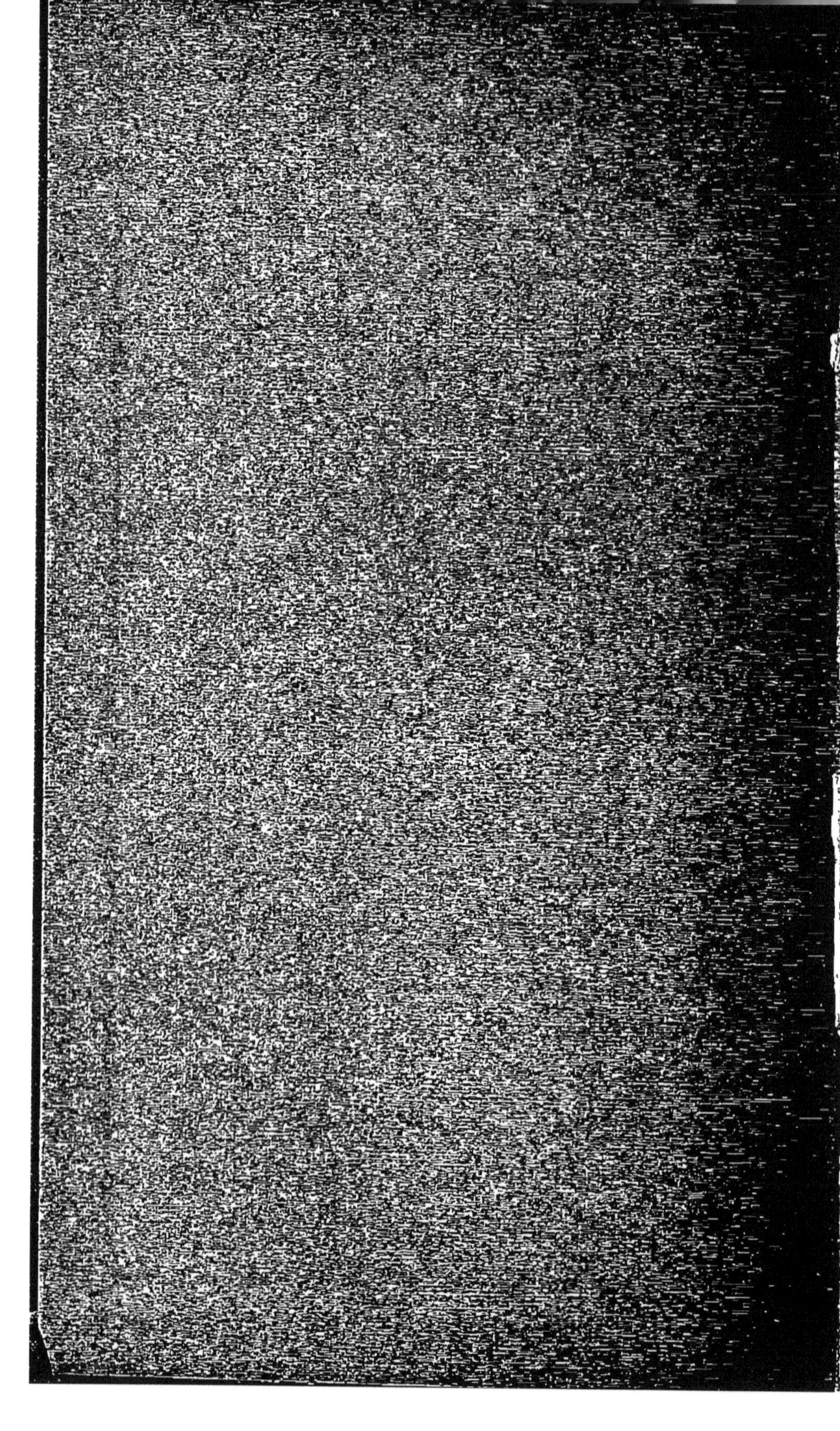

PRIX: 2,50

COURS ÉLÉMENTAIRE

DE

GÉOLOGIE

EXTRAIT DES PROGRAMMES OFFICIELS

du 28 janvier 1890

CLASSE DE CINQUIÈME

GÉOLOGIE

Notions sommaires sur les principales roches : Granit, porphyre, argile, schiste, calcaire, marne, grès.

I. — *Modifications continues du sol.* — Dégradation des roches par l'action de l'eau et de l'air. — Creusement des vallées. — Alluvions, deltas, dépôts marins.

Glaciers : moraines ; blocs erratiques.

Sources thermales, dépôts, filons métallifères.

Volcans. — Filons de roches.

Soulèvements et affaissements lents. — Tremblements de terre. — Failles.

II. — *Notions sur les principales périodes géologiques.* — Roches stratifiées et non stratifiées.

Fossiles. — Leur utilité pour caractériser les terrains.

Aperçu général sur la formation du sol de la France. — Indications sommaires des terrains qu'on y rencontre, de leur ordre de formation, des fossiles principaux qui la caractérisent et des principales substances minérales utiles qu'ils renferment. — Idée de l'apparition successive des divers groupes d'animaux et de végétaux.

n-21408. — Imprimerie A. Lahure, rue de Fleurus, 9, à Paris.

COURS ÉLÉMENTAIRE

DE

GÉOLOGIE

conforme aux programmes officiels du 28 janvier 1890

POUR LA CLASSE DE CINQUIÈME

PAR

A. SEIGNETTE

QUATRIÈME ÉDITION

ILLUSTRÉE DE 184 GRAVURES INTERCALÉES DANS LE TEXTE

PARIS
LIBRAIRIE HACHETTE ET Cie
79, BOULEVARD SAINT-GERMAIN, 79

1891

GÉOLOGIE ÉLÉMENTAIRE

PREMIÈRE PARTIE

NOTIONS SUR LES PRINCIPALES ROCHES

CHAPITRE PREMIER

GRANITE. — PORPHYRE. — GNEISS. — SCHISTES CRISTALLINS.

1. La Terre. — Ses dimensions. — Sa surface. — La Terre a la forme d'une sphère aplatie aux pôles. Cet aplatissement est très faible par rapport aux dimensions de la Terre : il est à peu près de $\frac{1}{300}$ du rayon ; si l'on voulait en tenir compte sur un globe de 30 centimètres de diamètre, il faudrait aplatir ce globe d'un demi-millimètre à chaque pôle, et il serait impossible de constater à la vue un aplatissement si faible.

Le rayon de l'équateur est de 6377 kilomètres et le rayon du pôle de 6356 kilomètres. L'aplatissement à chaque pôle est donc de 21 kilomètres.

Les mers recouvrent environ les trois quarts de la surface de la Terre.

La surface des continents n'est pas unie comme celle des mers : les parties saillantes forment les montagnes ; les parties creuses forment les vallées ; les plaines sont les parties horizontales de la surface du sol, ne présentant ni saillies ni creux.

Ces inégalités de la surface du sol sont très faibles, si l'on considère les dimensions de la Terre : les plus hautes montagnes, celles du Thibet, n'atteignent pas 9 kilomètres de hauteur au-dessus du niveau de la mer; la montagne la plus élevée des Alpes, le mont Blanc, n'a que 4810 mètres d'altitude, et dans les Pyrénées le pic le plus élevé, la Maladetta, n'atteint que 3480 mètres.

Sur un globe de 30 centimètres de diamètre, la plus haute montagne du monde serait représentée par une saillie plus petite que 1/5 de millimètre. On sentirait à peine cette saillie avec le doigt.

Le fond de la mer est aussi inégal : les plus grandes profondeurs observées sont d'environ 9 kilomètres; la plus grande profondeur des mers est donc à peu près égale à la plus grande hauteur des montagnes; mais généralement la profondeur de la mer est inférieure à 9 kilomètres. Une mer est ordinairement d'autant plus profonde que sa surface a une étendue plus considérable.

On donne le nom de *Géologie* à la science qui a pour objet l'étude des matériaux qui forment la Terre.

2. **Constitution du sol.** — La surface des continents et des îles est presque partout recouverte d'une couche d'un aspect assez uniforme, sur laquelle poussent les végétaux : c'est ce qu'on appelle la *terre végétale* (fig. 1). L'épaisseur de cette couche est variable : en certains endroits elle n'est que de quelques centimètres; ailleurs elle peut atteindre plusieurs mètres.

Si l'on enlève la terre végétale, on trouve au-dessous un sous-sol dont l'aspect, la consistance, la couleur, peuvent être très différents.

Si l'on fait la carte d'un pays, en supposant que la terre végétale ait été enlevée, et que l'on donne aux différentes régions de ce pays des couleurs particulières suivant la nature des matériaux qui forment le sous-sol, on fait ce qu'on appelle la *carte géologique* de ce pays.

En jetant les yeux sur un endroit où l'on vient de creuser assez profondément, sur la tranchée d'un chemin de fer par exemple, ou en regardant une haute falaise à pic, on peut

Fig 1. — Carrière montrant que le sous-sol diffère souvent beaucoup de la terre située à la surface.

voir que le sous-sol est ordinairement composé de roches d'aspects différents, formant des couches placées les unes au-dessus des autres (fig. 2); ces couches sont généralement ternes, souvent même terreuses, et ne sont pas très dures.

On voit souvent, surtout dans les pays de montagnes, au milieu de ces terrains, d'autres roches, généralement brillantes et très dures, renfermant de nombreux cristaux, non disposées par couches (fig. 3); ces roches forment ce qu'on appelle plus spécialement les *roches cristallines.* Commençons par les étudier.

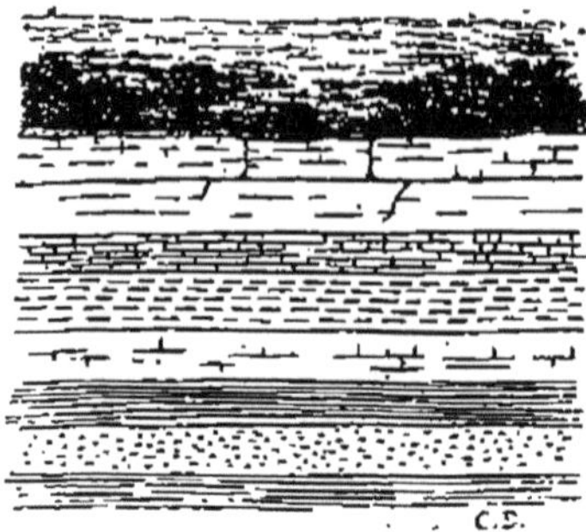

Fig. 2. — Le sous-sol est ordinairement formé de couches placées les unes au-dessous des autres.

Les principales roches cristallines sont le *granite*, le *porphyre*, le *gneiss*, les *schistes cristallins.*

Fig. 3. — Des roches non disposées par couches peuvent s'intercaler entre les autres terrains.

3. Principaux éléments des roches cristallines. — Les minéraux dont se composent les roches cristallines sont assez variés, et donnent à ces roches des aspects très divers. Leur couleur, leur éclat, leur dureté sont extrêmement variables. Ceux des minéraux que l'on y trouve le plus habituellement sont le feldspath, le quartz, le mica, le talc, le pyroxène et l'amphibole.

Le *feldspath* se présente sous la forme de cristaux généralement blanchâtres, souvent rosés; la cassure de ces cristaux se fait dans le sens de nombreuses petites lames. La dureté du feldspath est assez grande pour rayer le verre.

Le *quartz* est transparent et incolore; il est plus dur que le feldspath, qu'il peut rayer; sa cassure ressemble à celle d'un morceau de verre.

Le *mica* forme des lamelles brillantes, minces et élastiques, qui peuvent se séparer très facilement les unes des autres.

Les lames de mica blanc que renferment certains granites sont quelquefois si grandes, qu'on les exploite pour remplacer les vitres; ces lames présentent l'avantage d'être très souples et de ne pas se casser; on les emploie souvent à la place du verre dans les lanternes.

Le *talc* est extrêmement tendre, et doux au toucher; il forme quelquefois des lamelles comme le mica, mais ces lamelles n'ont aucune élasticité.

L'*amphibole* et le *pyroxène* sont deux minéraux noirs ou verts qui se ressemblent beaucoup; ils ne diffèrent guère que par la forme de leurs cristaux.

4. **Granite.** — Le *granite* se compose de feldspath, de quartz et de mica; les cristaux de ces différents minéraux adhèrent entre eux. Le granite est généralement très résistant, surtout quand les éléments qui le constituent sont en petits morceaux; on dit alors que le granite est à *grain fin;* il peut dans ce cas être poli.

Le granite est une excellente pierre de construction; mais, sauf dans quelques cas assez rares où une disposition schisteuse permet de l'exploiter en dalles, l'extraction et la taille de cette roche reviennent à un prix très élevé. Certains granites sont très peu altérables à l'air : ainsi, des colonnes de granite ont conservé leur poli depuis près de vingt siècles, et les obélisques de l'Égypte, plus anciens encore, sont restés jusqu'à nos jours sans altération apparente.

5. **Porphyre.** — Le *porphyre* est formé par les mêmes minéraux que le granite : feldspath, quartz et mica; mais dans le porphyre les cristaux de ces minéraux ne sont pas placés immédiatement les uns à côté des autres : ils ne sont pas juxtaposés; ils sont, au contraire, isolés au milieu d'une

sorte de pâte qui les englobe tous. Cette pâte, qui joue ainsi le rôle de ciment, est feldspathique.

Le porphyre est ordinairement susceptible de recevoir un beau poli; quelques variétés sont très recherchées dans l'architecture ou dans les arts, à cause de leur belle couleur.

Le porphyre vert antique était très habituellement employé pour l'ornementation des monuments grecs; le seul gisement connu de cette pierre, qui est épuisé depuis plus de quinze siècles, se trouvait tout près de Sparte.

Le porphyre rouge antique se trouve dans la plupart des ruines romaines. C'était des bords de la mer Rouge que les Romains le retiraient; ce gisement, le seul connu, est actuellement épuisé.

6. **Gneiss.** — Le *gneiss* est une roche qui renferme les trois éléments du granite : le feldspath, le quartz et le mica. Mais dans le gneiss ces trois éléments présentent une disposition stratifiée, c'est-à-dire par couches superposées, qui ne se voit pas dans le granite; les lamelles de mica, plus nombreuses que dans le granite, sont dans cette roche placées toutes dans la même direction, et sont en quelque sorte empilées les unes sur les autres; cette disposition du mica permet de diviser la roche en lames et d'en faire des dalles.

7. **Schistes cristallins.** — On donne, en général, le nom de *schistes* à des roches qui peuvent se séparer facilement en feuillets disposés parallèlement; dans les schistes cristallins, les éléments qui constituent la roche ont une disposition encore plus stratifiée que ceux du gneiss. La roche la plus importante parmi les schistes cristallins est le *micaschiste*.

Dans cette dernière roche, le mica est encore plus abondant que dans le gneiss, et le feldspath manque complètement : le quartz, qui est en très petits grains, forme des lits minces qui séparent les couches de mica.

RÉSUMÉ

La Terre. Constitution du sol. — La Terre a la forme d'une sphère peu aplatie aux pôles, dont les trois quarts de la surface sont recouverts par les mers. Les continents ont une surface qui présente des différences de niveau très faibles par rapport au rayon de la Terre ; ils sont presque partout recouverts par la terre végétale, dont l'épaisseur ne dépasse jamais quelques mètres.

Au-dessous de la terre végétale, le sous-sol est recouvert de roches d'aspects différents, disposées par couches superposées ou quelquefois traversées par d'autres roches renfermant de nombreux cristaux; on appelle ces dernières des *roches cristallines*.

Roches cristallines. — Les principales roches cristallines sont le granite, le porphyre, le gneiss et les schistes cristallins.

Le *granite* se compose de feldspath, de quartz et de mica ; tous les éléments de cette roche sont cristallisés.

Le *porphyre* est formé par les mêmes minéraux que le granite, mais placé au milieu d'une sorte de pâte qui les réunit.

Le *gneiss* renferme aussi les mêmes éléments que le granite, mais disposés par couches superposées.

Les *schistes cristallins* renferment ordinairement beaucoup plus de mica que le gneiss et se séparent facilement en lames.

CHAPITRE II

LES PIERRES CALCAIRES.

8. Ce que c'est qu'une pierre calcaire. — Si l'on jette un morceau de craie dans un acide, dans du vinaigre par

Fig. 4. — La craie fait effervescence quand on la met dans un acide.

exemple, on voit une quantité de petites bulles qui se forment à la surface de ce morceau de craie (fig. 4) ; il se produit ce que l'on nomme une *effervescence*. On appelle *pierres calcaires* les pierres qui font effervescence, comme la craie, quand on les met au contact d'un acide.

Ces bulles sont formées par un gaz nommé *acide carbonique*, qui s'échappe de la pierre sous l'influence d'un acide tel que le vinaigre; c'est ce même gaz, dont la saveur est piquante, qui se dégage de la bière et la rend mousseuse. Ce sont aussi des bulles d'acide carbonique qui se forment dans l'eau de Seltz.

Il y a un autre moyen que le contact des acides pour enlever aux pierres calcaires l'acide carbonique qu'elles renferment : il suffit de les chauffer fortement (fig. 5). Mettons,

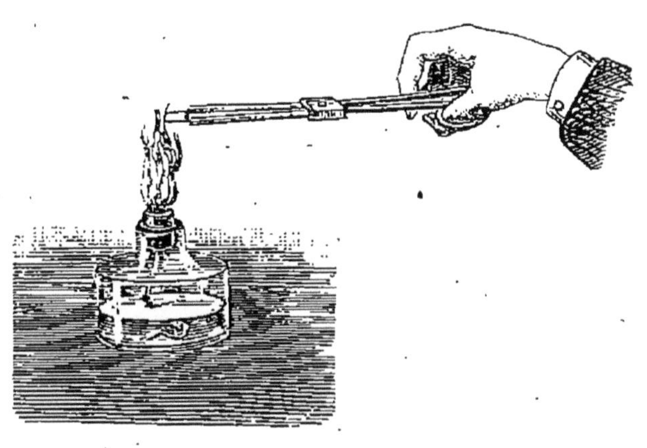

Fig. 5. — Si l'on chauffe un morceau de craie, cette craie se décompose; de l'acide carbonique se dégage, et il reste de la chaux vive.

par exemple, sur du feu un morceau de craie que nous venons de peser; nous pourrons bientôt constater, en le pesant de nouveau, que son poids a sensiblement diminué; l'acide carbonique qu'il renfermait s'est dégagé; ce qui reste du morceau de craie, et qui a encore une couleur blanche, c'est de la *chaux vive*.

9. Chaux vive. Chaux éteinte. — La chaux vive, ne renfermant plus d'acide carbonique, ne fait pas effervescence avec les acides.

Il faut éviter de toucher la chaux vive avec les doigts,

surtout s'ils sont mouillés; on se brûlerait, parce que l'eau au contact de la chaux vive provoque une forte chaleur. Jetons, en effet, quelques gouttes d'eau sur ce morceau de chaux vive; nous le voyons se fendiller dans tous les sens,

Fig. 6. — Si l'on jette quelques gouttes d'eau sur de la *chaux vive*, cette chaux vive se fendille, en s'échauffant beaucoup, et se transforme en *chaux éteinte*.

et bientôt tomber en poussière, en devenant très chaud (fig. 6) : la chaux vive est devenue de la *chaux éteinte*.

10. **Divers emplois de la chaux.** — La chaux mêlée avec du sable est employée pour la fabrication du mortier; on utilise aussi la chaux en agriculture, pour le chaulage des terres. Le chaulage consiste à recouvrir les terres d'une couche de chaux : cette opération améliore certains sols considérés comme non cultivables, au point de leur faire produire de riches moissons.

11. Fabrication de la chaux. — On fabrique la chaux en faisant fortement chauffer des pierres calcaires dans des fours en briques de 3 à 4 mètres de hauteur, ouverts en bas sur le côté (fig. 7). On construit grossièrement dans ce four une voûte avec de grosses pierres calcaires, et l'on achève de remplir le four avec des pierres plus petites. Quand le four est rempli, on fait du feu au-dessous de la voûte,

Fig. 7. — Four à chaux. On fabrique la chaux en faisant chauffer des pierres calcaires dans des fours à briques.

jusqu'à ce que tout le calcaire soit décomposé. L'acide carbonique s'est dégagé dans l'atmosphère, il ne reste plus que la chaux vive ; on démolit alors la voûte, et l'on retire la chaux par l'ouverture latérale du four.

12. La craie. — L'un des calcaires les plus répandus est la *craie* ; c'est une pierre si tendre et si friable, qu'on ne peut pas la polir ; on l'écrase très facilement, et on peut la rayer avec l'ongle. La craie n'a aucun éclat ; elle est très poreuse : une goutte d'eau que l'on jette sur cette pierre disparaît immédiatement, en pénétrant dans les nombreux petits espaces vides qui s'y trouvent.

La craie est blanche quand elle est pure, mais elle est

souvent mêlée à d'autres corps qui lui donnent des couleurs différentes; il y a, par exemple, de la craie de couleur verte, grise, bleuâtre.

13. **Pierres de construction.** — La craie est trop tendre pour être employée pour faire des constructions; on ne l'utilise à cet usage que dans les pays où il n'y a pas d'autre pierre. Il existe dans le sol de beaucoup de pays des pierres calcaires de consistance plus grande que la craie; on exploite ces pierres dans des carrières et on les

Fig. 8. — Fragment de pierre de taille en calcaire grossier, renfermant de nombreuses empreintes de coquilles.

emploie pour les constructions. Les *pierres de taille* sont fournies par les pierres calcaires dont la consistance est assez grande pour qu'on puisse les extraire en gros blocs.

Le calcaire nommé *calcaire grossier*, avec lequel est bâti Paris, est plus rugueux que la craie, mais il est sensiblement plus dur; on ne peut généralement pas le rayer avec l'ongle. Ce calcaire (fig. 8) renferme des empreintes de coquilles nommées *cérithes*, qui sont enroulées et terminées en pointe. Ces empreintes sont quelquefois si nombreuses qu'elles nuisent à la valeur de la pierre par les cavités qu'elles y déterminent.

Le calcaire avec lequel est bâti Lyon et beaucoup de villes de Bourgogne est beaucoup plus compact que le calcaire grossier. Ce calcaire est formé d'une immense quantité de petites boules de même dimension, soudées les unes aux autres (fig. 9). On appelle cette pierre *oolithe*,

Fig. 9. — Fragments de pierre de taille en calcaire oolithique, formés de petites boules soudées les unes aux autres.

à cause de sa ressemblance avec une agglomération d'œufs de poissons.

Les pierres calcaires sont extrêmement répandues et présentent un aspect, une couleur et une consistance très variés.

14. Marbres. — Quand une pierre calcaire est assez dure et qu'elle est composée de grains assez fins pour pouvoir être polie, on l'appelle un *marbre* (fig. 10). La dureté du marbre n'est jamais assez grande pour qu'il ne puisse être rayé par la pointe d'un canif, ou par une épingle; de plus, comme toutes les pierres calcaires, il fait effervescence avec les acides.

Le marbre est très rarement employé comme pierre de construction : il a trop de valeur ; il est utilisé pour l'ornementation, à l'intérieur des habitations. Il est fréquemment coloré dans toute sa masse, ou dans les *veines* qui le traversent, ce qui lui donne alors beaucoup de prix.

Certains marbres acquièrent au contraire, par leur blancheur, une très grande valeur. Ces marbres blancs sont surtout recherchés par les statuaires; ceux de Paros et de Carrare doivent leur célébrité à leur grande pureté, ainsi qu'à une certaine translucidité qui fait que le statuaire peut

Fig. 10. — Marbre, pierre calcaire assez dure pour pouvoir être polie.

donner aux statues la transparence des chairs. Ces marbres blancs sont formés de nombreux petits cristaux, placés les uns à côté des autres; leur aspect rappelle celui d'un morceau de sucre.

15. **Pierre lithographique.** — Un calcaire gris jaunâtre, d'un grain très fin, et qui ne présente pas la moindre apparence cristalline, est employé pour faire des pierres lithographiques. Ce calcaire n'est pas parfaitement pur; il renferme toujours un peu d'argile.

RÉSUMÉ

Calcaire. — Chaux. — Une roche calcaire se reconnaît parce qu'elle fait effervescence avec les acides.

Lorsqu'on chauffe fortement un calcaire, il se transforme en chaux vive, qui s'échauffe au contact de l'eau, tombe en poussière et forme de la chaux éteinte. La chaux mêlée avec du sable est employée pour faire du mortier; on fait aussi usage de la chaux en agriculture, pour améliorer les terres.

Principales sortes de roches calcaires. — Les principales sortes de roches calcaires sont la craie, le calcaire grossier, l'oolithe et la pierre lithographique.

La *craie* est une roche tendre et friable qui se raye à l'ongle et qu'on ne peut pas polir.

La *pierre de taille* est plus dure et plus rugueuse que la craie ; elle ne peut se rayer qu'au couteau ; l'*oolithe* est une sorte de pierre de taille formée de petits grains sphériques.

Les *marbres* sont des pierres calcaires qui sont susceptibles d'être polies. Ils sont employés pour l'ornementation et pour faire des statues.

La *pierre lithographique* est un calcaire gris-jaunâtre, mêlé d'un peu d'argile, d'un grain très fin, qui est employé pour faire des pierres lithographiques.

CHAPITRE III

ARGILE. — MARNE. — SCHISTES. — GRÈS. — GYPSE.

16. **Argile.** — L'*argile* est une roche très tendre, d'apparence terreuse, qui est très facilement rayée avec l'ongle; elle est douce au toucher, son contact est savonneux; blanche quand elle est parfaitement pure, elle est le plus souvent colorée, par suite de mélanges avec des substances étrangères, et est habituellement nommée *terre glaise*. Si l'on en coupe un petit morceau et qu'on le mette sur le bout de la langue, il reste collé assez fortement; cet effet ne se produit pas avec les autres roches.

Les acides répandus sur de l'argile n'y provoquent pas d'effervescence; c'est qu'en effet cette roche ne contient pas d'acide carbonique.

En soufflant sur cette roche, on développe une odeur caractéristique, qui est celle de la terre mouillée.

Si l'on mélange de l'eau à un morceau d'argile, il se forme une pâte extrêmement onctueuse que l'on peut pétrir entre les doigts; cette propriété est utilisée par les statuaires pour modeler les ébauches de leurs statues. La pâte ainsi formée est imperméable; si on la pétrit de manière à en faire une coupe, et qu'on mette de l'eau dans cette coupe, l'eau y restera et ne filtrera pas à travers les parois. En se desséchant la pâte se durcit et se fendille irrégulièrement dans tous les sens.

17. Action de la chaleur sur l'argile. — Sous l'action d'une forte chaleur un morceau d'argile change complètement d'aspect : il prend une couleur rouge vif, devient très dur ; l'eau n'a plus aucune action sur lui, et, même réduit en poussière, il ne formerait plus de pâte plastique en se mêlant à l'eau. L'argile ainsi transformée est devenue de la *brique*.

La substance de la brique n'est plus la même que celle de l'argile. L'argile est, en effet, composée de deux corps : l'un de ces corps est nommé silicate d'alumine ; l'autre est de l'eau. Sous l'action de la chaleur, l'eau s'échappe ; il ne reste plus que le *silicate d'alumine*, qui constitue la brique.

La couleur rouge des briques est donnée par les transformations, sous l'action de la chaleur, des substances ferrugineuses mêlées à l'argile.

On pourrait supposer que le silicate d'alumine qui forme la brique, mis en présence de l'eau, s'unirait de nouveau à l'eau pour former de l'argile. Il n'en est pas ainsi, comme nous venons de le voir ; la séparation du silicate d'alumine et de l'eau a été définitive : la brique et l'eau ne reforment pas de l'argile.

18. Briques. Poteries. — Les briques sont employées pour les constructions dans tous les pays, comme aux environs de Toulouse et de Lille, où l'on ne trouve pas dans le sol de pierres à bâtir ; elles sont fabriquées en faisant chauffer dans des fours des blocs d'argile humide auxquels on a donné la forme que l'on voulait obtenir. C'est de la même manière que sont faits les tuiles, les tuyaux et toutes les poteries (fig. 11).

Quand une argile est presque pure, on peut en faire des briques qui supportent, sans se fondre, les températures les plus élevées ; on appelle cette sorte d'argile *argile réfractaire* : elle est assez rare. Dans la cuisson de la terre à briques ordinaire, il faut, au contraire, éviter que le four soit trop chaud, car les briques subiraient un commencement de fusion qui les ferait adhérer les unes aux autres.

19. Kaolin. Porcelaine. — On désigne sous le nom de *kaolin* une argile blanche extrêmement pure, moins douce au toucher que l'argile ordinaire, et qui sous l'effet de la cuisson donne la *porcelaine*.

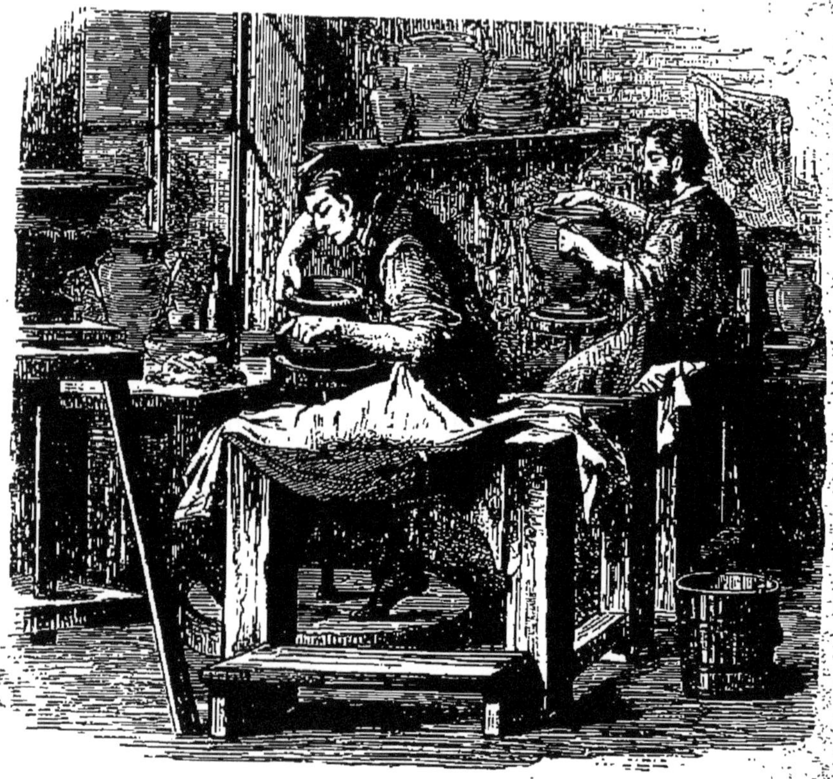

Fig. 11. — Fabrication de la poterie. L'argile humide est placée sur un tour, qui est mis en mouvement par les pieds. L'ouvrier donne à cette argile la forme voulue.

Les gisements de kaolin sont rares; le plus important de ceux exploités en France est aux environs de Limoges. Le kaolin est aussi exploité en Saxe, mais c'est surtout dans la Chine et dans le Japon que cette substance est abondante; elle y est même si répandue, que l'on s'en sert pour les constructions.

La porcelaine se fabrique à peu près de la même manière que les autres poteries, mais, le kaolin ayant beaucoup plus de valeur que la terre glaise, on apporte beaucoup plus de soin à cette fabrication qu'à celle des poteries ordinaires.

20. **Marne.** — On désigne sous le nom de *marne* une roche assez tendre, composée de calcaire et d'argile. La marne présente le caractère essentiel des calcaires : elle fait effervescence avec les acides; mais elle a aussi le caractère de l'argile. En effet, elle dégage l'odeur de la terre mouillée quand on souffle dessus; un petit fragment cassé se colle contre la langue; enfin cette roche fait pâte avec l'eau.

Ce mélange naturel de calcaire et d'argile se trouve dans les proportions les plus variables. Quand c'est l'argile qui domine dans le mélange, on donne à la roche le nom de *marne argileuse;* si, au contraire, c'est le calcaire qui est en plus grande quantité, on a des *marnes calcaires.*

Les marnes formeraient une mauvaise pierre de construction; on les emploie en agriculture pour améliorer la terre végétale.

Si l'on fait cuire les marnes, on obtient une chaux, nommée *chaux hydraulique*, qui a la précieuse propriété de durcir rapidement sous l'eau.

Le mortier avec lequel on bâtit les piles de pont, ou même la partie des murs qui reste au-dessous du sol, est fait avec cette chaux hydraulique.

21. **Schistes argileux.** — Les *schistes argileux* présentent des aspects très différents; l'un des plus connus, à cause de son importance industrielle, est le *schiste ardoisier;* c'est un schiste dur dont on extrait les ardoises (fig. 12) qui servent à couvrir les toits. La plupart des schistes argileux sont beaucoup moins durs que les schistes ardoisiers et se décomposent facilement au contact de l'air en devenant de l'argile.

Il y a des schistes argileux qui sont pénétrés de substances bitumineuses; on exploite ces schistes pour en retirer une huile nommée *huile de schiste* ou *pétrole.*

22. **Roches siliceuses.** — On trouve ordinairement, ré-

pandus dans la craie, des blocs de pierre de couleur plus ou moins foncée; on appelle ces pierres des *silex*.

Fig. 12. — Les schistes ardoisiers peuvent être divisés en lames minces qui forment les ardoises.

Le silex est très dur; il est impossible de le rayer avec un couteau, et, si on le frotte sur une lame de verre, le verre est rayé à l'endroit où l'on a appuyé le silex. Cette pierre est donc plus dure que le verre; les acides n'y produisent aucune effervescence. Si l'on casse un silex, on trouve à sa cassure une forme toute particulière (fig. 13) : on y voit des arêtes tranchantes séparant des parties creuses arrondies. Si l'on frotte vivement un silex contre un morceau de fer, il en jaillit des étincelles; on se servait autrefois de cette propriété du silex pour enflammer la poudre des fusils; on donnait alors à cette pierre le nom de *pierre à*

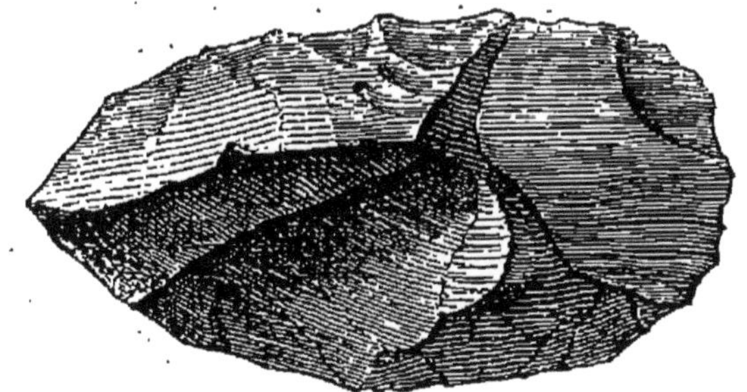

Fig 13. — Silex. La cassure du silex est formée d'arêtes tranchantes séparant des parties creuses.

fusil. La substance du silex est la même que celle du quartz que nous avons vu dans le granite : c'est ce qu'on appelle de la *silice;* mais la silice est pure dans le quartz incolore,

Fig. 14. — Cristaux de quartz : prismes à six faces parallèles, surmontés de pyramides.

tandis qu'elle est mélangée avec des substances étrangères dans le silex.

La silice pure se présente souvent en cristaux transparents ayant la forme de prismes à six faces latérales, surmontés de pyramides (fig. 14).

La silice ne forme pas seulement des silex et des cristaux de quartz isolés, elle forme souvent des roches d'une grande étendue; tels sont les sables siliceux.

La *pierre meulière*, si répandue dans les environs de Paris, est une roche siliceuse qui, à cause de sa grande résistance à l'humidité, est très avantageusement employée pour toutes les parties souterraines des constructions.

On trouve aussi beaucoup de calcaires qui sont mélangés à de la silice et qui acquièrent alors une grande dureté.

23. **Poudingue. Brèche. Grès.** — Les *poudingues* sont des roches composées d'une quantité de cailloux de forme arrondie, de dimensions différentes (fig. 15), soudés les uns aux autres au moyen d'une substance plus ou moins dure,

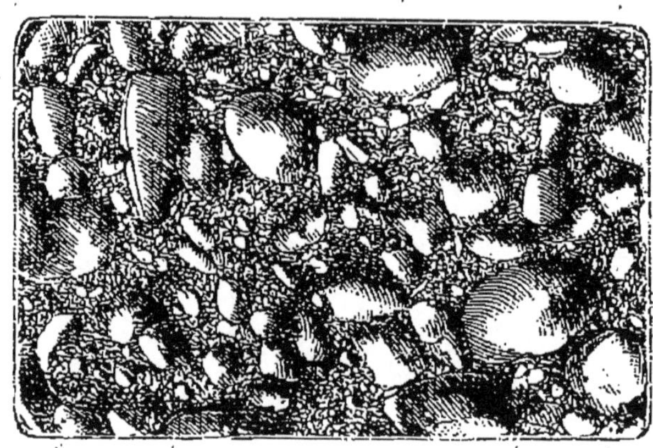

Fig. 15. — Poudingue, roche formée de cailloux arrondis, soudés les uns aux autres, au moyen d'une substance ordinairement calcaire, qui les réunit comme un ciment.

telle que du calcaire ou de la silice, qui joue le rôle de ciment.

Quand les pierres qui forment cette roche complexe ne sont pas arrondies, lorsqu'elles sont anguleuses, la roche prend le nom de *brèche*.

Enfin, quand les fragments sont si petits qu'ils ne forment plus que des grains de sable, la roche porte le nom de *grès*.

Entre les poudingues, les brèches et les grès, il n'y a

donc de différence que dans la forme et la dimension des éléments constituants.

Les roches qui jouent le rôle de ciment dans les poudingues, les brèches et les grès sont assez variables; celles qu'on rencontre le plus fréquemment sont des roches calcaires et des roches siliceuses; mais il y a aussi des roches marneuses, gypseuses, ferrugineuses qui jouent le même rôle.

24. **Gypse.** — Le gypse est une roche composée de nombreux petits cristaux lamelleux enchevêtrés, qui souvent ressemble au marbre blanc; mais le gypse est beaucoup plus tendre : on peut le rayer avec l'ongle; de plus, si on

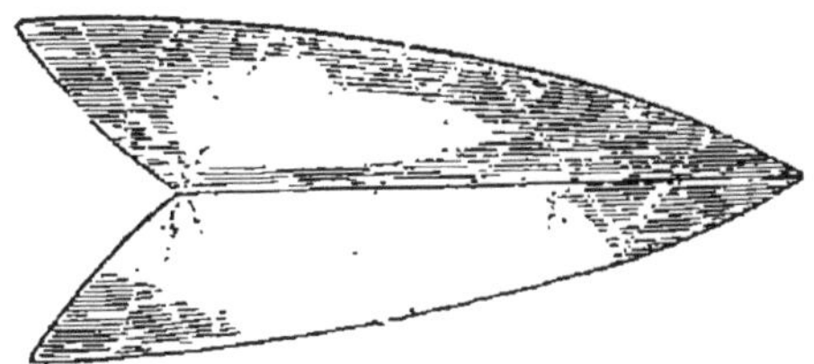

Fig. 16. — Cristal de gypse, ayant la forme d'un fer de lance.

verse un acide sur cette roche, on n'y voit pas la moindre effervescence : elle ne renferme donc pas d'acide carbonique, comme le marbre. Le gypse, beaucoup moins répandu que le calcaire, se trouve cependant en plusieurs points de la France, où il forme souvent, comme aux environs de Paris, des collines entières.

Le gypse se présente quelquefois sous la forme de grosses lentilles, que l'on peut diviser en lamelles cristallines transparentes très minces : ces lames cristallines sont remarquables par leur forme en fer de lance (fig. 16).

Une variété de gypse nommée *albâtre* est assez compacte pour pouvoir être polie; cette pierre présente absolument l'aspect du marbre, mais on peut toujours l'en distinguer en la rayant avec l'ongle, et puis aussi parce qu'au toucher le marbre est beaucoup plus froid que l'albâtre.

Si l'on met dans l'eau un petit morceau de gypse, on le voit disparaître; ce morceau de gypse s'est fondu dans l'eau, comme le fait un morceau de sucre. Le gypse est, en effet, légèrement *soluble dans l'eau;* on ne peut donc pas s'en servir comme pierre de construction, car sous l'action de la pluie les murs disparaîtraient à la longue.

25. **Action de la chaleur sur le gypse. Plâtre.** — Si l'on chauffe une lame cristalline de gypse, on voit un petit nuage apparaître au-dessus, et en même temps la lame qui était transparente devient opaque; c'est de l'eau qui vient de s'échapper du gypse, sous l'action de la chaleur. Le

Fig. 17. — Four à plâtre. Pour fabriquer du plâtre, on fait chauffer du gypse dans un four.

gypse est, en effet, formé de deux corps; l'un de ces corps porte le nom de *sulfate de chaux* et l'autre est de l'eau. Le gypse est ce qu'on appelle en chimie du sulfate de chaux hydraté; sous l'action de la chaleur, ce corps ainsi composé se déshydrate, c'est-à-dire que l'eau s'échappe, et le sulfate de chaux, blanc et opaque, reste seul.

Cette masse blanche de sulfate de chaux, c'est du *plâtre.* C'est pour cela que le gypse est très habituellement nommé *pierre à plâtre.*

Pour fabriquer du plâtre, on fait chauffer des blocs de gypse dans des fours (fig. 17), à peu près comme on fait chauffer du calcaire pour fabriquer de la chaux; mais pour transformer le gypse en plâtre il faut chauffer beaucoup moins que pour transformer le calcaire en chaux vive. Quand le plâtre est formé, il faut le broyer; la poussière qu'on obtient est mise dans des sacs que l'on doit conserver dans un endroit bien sec jusqu'au moment de s'en servir.

26. Action de l'eau sur le plâtre. Usages du plâtre. — Le plâtre, abandonné à l'air humide, ne tarde pas à reprendre de l'eau et à fixer cette eau dans sa masse, de manière à revenir à la composition qu'il avait avant d'avoir été chauffé, c'est-à-dire à revenir à l'état de sulfate de chaux hydraté ou de pierre à plâtre.

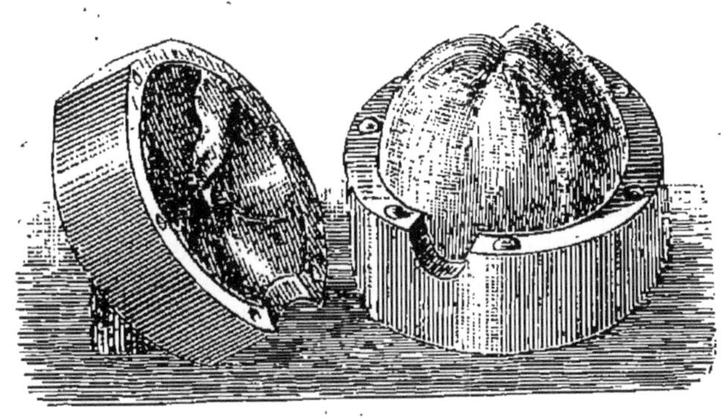

Fig. 18. — Le plâtre en poussière, mêlé avec de l'eau, est employé pour faire des moulages.

Si on mêle le plâtre en poussière avec de l'eau, cette transformation s'opère en quelques minutes; le plâtre fait prise avec l'eau et redevient aussi dur que la pierre à plâtre.

On voit qu'il y a une grande différence entre l'action de l'eau succédant à l'action de la chaleur sur l'argile ou sur la pierre à plâtre.

L'argile ou silicate d'alumine hydraté se déshydrate en donnant de la brique, et la déshydratation est définitive.

La pierre à plâtre ou sulfate de chaux hydraté se déshydrate en donnant du plâtre, qui peut s'hydrater de nouveau et repasser à l'état de pierre à plâtre.

Le plâtre ne peut guère être employé que dans l'intérieur des constructions, à cause de sa solubilité dans l'eau; il est surtout employé pour donner aux plafonds et aux murs une surface bien unie.

Quand le plâtre a été *gâché*, c'est-à-dire quand la poussière a été mêlée avec assez d'eau pour former une pâte, cette pâte, qui durcit en quelques minutes, augmente sensiblement de volume en durcissant; c'est grâce à cette propriété que l'on peut faire avec du plâtre les statues ou les moulures, les rosaces et autres ornements que l'on voit sur les plafonds et sur les murs. Il suffit pour cela d'avoir un moule de la statue, et de verser dans ce moule la pâte faite avec le plâtre et l'eau : la pâte en durcissant augmente de volume, et les plus petits détails du moule sont exactement reproduits (fig. 18).

RÉSUMÉ

Argile. — Poterie. — Porcelaines. — L'*argile* est une roche très tendre qui se raye à l'ongle, qui fait pâte avec l'eau, et ne fait pas effervescence avec les acides. Sous l'action d'une forte chaleur, l'argile se change en *brique*, qui est beaucoup plus dure, et souvent colorée en rouge. Les briques sont employées pour les constructions.

Les argiles servent aussi à faire des poteries et, lorsqu'elles sont très pures (*kaolin*), elles servent à la fabrication de la porcelaine.

Marnes. Schistes argileux. — La *marne* est une roche composée de calcaire et d'argile. Certaines marnes donnent par la cuisson la chaux hydraulique.

Les *schistes argileux* contiennent beaucoup d'argile et se divisent facilement en lames; certains d'entre eux sont exploités pour en extraire l'huile de schiste ou pétrole.

Roches siliceuses. — Les *roches siliceuses* ne peuvent se rayer au couteau et font feu au briquet. Les principales roches siliceuses sont le *silex* ou pierre à fusil, dont la cassure est formée de parties creuses séparées par des arêtes tranchantes.

La *meulière* renferme ordinairement des cavités.

Les *poudingues* sont constitués par des cailloux arrondis réunis par une sorte de ciment; les *brèches*, qui en diffèrent parce que les éléments sont anguleux; les grès, dont les éléments sont des grains de sable réunis par un ciment siliceux, calcaire ou ferrugineux.

Gypse. — Plâtre. — Le gypse est une roche qui se raye à l'ongle, qui ne fait pas effervescence avec les acides et qui ne fait pas pâte avec l'eau. Quand on chauffe le gypse, il perd l'eau qu'il contient et se transforme en plâtre, qui, abandonné à l'air humide, se consolide en reprenant l'eau que le gypse avait perdue.

DEUXIÈME PARTIE

MODIFICATIONS DU SOL

CHAPITRE IV

LA PLUIE. — RUISSELLEMENT. — INFILTRATION. — ÉVAPORATION.

27. **Ce que devient l'eau de la pluie.** — L'eau de la pluie, en tombant sur le sol, se partage en trois parties :

L'une de ces parties s'écoule à la surface même du sol, en se rendant toujours aux endroits les plus creux ; elle forme une quantité de petits ruisselets : c'est ce qu'on appelle le *ruissellement*.

Une autre partie de l'eau de la pluie pénètre dans le sol, qui s'en imbibe comme le ferait une éponge : cette eau pénètre ainsi par *infiltration*.

Enfin, une troisième partie de l'eau tombée en pluie retourne presque immédiatement, sous forme de vapeur, dans l'atmosphère d'où elle vient : elle donne lieu à l'*évaporation*.

La proportion de chacune de ces trois parties varie suivant la nature du sol, suivant sa pente, et aussi suivant la température et l'humidité de l'air. Si le sol est très peu perméable, il n'y a pas ou presque pas d'infiltration ; si, au contraire, le sol est très perméable, il n'y a pas ou presque pas de ruissellement ; enfin, s'il fait chaud et que l'air ne soit pas très humide, l'évaporation est plus grande.

28. **Effets mécaniques du ruissellement.** — Regardons la pluie tomber sur un sol dont la surface est inégale : nous voyons bientôt se former de petits ruisselets dont l'eau est troublée par les débris du sol qu'elle entraîne.

Fig. 19. — Pyramide de terre surmontée d'un bloc de pierre qui la protège contre l'action de la pluie.

Si c'est un champ labouré que nous observons, nous voyons se creuser, sur les mottes de terre, des quantités de petits sillons, dont la profondeur augmente avec l'intensité et la durée de la pluie ; si c'est un chemin que nous regardons, nous voyons toutes les petites pierres qui forment ce chemin se séparer les unes des autres, se déchausser, à mesure que l'eau entraîne par le ruissellement la terre et le sable qui étaient entre ces pierres.

Le premier effet de la pluie est donc d'enlever de la surface du sol les parties les plus petites et les plus légères qui forment ce sol et de les entraîner dans des endroits plus bas.

On peut bien facilement se rendre compte de cette action de l'eau en regardant l'effet de la pluie tombant sur un tas de sable sur lequel on a jeté çà et là quelques petites pierres : après une ou deux heures de pluie, on voit ces petites pierres portées chacune au sommet d'un petit piédestal de sable qui peut atteindre quelques centimètres. C'est que le sable de la surface du tas a été entraîné par l'eau, excepté aux points où il était garanti par les pierres. Cet effet, qui se produit journellement sur toutes les pentes sablonneuses, s'observe aussi fréquemment sur la terre de nos champs; il peut se faire alors que ces petites pyramides ne s'écroulent pas jusqu'à la pluie suivante; elles s'élèvent davantage à mesure que la pluie creuse le sol autour d'elles. Si, au lieu d'une petite pierre, c'est un gros bloc qui se trouve à la surface du sol, la pyramide de terre surmontée par le bloc (fig. 19) peut atteindre une grande hauteur. C'est ce qu'on observe dans quelques pays, par exemple près de Botzen dans le Tyrol et près de Saint-Gervais en Savoie.

29. L'eau de la pluie agit sur les roches les plus dures. — L'eau de la pluie agit aussi directement sur les pierres elles-mêmes; ainsi les roches qui sont depuis longtemps exposées à son action ne présentent plus d'angles très saillants : les arêtes vives se sont émoussées. Ce sont les gouttes d'eau de la pluie qui ont usé les parties saillantes de ces roches. Cela se produit même plus rapidement qu'on ne le croirait au premier abord. Ainsi, on peut constater qu'en peu d'années une pierre, même très dure, se creuse sous l'effet de la chute de gouttes d'eau tombant toujours à la même place; de même, si l'on casse une pierre très dure, de manière à former une arête saillante, et qu'on laisse cette pierre exposée à l'action de la pluie, l'arête sera bientôt beaucoup moins tranchante.

30. L'eau de la pluie dissout certaines roches. — Ce n'est pas seulement au point de vue mécanique qu'agit l'eau de la pluie : elle a encore pour effet de dissoudre certaines roches; ainsi le *gypse*, ou pierre à plâtre, est légèrement soluble dans l'eau; et dans tous les pays où cette roche se trouve à la surface du sol, l'eau de la pluie en dissout une partie qu'elle entraîne. C'est ainsi qu'aux environs de Paris la colline gypseuse de Romainville, sur laquelle est bâti un fort, était en certains points usée par l'eau des pluies, d'un mètre environ par an, jusqu'à ce qu'on eût fait des travaux pour garantir le gypse contre cette action dissolvante.

La pierre dont on se sert pour bâtir les maisons est très généralement une pierre *calcaire*. Cette pierre est légèrement soluble dans l'eau chargée d'acide carbonique, et l'eau de la pluie renferme toujours de l'acide carbonique, qu'elle a pris à l'atmosphère. La pierre calcaire se dissout donc dans l'eau de la pluie; c'est là une des grandes causes de la dégradation des constructions en pierres calcaires.

31. L'eau de la pluie désagrège le granite. — Le granite, une des roches les plus dures, est aussi dégradé par l'eau. Cette roche, nous l'avons vu, est composée de *quartz*, substance vitreuse plus dure que le verre; de *mica*, qui se présente sous forme de minces lames brillantes, et de *feldspath*, qui forme des cristaux blanchâtres, moins durs que le quartz.

L'acide carbonique que renferme l'eau de la pluie agit sur le feldspath, qui est composé de silicate de potasse et de silicate d'alumine. L'acide carbonique se porte sur la potasse du silicate de potasse et forme un carbonate de potasse qui se dissout dans l'eau; l'acide silicique qui reste est aussi dissous dans l'eau et entraîné. Il ne reste donc que le silicate d'alumine, qui est insoluble; il est entraîné par l'eau, qu'il trouble. Ce silicate d'alumine forme ce qu'on appelle de l'*argile*, ou plutôt du *kaolin*, quand le silicate d'alumine est très pur.

On peut exprimer par le tableau suivant la décomposition du feldspath :

Feldspath	Silicate de potasse.	Acide silicique. Potasse.
	Silicate d'alumine.	
Feldspath décomposé par l'acide carbonique renfermé dans l'eau.	Acide silicique.	
	Carbonate de potasse. . . .	Acide carbonique. Potasse.
	Silicate d'alumine (argile).	

Le feldspath disparaissant, les petits fragments de quartz sont dissociés et forment du sable, qui est entraîné par l'eau. Quant au mica, dont la composition chimique est analogue à celle du feldspath, il subit une transformation de même nature.

L'eau de la pluie agit d'une manière identique sur quelques autres roches, entre autres sur les *porphyres*, dont la composition est la même que celle du granite.

32. **La surface du sol se renouvelle constamment.** — Nous voyons donc que la pluie est un des agents géologiques les plus importants; elle attaque chimiquement les roches, les dissout, les désagrège, et entraîne tous leurs débris, quand leur volume est assez petit.

La surface du sol se renouvelle donc continuellement; chaque pluie enlève de cette surface une pellicule, dont l'épaisseur varie avec le degré de résistance que les roches présentent à cette action de dégradation.

Les effets de cette action de la pluie sont visibles dans beaucoup d'endroits. Souvent, par exemple, au sommet des collines on trouve des arbres dont les grosses racines sont à découvert (fig. 20) et dont le tronc ne commence qu'à 1 mètre, ou plus, au-dessus du sol.

L'arbre a-t-il poussé ainsi? Sont-ce les racines qui sont sorties de terre? Évidemment non : c'est la terre du sommet de la colline qui, peu à peu enlevée par l'eau des pluies, a laissé les racines à l'air; il s'est produit sur ce sommet ce qu'on appelle une *dénudation*.

Sur beaucoup de collines crayeuses de Champagne, le sol est couvert d'une énorme quantité de morceaux de silex, tels que ceux qui sont si répandus dans la craie : c'est que la craie très tendre de ces collines a été peu à peu enlevée par l'eau des pluies et que les silex, beaucoup plus lourds et résistant beaucoup mieux à l'action de la pluie, n'ont pas été entraînés. La colline a été dénudée.

Fig. 20 — Les racines des arbres qui poussent sur les collines sont souvent dénudées par l'eau des pluies.

Et ces blocs arrondis qu'on trouve au sommet des collines de la forêt de Fontainebleau (fig. 21), ils faisaient autrefois partie d'une seule masse de grès qui recouvrait la colline. Ce grès n'était pas partout également dur. Les parties relativement tendres ont été emportées par l'eau des pluies, et les parties dures, ainsi isolées les unes des autres, ont formé

Fig. 21. — Sommet de collines dénudées par l'action des pluies.

ces blocs qui ne sont attaqués que plus lentement par l'eau des pluies.

C'est de la même manière que l'on peut expliquer la formation des énormes blocs de granite qui recouvrent le sommet des collines du Sidobre, près de Castres.

33. **Ce que devient l'eau qui pénètre dans le sol. Sources.** — L'eau de la pluie qui ne s'écoule pas à la surface du sol et qui ne s'évapore pas immédiatement après être tombée, pénètre dans le sol. Il en est de même de l'eau qui provient de la fonte des neiges.

Sous l'action de son poids, cette eau tend à s'enfoncer de plus en plus, pour retourner le plus directement possible au niveau de la mer; mais elle ne tarde pas à rencontrer une couche imperméable (E, fig. 22) qui l'empêche de descendre plus bas. L'eau s'accumule alors au-dessus de cette couche, comme si elle tombait au fond d'un vase; elle forme, au-dessus de cette couche, ce qu'on appelle une *nappe d'infiltration*.

34. **Où l'on trouve les sources.** — L'eau de cette nappe suit la pente plus ou moins douce de la couche imperméable, et quand cette couche affleure à la surface du sol, l'eau s'écoule à l'extérieur : elle forme des sources (S, fig. 22). C'est ce qu'on peut observer aux environs de Paris, aux points où les couches d'argile arrivent à la surface du sol.

On voit quelquefois l'eau suinter sur une grande étendue, sans former une source bien définie : c'est qu'alors la couche imperméable est horizontale. Mais le plus ordinairement cette couche présente des parties plus creuses, où l'eau d'infiltration s'amasse en plus grande quantité; elle s'écoule alors d'un de ces points, en produisant une source.

35. **Puits.** — Quand on fore un puits, il faut creuser jusqu'à ce qu'on arrive à une nappe d'eau (fig. 23); lorsqu'on y est arrivé, l'eau remplit la cavité qu'on vient de creuser, jusqu'au niveau où elle se trouve dans le sol; si l'on creusait davantage, on percerait la couche imperméable,

et l'eau disparaîtrait, en pénétrant dans les couches perméables sous-jacentes.

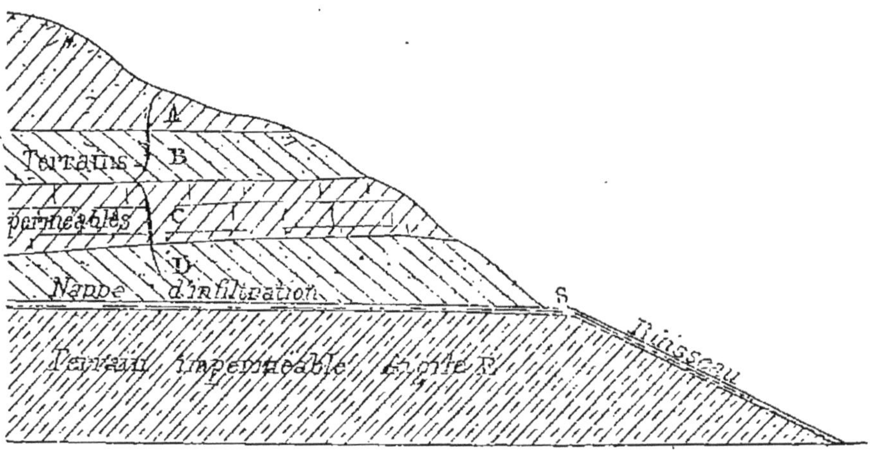

Fig. 22. — On trouve les sources à la limite des terrains perméables et des terrains imperméables.

L'eau se renouvelle constamment dans un puits; l'eau de la nappe d'eau ne fait en effet que passer par le puits, en suivant plus ou moins lentement la pente qui entraîne toute l'eau de cette nappe. On peut bien facilement vérifier ce mouvement en jetant dans un puits de petits morceaux de bois, à différents points de sa surface; au bout d'un certain temps, qui dépend de la rapidité du courant souterrain, on voit tous les petits morceaux de bois aller se mettre d'un même côté du puits : c'est évidemment de ce côté que l'eau sort du puits; elle entre par le côté opposé.

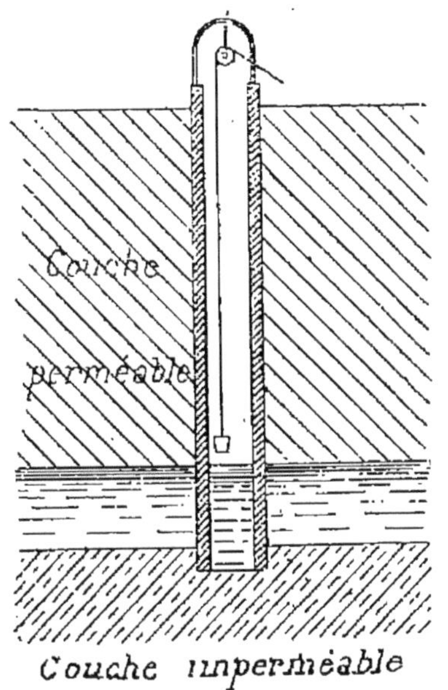

Fig. 23.—Un puits est une cavité creusée dans le sol jusqu'à la rencontre d'une nappe d'eau.

Un puits foré dans une nappe d'eau bien alimentée ne

tarit jamais ; l'eau qu'on en retire est presque immédiatement remplacée par une nouvelle quantité d'eau qui provient du sol

36. **Le débit des sources est variable.** — Après des pluies prolongées ou des fontes de neige considérables, il s'introduit dans le sol beaucoup d'eau par infiltration ; le débit des sources est augmenté ; ce débit diminue, au contraire, après une longue sécheresse ; il peut même arriver, dans ce cas, que les sources tarissent complètement.

Toutefois il n'y a pas un rapport constant entre la quantité d'eau qui tombe sur le sol et le débit des sources ; si cette eau tombe en grande quantité à la fois, la plus grande partie coule sur le sol, en formant un ruissellement très abondant ; une très faible partie entre dans le sol par infiltration.

Le contraire a lieu si une pluie fine dure longtemps ; elle produit alors très peu de ruissellement, et presque toute l'eau tombée entre dans le sol.

La nature de la surface du sol a donc sous ce rapport une importance très considérable : un sol couvert de végétation retient une grande quantité d'eau qui peut entretenir les sources. Dans le pays appelé Dévoluy (Hautes-Alpes) et dans des vallées élevées des Pyrénées, particulièrement dans celle de l'Ariège, il y avait autrefois une belle végétation, des bois, des prairies : on y trouvait alors des sources abondantes ; ces sources tendent maintenant à disparaître, sous l'effet du déboisement.

37. **Puits artésiens.** — Il peut arriver qu'une roche perméable, du sable par exemple, se trouve placée entre deux couches de roches non perméables, comme de l'argile (fig. 24).

L'eau de la pluie qui tombe sur la couche de sable à l'endroit où elle affleure à la surface du sol, s'y enfonce ; il en est de même de l'eau des ruisseaux qui arrivent sur ce terrain : on la voit disparaître. Cette eau se répand dans le sable, dont elle remplit tous les interstices dans la partie profonde; il se forme une nappe d'eau qui suit exactement toutes les sinuosités de la couche de sable; si cette couche se relève, le niveau de l'eau se relève aussi, comme il le ferait dans des vases communiquants. Une masse d'eau considérable peut donc se trouver ainsi renfermée, comme entre les deux fonds d'une boîte à double fond.

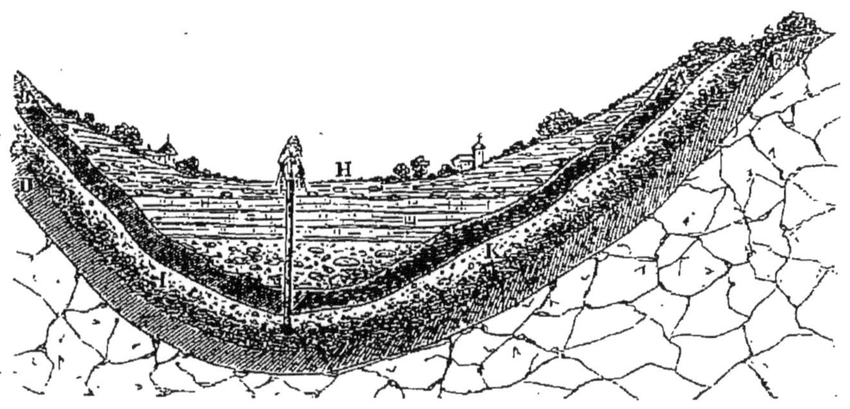

Fig. 24. — Coupe d'un puits artésien.
BA, couche d'argile imperméable. — IK, couche de sable perméable, nappe d'eau. — DC, couche d'argile imperméable. — H, niveau du sol.

Si alors, en un point plus bas que le niveau supérieur de l'eau, on fore un puits qui perce la couche imperméable supérieure, l'eau jaillira avec force par l'ouverture de ce puits, en suivant les lois de l'équilibre des liquides. Ces puits d'où l'eau jaillit sont connus sous le nom de *puits artésiens*.

Le puits de Grenelle et le puits de Passy, à Paris, sont des puits artésiens; ils donnent à eux deux de quinze à vingt mille mètres cubes d'eau en vingt-quatre heures. La couche de sable qui fournit l'eau de ces puits a la forme d'une coupe qui est enfermée entre deux couches d'argile. Cette couche de sable affleure en Normandie et en Champagne à un niveau supérieur à celui de Paris; c'est là que l'eau pénètre. Paris est presque le point le moins élevé de cette couche; c'est à une profondeur de plus d'un demi-kilomètre qu'il a fallu creuser pour l'atteindre.

Les puits artésiens rendent de très grands services dans

beaucoup de pays. C'est ainsi que le forage d'un grand nombre de ces puits a rendu habitables certaines parties de l'Algérie, et particulièrement du Sahara, dont le niveau est, en beaucoup d'endroits, inférieur d'une trentaine de mètres à celui de la mer.

Les puits artésiens, ainsi nommés parce que vers le onzième siècle ils ont été d'abord adoptés dans l'Artois, étaient connus dans la plus haute antiquité : on les employait en Égypte, et il y en avait un très grand nombre aux environs de Thèbes.

38. **Eaux courantes.** — L'eau des sources, en se répandant à la surface du sol, s'écoule de manière à toujours descendre le plus vite possible. Le ruisseau que va former cette eau va donc suivre la pente la plus rapide du sol.

Les ruisseaux se réunissent pour former des cours d'eau de plus en plus considérables.

39. **Pente, vitesse, débit des cours d'eau.** — La pente des cours d'eau est ordinairement beaucoup plus rapide dans la partie supérieure de leur cours que dans la partie inférieure. En général, excepté dans les pays de montagnes, cette pente est très faible.

Le Rhône, qui est très rapide, a une pente d'environ $\frac{4}{5}$ de millimètre par mètre; la Seine, qui a un cours assez lent, a une pente de $\frac{1}{10}$ de millimètre par mètre. Pour être navigable, un cours d'eau ne doit pas avoir une pente supérieure à 1 millimètre par mètre.

La vitesse d'un cours d'eau dépend de la quantité d'eau qu'il renferme et de la pente sur laquelle coule cette eau. La Seine à Paris a une vitesse de $0^m,50$ par seconde; celle du Rhin à Strasbourg est de 2 mètres.

Le débit ordinaire de la Seine à Paris est de 75 mètres cubes par seconde. Ce n'est là qu'une très faible partie de l'eau qui tombe dans le bassin de Paris; on croit, en effet, pouvoir estimer que $\frac{1}{8}$ seulement de l'eau tombée dans le bassin de la Seine retourne à la mer par la Seine; les $\frac{7}{8}$ de cette eau sont évaporés à la surface du sol, ou passent indirectement dans la mer, par infiltration.

La Loire, à Orléans, a un débit moyen de 132 mètres cubes par seconde.

Le fleuve des Amazones, le plus grand fleuve du monde, porte à la mer de 3 à 4000 fois plus d'eau que la Seine.

40. **Évaporation immédiate d'une partie de l'eau des pluies.** — Une partie de l'eau tombée sur le sol repasse immédiatement à l'état de vapeur; c'est la présence de cette vapeur dans l'air qui cause la fraîcheur que l'on ressent quelques instants après la chute de la pluie. S'il tombe, en été, une pluie qui ne soit pas très abondante, l'eau de cette pluie, tombant sur un sol très chaud, s'évapore presque tout entière et n'augmente pas le débit des cours d'eau.

41. **Évaporation par les végétaux.** — Une partie considérable de l'eau qui a pénétré dans le sol revient ainsi à l'atmosphère, sous forme de vapeur; celle qui est absorbée par les racines des plantes est aussi rejetée dans l'air, par la transpiration végétale. Cette action est même assez considérable pour que la destruction de la végétation dans un pays, le déboisement par exemple, change complètement le climat de ce pays. Ainsi, certaines parties de la Tunisie, autrefois réputées pour leur fraîcheur, sont devenues presque inhabitables par suite de la chaleur et de la sécheresse; il s'est produit des faits du même genre en Italie, particulièrement aux environs de Naples.

42. **Évaporation de l'eau des marais, des lacs, des fleuves, de la mer.** — L'eau des sources, en se répandant sur des terrains plats et peu perméables, produit quelquefois des lacs d'où l'eau ne s'écoule pas. Quelques grands lacs sont dans le même cas; ainsi, la ville de Mexico est bâtie au milieu de grands lacs dans lesquels viennent se jeter de nombreuses rivières; aucun cours d'eau ne sort de ces lacs; l'eau qui y arrive s'évapore donc assez rapidement pour que le niveau de ces lacs ne s'élève pas trop.

L'évaporation est quelquefois assez grande sur le lac de Genève pour qu'il ne sorte pas par le Rhône la moitié de l'eau qui arrive au lac par tous les cours d'eau qui s'y jettent. Sur les fleuves dont le parcours est très long, la quantité d'eau qui disparaît par évaporation est considérable, surtout si ce fleuve est large et si son cours est lent.

Il se produit ainsi, à la surface de la Terre, un mouvement d'eau absolument comparable à celui que nous produisons dans un appareil de distillation (fig. 25).

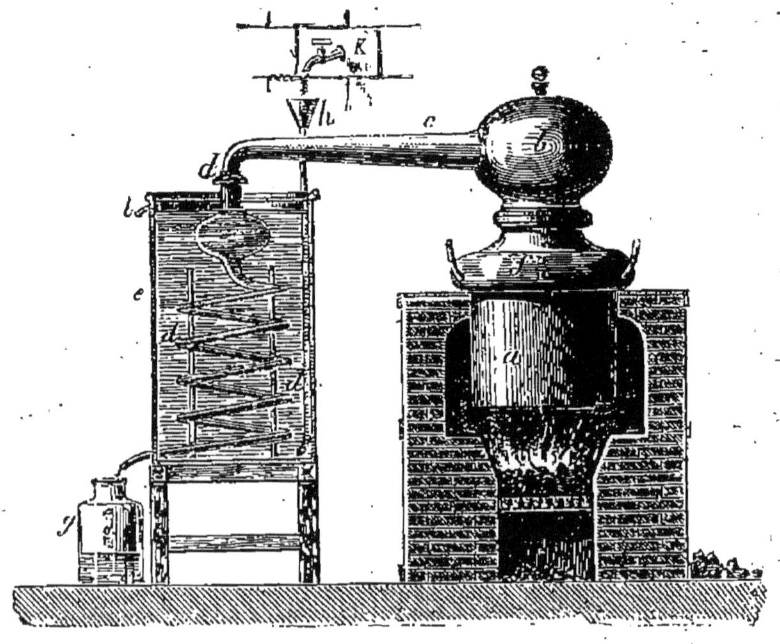

Fig. 25. — Alambic. La vapeur provenant de l'eau qui chauffe en *a*, passe en *f*, puis en *b*, *c*, se condense en *d*, *d*, *d*, et l'eau liquide tombe en *g*.

Le robinet K laisse écouler de l'eau froide qui tombe dans le tube *h* ; cette eau échauffée sort en *l*.

Quelle que soit d'ailleurs la disposition de l'embouchure des fleuves, l'immense quantité d'eau qu'ils portent dans la mer n'en change aucunement le niveau ; l'augmentation de volume que tendrait à causer cette masse d'eau est compensée exactement par l'évaporation qui se produit à la surface de la mer; l'eau évaporée retombe en pluie et est, comme nous l'avons vu, l'origine des fleuves.

RÉSUMÉ

Eau de pluie. — Une partie de l'eau de la pluie s'écoule à la surface du sol par le *ruissellement;* une autre partie pénètre dans le sol par *infiltration;* enfin, une dernière partie repasse à l'état de vapeur par *évaporation* et retourne dans l'atmosphère.

Ruissellement. — L'eau qui coule à la surface du sol en dissocie les éléments et en entraîne des débris ; la surface du sol se renouvelle donc incessamment. Cet effet se produit même sur les roches les plus dures, tantôt par une action simplement *mécanique*, tantôt par une action de *dissolution.*

L'action générale de l'eau qui coule sur le sol est donc de produire la *dénudation* du sol ; les collines s'abaissent, les vallées se creusent de plus en plus.

Infiltration. — Puits. — Sources. — L'eau qui pénètre dans le sol s'y enfonce jusqu'à ce qu'elle rencontre une couche imperméable ; elle forme alors une *nappe d'infiltration.* Les sources se trouvent aux points où cette nappe d'eau arrive au niveau du sol.

Si l'on creuse dans le sol jusqu'à ce qu'on arrive à une nappe d'eau, on forme un puits. L'eau d'une nappe d'infiltration étant toujours en mouvement, l'eau d'un puits se renouvelle continuellement.

Le débit des sources varie avec l'abondance des pluies ; il varie aussi avec la nature de la végétation qui recouvre le sol.

Les puits artésiens sont formés par des nappes d'eau concaves, dont on met artificiellement la partie profonde en communication avec l'extérieur.

L'eau des sources forme des cours d'eau à la surface du sol ; la pente de ces cours d'eau, souvent rapide près de la source, devient de plus en plus douce à mesure que l'on se rapproche de la mer.

Évaporation. — Une partie de l'eau de la pluie s'évapore immédiatement après sa chute sur le sol ou peu de temps après ; une autre partie, absorbée par les racines des végétaux, s'évapore par les feuilles ; l'eau qui va alimenter les marais, les lacs, les fleuves, produit une évaporation très abondante ; enfin, la plus grande quantité de vapeur d'eau se forme à la surface de la mer.

CHAPITRE V

ÉROSIONS PRODUITES PAR LES EAUX.

43. **Un cours d'eau dégrade toujours ses bords.** — Quand nous observons les berges d'une rivière, nous y voyons toujours des traces de dégradations plus ou moins récentes. Ces dégradations, produites par le frottement de l'eau, sont d'intensité très variable, suivant le degré de résistance des bords et suivant la force du courant.

Si les bords sont formés de matériaux peu consistants, sans adhérence, comme des pierres disséminées dans de la terre, l'eau les dissocie, et les débris s'écroulent. C'est pour éviter cette dégradation des bords que l'on construit des quais le long des rivières qui traversent les villes.

Si, au contraire, l'eau coule dans une roche continue et présentant une grande consistance, les bords résistent beaucoup, l'eau les use avec une grande lenteur, mais son action est cependant toujours facile à constater. En effet, si l'on fait une légère entaille sur une roche au bord d'une rivière, on peut s'assurer que cette entaille s'efface et finit peu à peu par disparaître. C'est que les bords de cette entaille ont été usés et que le fond de l'entaille s'est trouvé au niveau même de la roche. Des sillons de 1 centimètre de profondeur, creusés ainsi dans des roches formant les bords de l'Ariège, ont entièrement disparu en huit ans sur le granite, en trois ans sur le calcaire.

C'est par suite de cette action qu'ont été creusées ces cavités profondes que l'on trouve souvent dans les roches qui bordent les cours d'eau dans les pays de montagnes. La roche qui surplombe s'écroule par l'effet de son poids quand la voûte qu'elle forme n'est plus suffisamment soutenue. C'est aussi ce qui se produit infailliblement, au bout d'un temps plus ou moins long, pour les quais les plus solidement construits : la base est rongée par l'eau de la rivière, et si l'on ne réparait pas à temps cette dégradation, l'épaisse muraille qui forme les quais s'écroulerait dans le lit de la rivière.

Les piles des ponts nous présentent le même phénomène. En amont, elles sont rongées par le courant qui vient se briser contre elles; en aval, le même effet se produit aussi, mais il est beaucoup plus faible.

44. Les pierres qui tombent dans une rivière sont usées par le courant. — Si les blocs détachés des bords et tombés dans le lit de la rivière ne sont pas trop gros, ils sont entraînés par le courant, qui les roule; ces blocs s'usent par l'action des chocs sur les pierres voisines; leurs angles sont émoussés et, au bout d'un certain temps, on ne voit plus dans la rivière que des pierres plus ou moins arrondies.

De nombreuses expériences ont été faites pour constater l'intensité de cette action.

Si, dans un cours d'eau rapide, on jette des cubes de pierre, ces cubes, s'ils ne sont pas trop grands, sont entraînés par l'eau; si on les recueille à une distance de quelques kilomètres au-dessous, ces pierres n'ont plus du tout la forme cubique, elles sont arrondies, leurs angles ont entièrement disparu; elles ont beaucoup diminué de volume. Cette diminution est d'autant plus grande, que ces pierres sont moins dures. Ainsi, les blocs de granite sont encore bien gros quand les blocs de calcaire sont déjà tout petits, ou même ont entièrement disparu. C'est ce qui explique pourquoi dans la partie basse de quelques rivières qui traversent des terrains calcaires et granitiques, on ne trouve que du granite; on ne trouve plus de cailloux calcaires.

Si les pierres qui tombent dans la rivière sont trop lourdes pour être roulées par l'eau, ces pierres n'en prennent pas moins une forme arrondie. Ainsi, un gros bloc (fig. 26) à arêtes vives tombe-t-il dans un courant qui n'est pas assez fort

Fig. 26. — Les arêtes des gros blocs de pierre qui tombent dans une rivière s'émoussent rapidement.

pour l'entraîner, on voit bientôt ses arêtes s'émousser ; toutes les pointes saillantes de ce bloc disparaissent, et son volume diminue de plus en plus, jusqu'à ce qu'il disparaisse entièrement au bout d'un temps plus ou moins long.

45. **Chutes d'eau.** — Une rivière tend toujours à creuser davantage son lit, et si l'on ne voit pas le lit devenir de plus en plus profond, c'est que l'eau, en coulant, entraîne toujours

des matériaux qui tendraient, au contraire, à exhausser le fond sur lequel coule la rivière; l'effet produit est d'autant plus grand, que le terrain sur lequel l'eau coule est moins résistant. Si donc la résistance du fond change brusquement, si l'eau, coulant sur une roche peu résistante, vient à rencontrer un fond plus dur, le courant dans la partie haute

Fig. 27. — Quand une rivière coule sur une roche plus résistante que celle sur laquelle elle coulait précédemment, il peut se former un lac sur la roche tendre.

va user ses bords, plus que dans la partie basse; la partie haute va s'élargir, tandis que la partie basse sera peu profonde et peu large; il pourra même alors (fig. 27) se former un lac en amont de la roche dure.

Si c'est l'inverse qui a lieu, si c'est le terrain le moins résistant qui est en aval, l'eau creusera la partie basse plus que la partie haute; l'eau passera donc brusquement d'un niveau à un autre, il se formera en ce point une *chute d'eau* (fig. 28); cette chute sera d'autant plus élevée que la différence de dureté sera plus grande entre les deux roches.

Si la roche du haut est très dure, la chute d'eau est brusque; si cette roche n'est pas très dure, l'eau peut l'user assez pour former un plan incliné (fig. 28); l'eau du cours d'eau ne tombe plus, mais elle coule sur une surface très inclinée.

Fig. 28. — Si la roche de la partie haute n'est pas très dure, l'eau ne tombe pas elle coule sur un plan très incliné.

46. Recul des chutes d'eau. — Si la roche dure n'a pas une très grande épaisseur et qu'elle repose sur une roche plus tendre, il peut se faire que, la roche de la base s'usant plus vite que celle d'en haut, il se forme un creux au-dessous de la chute d'eau, et que la roche dure surplombe; c'est ce qui a lieu pour la fameuse cataracte du Niagara (fig. 29): l'eau coule sur une couche de calcaire dur reposant sur une couche tendre qui, en se creusant sous le calcaire, forme une sorte de galerie qui permet de passer sous la cascade.

De temps en temps, d'énormes blocs de ce calcaire ainsi affouillé se détachent par l'effet de leur poids et s'écroulent.

Des faits du même genre se produisent très fréquemment dans beaucoup de cours d'eau des montagnes; le frottement de l'eau d'une cascade use considérablement la pierre sur

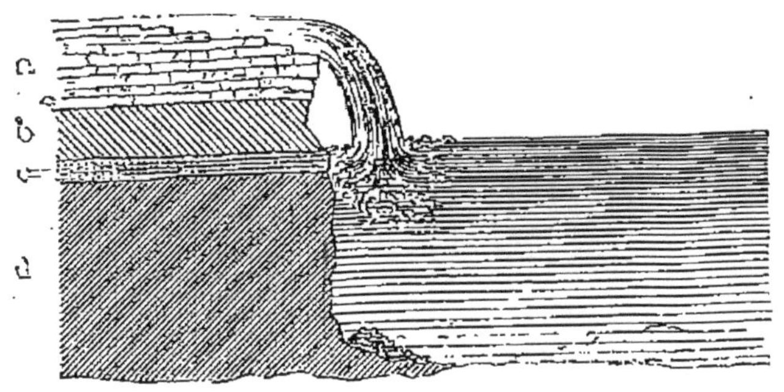

Fig. 29. — Coupe de la chute du Niagara.
a, roche très-dure; — *b*, roche moins dure; — *c*, *d*, roches tendres.

laquelle elle tombe, et il se forme toujours un gouffre plus ou moins profond au-dessous d'une cascade; mais cette eau use aussi beaucoup la roche dure sur laquelle elle coule; cette action a pour effet de faire constamment reculer la cascade. C'est ainsi que des mesures exactes prises dans l'Ariége à la cascade de Caponta, qui coule sur du granite, ont fait constater un recul de près de 1 centimètre par an.

47. **Chaudières.** — On voit souvent sur les roches polies qui se trouvent au-dessous d'une cascade, des trous cylindriques creusés verticalement dans la roche; on les nomme *chaudières de géants*. La formation de ces chaudières est facile à constater. Au fond de chacune d'elles (fig. 30) nous voyons en effet presque toujours un ou plusieurs cailloux qui, par suite de la grande agitation de l'eau, sont toujours en mouvement. Ce sont des cailloux roulés, amenés par le courant, et qui en tombant sur la roche l'ont usée en ce point, de manière à la creuser un peu; d'autres cailloux tombent de temps en temps au même point et creusent de plus en plus la chaudière; ces cailloux eux-

mêmes s'usent assez vite ; d'autres sont amenés par le courant, et la chaudière se creuse toujours, jusqu'à ce qu'elle soit assez profonde pour que l'eau du fond ne soit plus agitée.

Fig. 30. — Chaudières de géants. Trous creusés dans la roche par des pierres apportées par le courant.

48. **Action produite sur ses bords par une rivière sinueuse.** — Quand une rivière ne coule pas en ligne droite, l'eau n'agit pas avec la même énergie sur les deux bords. A chaque sinuosité, l'eau, qui tend à continuer son mouvement dans le même sens, va se précipiter sur le bord qui lui est opposé, c'est-à-dire le bord convexe, qu'elle ronge constamment ; elle n'exerce au contraire aucune action sur le bord concave. Si cette action dure assez longtemps, il peut se faire que le bord convexe soit détruit et que l'eau,

creusant toujours dans la même direction, aille rejoindre le cours inférieur de la rivière ; il peut ainsi se produire une île si une partie de l'eau continue à suivre l'ancien lit

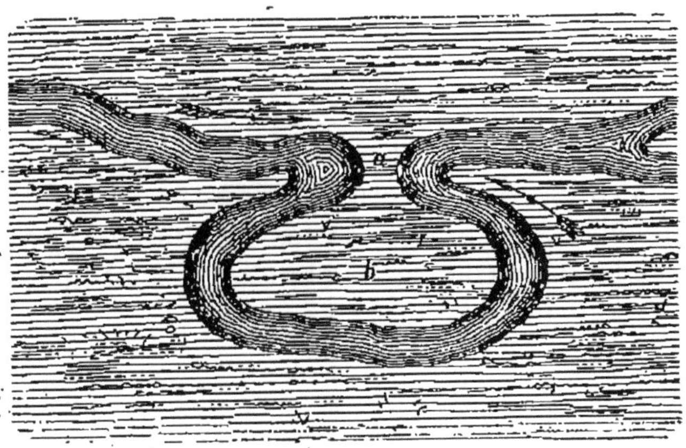

Fig. 51. — Les courants se dirigeant vers *a* pourront se rejoindre; il se formera une île *b*.

(fig. 51). On atténue l'action du courant d'un fleuve en construisant des digues (fig. 32), qui empêchent le courant d'agir directement sur les rives.

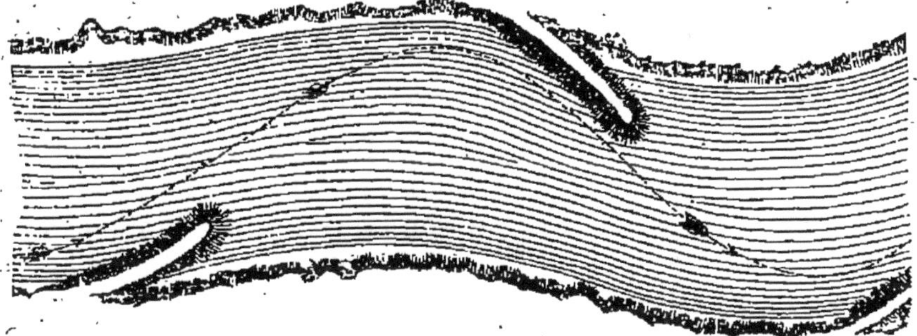

Fig. 32. — La construction de rives directrices protège les bords d'un fleuve.

49. Inondations. Leurs effets destructeurs. — Les dégradations produites par les cours d'eau sont bien plus considérables quand l'eau sort de son lit : ce n'est plus seulement sur les rives que l'action destructive se produit, c'est sur les parties du sol où l'eau ne coule pas d'ordinaire.

Si le courant est violent, la partie superficielle du sol et tout ce qui le recouvre, moissons ou habitations, peut être enlevé sur une étendue très grande, et souvent, où l'on voyait des champs bien cultivés, il ne reste plus, après une inondation, que des masses de pierres.

Quand le courant baigne le pied d'un coteau, l'eau entraîne de très grandes quantités de terre ; il se produit alors des éboulements; les débris tombent dans l'eau, et le courant les entraîne, s'il est assez rapide.

Les inondations emportant nos récoltes et jusqu'au sol qui les porte, détruisant nos habitations, sont un des fléaux les plus justement redoutés.

50. **Causes des inondations.** — S'il pleut pendant long temps, ou si la pluie est très forte, la quantité d'eau qui glisse sur le sol est très considérable; les nombreux ruisseaux qui se forment alors amènent en peu de temps, dans la rivière où ils se jettent, une quantité d'eau trop grande pour que le lit de la rivière puisse la contenir ; le niveau s'élève alors au-dessus des bords, et l'inondation se produit.

La fonte des neiges, causée par une élévation rapide de température, est fréquemment aussi une cause d'inondations ; mais c'est surtout quand cette élévation de température est accompagnée de pluies abondantes que les inondations, par leur violence et leur soudaineté, produisent les plus affreux désastres ; il y a peu d'années, une partie du midi de la France a été ainsi ravagée par de terribles inondations, causées par des pluies douces, tombant sur une couche épaisse de neige qui recouvrait les Pyrénées.

51. **Torrents.** — L'une des circonstances qui rendent les inondations si dangereuses, c'est la formation d'un *torrent*. On donne le nom de torrents à des cours d'eau temporaires qui se produisent sur une pente très rapide. Si sur le sommet d'une montagne la neige fond rapidement, ou s'il tombe une pluie extrêmement abondante, l'eau glisse sur la montagne, et tous les ruisseaux formés sui-

vant les pentes les plus rapides se réunissent; il se creuse bientôt un ravin dans lequel l'eau peut, si elle arrive en très grande quantité, acquérir une force de destruction énorme. Les roches qui forment le sol de la montagne sont arrachées et précipitées au fond de la vallée; dans leur chute verti-

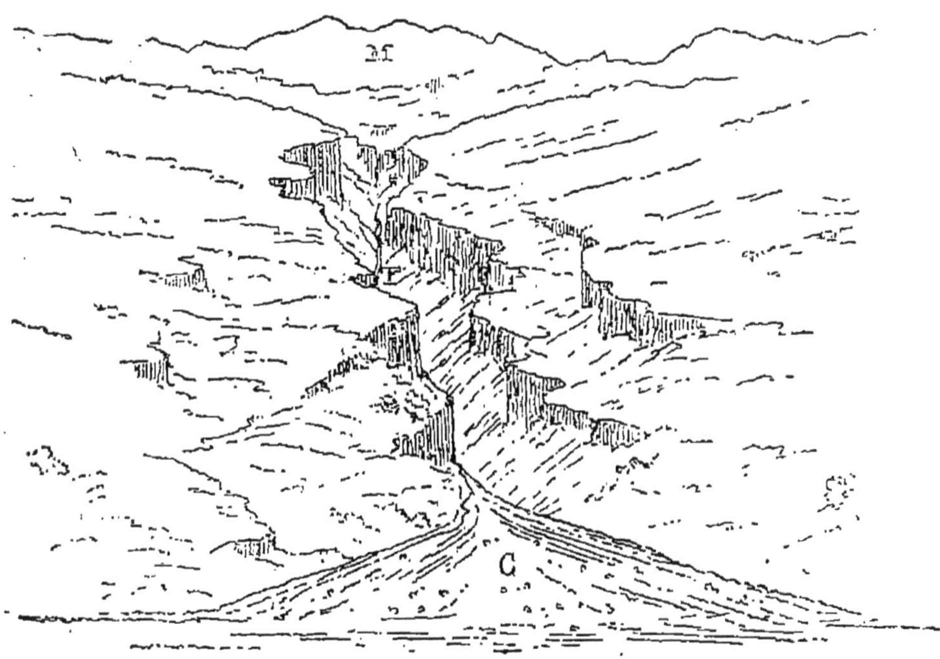

Fig. 53. — Cône de déjection.

Le torrent T, qui s'écoule des montagnes M, abandonne au pied de la montagne un amas de débris qui forment un cône de déjection C.

gineuse, elles ajoutent leur action destructive à celle des masses d'eau qui les ont arrachées de la montagne; le sol tremble à une grande distance, et une énorme cavité se forme sur la montagne, qui semble s'être entr'ouverte.

En général, l'eau ne coule dans le torrent que pendant quelques heures; le sol se dessèche, jusqu'à ce que les mêmes phénomènes de destruction se reproduisent dans les mêmes circonstances.

Les blocs les plus lourds, arrachés à la montagne, restent à la base du torrent (fig. 55) et forment un amas qu'on appelle un *cône de déjection*.

Les blocs moins volumineux sont entraînés jusqu'à la rivière; il arrive fréquemment que des vallées entourées de hautes montagnes soient barrées par l'accumulation des débris amenés par un torrent; il se forme alors en amont un lac dont les eaux sont retenues par cette digue temporaire. C'est la rupture de cette digue qui est ordinairement la cause des inondations les plus désastreuses : l'eau qui s'est amassée en amont se précipite dans la vallée en entraînant dans sa chute des blocs de pierre d'un poids énorme; rien ne résiste à son passage.

52. **Cause de la formation des torrents.** — Les inondations étaient autrefois plus rares et généralement moins terribles; quelques fleuves, la Seine par exemple, qui trop souvent de notre temps ravage ses bords, étaient cités par les anciens comme ayant un niveau à peu près constant.

Il est certain que les inondations deviennent, particulièrement en France, de plus en plus fréquentes et de plus en plus terribles. Cherchons-en la cause. Pour cela, observons l'état actuel des pays d'où nous arrivent les inondations, et comparons ces pays à ce qu'ils étaient autrefois, d'après les renseignements que peut nous fournir l'histoire.

Les vallées élevées des Pyrénées, en général complètement dépourvues d'arbres, souvent même de toute végétation, sont habituellement creusées dans le roc absolument nu; rien ne retient l'eau des pluies, souvent extrêmement fortes dans ces régions; rien n'entrave l'écoulement rapide de l'eau de fusion des neiges qui, sous l'action du vent du sud-ouest, se produit quelquefois en très grande quantité. Aussi, de tous côtés, les ravins se creusent de plus en plus. De nombreux ruisseaux qui, il y a vingt ans, coulaient dans un lit de 1 à 2 mètres de largeur, se trouvent aujourd'hui au fond d'un immense ravin de 150 à 200 mètres; ce sont des torrents qui se forment, torrents dont les effets tendent à augmenter, à mesure que leurs dimensions sont plus grandes. Dans bien des points des Alpes, on peut constater les mêmes faits.

La culture de beaucoup de hautes vallées devient impossible; les habitants émigrent.

Que s'est-il donc produit dans ces pays? Autrefois, de magnifiques forêts recouvraient tous les sommets de ces montagnes; les arbres retenaient une quantité d'eau considérable; les feuilles, en tombant sur le sol, le couvraient d'une couche spongieuse, dans laquelle l'eau pénétrait lentement.

Si un ruisseau se formait, les arbres, par leurs racines ou par leurs troncs, le divisaient bientôt, et l'eau arrivait au bas de la vallée par une quantité de petits ruisseaux qui ne pouvaient entraîner que des pierres très petites.

Ces vastes forêts ont été détruites; c'est surtout vers la fin du siècle dernier que cette destruction inintelligente a été consommée. Les habitants n'ont guère tardé à souffrir des conséquences de leur imprévoyance; l'intensité de l'action destructive des eaux n'a, en effet, cessé de s'accroître à mesure que le déboisement de leur pays augmentait.

55. Comment on peut lutter contre les inondations. Reboisements. — Puisque la cause des inondations est connue, on voit ce qu'il y aurait à faire pour en diminuer l'intensité.

C'est le déboisement des montagnes qui est la cause du mal, c'est donc dans le reboisement qu'est le remède. Mais si le déboisement est rapide, le reboisement est très long, souvent très difficile et quelquefois presque impossible; il faudra, dans bien des points, abandonner le pays à lui-même pendant des siècles pour que la végétation redevienne possible à sa surface.

Des sommes énormes sont employées chaque année en France pour lutter contre les inondations, soit par les reboisements, soit par de grands travaux de terrassement qui arrêtent le développement des torrents. Il y a dans les

Alpes des torrents qui ont déjà nécessité une dépense de plusieurs millions, et qui, malgré les immenses travaux qu'on a faits pour atténuer leur action, sont encore pour le pays un danger des plus menaçants.

54. **Effets de la végétation sur les inondations.** — On voit donc que la végétation atténue la violence des eaux et leur action à la surface du sol. Les arbres, par leur tronc et leurs racines, fractionnent les cours d'eau; les végétaux de petite dimension, l'herbe des prairies par exemple, retiennent aussi beaucoup l'eau, en la divisant considérablement; si en effet, sur une pente gazonnée, on répand une grande quantité d'eau, on voit que cette eau disparaît presque aussitôt, et ne coule pas à la surface. Le problème à résoudre pour atténuer, sinon pour faire disparaître l'effet des inondations, serait donc de faire recouvrir par la végétation les pays de montagnes d'où les inondations arrivent toujours; les prairies ne pouvant exister à de très grandes hauteurs, il faudrait chercher à reboiser les hauts sommets et à recouvrir de prairies les pentes inférieures.

Malgré toutes ces précautions, il est impossible dans bien des cas, d'empêcher une inondation de se produire; il tombe en effet quelquefois une si grande quantité d'eau, que la rivière où se rend cette eau ne peut la contenir : la rivière déborde. Si donc on peut espérer atténuer l'effet des inondations, il paraît impossible de les faire disparaître complètement; les causes de ces redoutables phénomènes sont trop en dehors de nos moyens d'action.

55. **Formation des vallées par érosion.** — Tous les phénomènes que nous venons d'examiner et que l'on nomme phénomènes d'*érosion*, nous montrent que les cours d'eau creusent eux-mêmes les vallées dans lesquelles ils coulent, et que ce sont eux qui donnent à la surface de la Terre le relief que nous lui voyons.

Une source située sur un point élevé donne naissance à

un ruisseau qui, coulant sur une pente rapide, a une action destructive très énergique sur ses bords; il se forme une vallée étroite et profonde (fig. 34).

Plus bas, la pente s'adoucit, le courant de l'eau se ralentit et l'action destructive a moins d'effet (fig. 35) : la vallée s'élargit.

Tous les ruisseaux qui viennent mêler leurs eaux, ayant la même action sur leurs bords, formeront des vallées du même genre. On voit que le bassin d'un fleuve, creusé par ce fleuve et par tous les cours d'eau qui viennent s'y jeter, aura la forme d'une sorte de cuvette ouverte du côté de la mer; les bords de la cuvette sont formés par les collines ou les montagnes d'où sortent tous les ruisseaux qui par leur réunion forment le fleuve.

56. **Cours d'eau souterrains.** — L'eau qui produit une source a nécessairement circulé sous le sol avant d'arriver à la surface; elle a passé par une série de cavités communiquant entre elles et formant une sorte de conduit. C'est par l'existence de canaux souterrains de cette nature qu'on peut expliquer la disparition subite de certains cours d'eau, qu'on voit reparaître à une distance plus ou moins considérable, comme le Rhône à son entrée en France, ou la Touvre près d'Angoulême, ou encore la Garonne au pied de la Maladetta.

Un grand nombre de sources, surtout les plus abondantes, ne sont ainsi que la réapparition d'un cours d'eau qui s'est engouffré dans le sol, en totalité ou seulement en partie.

C'est ainsi que la source du Loiret, près d'Orléans, est simplement le point où arrive à la surface un bras souterrain de la Loire; l'eau du Loiret se trouble en même temps que celle de la Loire, en prenant la même teinte; son niveau subit aussi les mêmes variations que celui de la Loire.

La disparition de ruisseaux que l'on retrouve plus loin, sous la forme d'une source, est un phénomène très habituel dans les pays accidentés. Au-dessous des lacs qui occupent les régions supérieures des montagnes, on trouve souvent des sources abondantes qui sont certainement en relation di-

Fig. 31. — Les cours d'eau rapides des pays de montagnes usent constamment leurs bords, et coulent dans des vallées profondes.

recte avec ces lacs; l'eau de ces sources se trouble aussi comme l'eau du lac, et au même moment; on a vu, dans ces sources, apparaître des poissons de la même espèce que ceux du lac ; enfin, en dissolvant une matière colorante dans le lac, on a, quelques heures après, constaté dans l'eau de la source la présence de cette matière colorante.

Fig. 55. — Dans la partie basse des cours d'eau les vallées s'élargissent.

57. Érosion par les cours d'eau souterrains. — Le frottement continuel de l'eau sur les parois des conduits souterrains doit user les roches sur lesquelles passe cette eau ; et tous les phénomènes que nous avons observés sur les bords des cours d'eau de la surface de la Terre doivent avoir lieu sur les parois des cours d'eau souterrains ; leur lit doit donc s'élargir et se creuser : il doit s'y produire des érosions et des éboulements.

58. Dessèchement d'un lac par des canaux souterrains. — Quel sera l'effet produit par l'agrandissement des conduits souterrains qui communiquent avec le fond d'un lac ? Un jour viendra où la quantité d'eau qui pourra s'échapper du lac sera assez grande pour que le lac se dessèche.

Les Pyrénées et les Alpes nous montrent une foule de faits de ce genre.

59. Formation de grottes par des cours d'eau sou-

terrains. — Quand un canal souterrain s'est beaucoup agrandi, il forme une grotte; il arrive même souvent que l'on voit encore couler dans une grotte le ruisseau qui l'a formée. Quelquefois le cours d'eau est assez important (fig. 36) : dans les Pyrénées, par exemple, la rivière de l'Arize

Fig. 36. — Un cours d'eau souterrain forme une grotte.

passe sous une magnifique voûte, creusée sous une montagne dont la hauteur est d'environ 1000 mètres. L'Arize passe par cette grotte, dite « grotte du Mas d'Azil », en sortant d'une vaste plaine presque horizontale et tout entourée de hautes montagnes. Cette plaine est évidemment le fond d'un ancien lac; ce lac a été desséché par suite du grand développement du conduit souterrain formant aujourd'hui cette grotte.

L'Arize, par ses fréquentes inondations, continue à agrandir la grotte, qui augmente aussi en hauteur par suite de la chute assez fréquente de blocs de pierre détachés de la voûte.

Dans beaucoup d'autres grottes où l'on ne voit pas actuellement de cours d'eau, il est facile de constater qu'il en a existé autrefois : c'est ce qu'attestent des bancs de sable, des cailloux roulés, des traces d'érosion sur les roches des bords.

Il est donc certain qu'un grand nombre de grottes sont dues à l'action destructive d'un courant souterrain, circulant dans des roches plus ou moins friables.

60. Grottes formées par la dissolution des roches. — Il existe aussi bien des grottes dont la situation et la forme ne semblent pas compatibles avec l'origine que nous venons d'indiquer.

On peut quelquefois expliquer leur formation par la dissolution de roches solubles ; si, par exemple, du sel gemme se trouve en amas au milieu d'une roche insoluble, et que pendant de nombreuses années les eaux d'infiltration traversent cette masse de sel, l'eau en dissoudra une certaine partie et ira plus loin former une source salée comme il y en a dans tant de pays. Le sel, en se dissolvant, laissera un vide, et au bout d'un temps plus ou moins considérable il pourra se former une grotte dont la disposition peut être très différente de celle des grottes formées par érosion. Les mêmes faits peuvent être causés par n'importe quelle roche soluble.

Enfin, on ne peut guère expliquer la formation de quelques grottes que par des actions chimiques qui auraient agi sur certaines parties des roches : par exemple, des eaux chargées d'acide auraient attaqué ces roches, puis les auraient dissoutes et entraînées.

61. Sources intermittentes. — L'action des courants souterrains peut encore servir à expliquer un phénomène très curieux, celui des *fontaines intermittentes*.

Les fontaines intermittentes sont des sources qui coulent

pendant un certain temps, puis cessent de couler, pour recommencer à couler de nouveau pendant le même temps, et ainsi de suite.

On explique ces intermittences en supposant qu'il existe

Fig. 37. — Source intermittente.

Une cavité creusée dans un rocher est en communication avec l'extérieur au moyen d'un tube en forme de siphon ; l'eau arrive lentement dans la cavité, et s'échappe rapidement quand le niveau est monté dans la cavité, assez haut pour amorcer le siphon.

dans le sol une cavité qui est en communication avec la surface au moyen d'un canal en forme de siphon (fig. 37).

En supposant qu'il arrive régulièrement de l'eau dans la cavité, cette cavité se remplira, le siphon pourra être amorcé, et l'eau coulera au dehors. Si alors il se trouve que le siphon ait des dimensions telles qu'il laisse couler l'eau au dehors avec plus de rapidité qu'elle n'arrive dans la cavité, toute cette cavité se videra et le siphon cessera d'être amorcé; l'eau ne coulera plus à l'extérieur (fig. 38), jusqu'à ce que la cavité se remplissant de nouveau recommence à amorcer le siphon, et ainsi de suite.

Fig. 38. — Source intermittente.

Toute l'eau qui s'était amassée dans la cavité du rocher vient de s'écouler; le siphon n'est plus amorcé, l'eau ne coule plus. La cavité du rocher va se remplir de nouveau.

Cette explication des fontaines intermittentes, qu'on n'a d'ailleurs jamais vérifiée, nécessite le concours de bien des circonstances; et il est permis de penser, quand on considère que les sources intermittentes sont assez nombreuses, que ce curieux phénomène peut, dans bien des cas, avoir une autre cause que celle que nous venons d'indiquer.

62. Action des vagues sur les côtes. — L'eau de la mer

exerce en beaucoup de points une action destructive très énergique sur les continents.

Les vagues, qui battent incessamment les côtes, usent par leurs chocs répétés les roches les plus dures, désagrègent et creusent profondément celles qui sont friables (fig. 39); quand une roche tendre se trouve enclavée dans une roche dure, il se forme souvent des grottes profondes par suite de la désagrégation de la roche tendre. L'entrée de ces grottes est quelquefois très petite; dans la belle grotte

Fig. 39. — Les vagues, en venant battre le pied des falaises, les dégradent continuellement.

d'Azur de l'île de Capri, l'entrée est si étroite, qu'il faut se baisser beaucoup pour y pénétrer; le jour n'y arrive qu'en traversant une épaisse couche d'eau, dont la magnifique couleur bleue donne à cette grotte son aspect si particulier.

Quand la mer est agitée et que le vent soulève d'énormes vagues qui viennent se précipiter sur les côtes, l'action de destruction devient très puissante : des blocs de pierre sont arrachés violemment des falaises et roulent dans la mer; c'est ainsi qu'après chaque tempête on peut constater sur nos côtes des dégradations souvent considérables.

63. Recul des falaises. — Les côtes abruptes étant ainsi constamment entamées, il en résulte que la mer s'avance continuellement. La Manche gagne en moyenne 2 mètres par an au cap de la Hève; sur les côtes de la Seine-Inférieure et du Calvados, la mer s'avance aussi chaque année d'une manière très notable; il en est de même des falaises de Biarritz. Il suffit d'ailleurs de jeter les yeux sur ces falaises à pic (fig. 39) pour comprendre l'action que doivent avoir sur elles les vagues qui viennent sans cesse battre leur pied.

Dans les falaises formées de roches tendres, s'il existe des

Fig. 40. — Les roches dures résistent plus longtemps à l'action des vagues que les roches tendres; elles présentent souvent des aspects très pittoresques.

massifs de roches plus dures, ces roches dures sont attaquées bien plus lentement par les vagues, et pendant des siècles elles restent isolées dans la mer et présentent souvent l'aspect le plus pittoresque (fig. 40), comme à Étretat et à Biarritz.

Quand les pierres dures des falaises sont isolées en petites masses, comme cela a lieu à Dieppe, ces pierres s'accumulent à la base des falaises et les vagues les agitent sans cesse; chaque vague les soulevant, puis les laissant retomber, ces pierres prennent rapidement une forme aplatie : ce sont des *galets*.

Les pierres dures se morcellent de plus en plus, et finissent par devenir très petites; elles forment alors du sable.

64. Action des marées. — C'est surtout sous l'action des marées que se manifestent les phénomènes d'érosion les plus importants. Des courants violents se produisent alors sur les côtes, à quelques heures d'intervalle, tantôt dans un sens, tantôt dans un autre; le niveau de la mer s'élève et s'abaisse de plusieurs mètres, et de nombreux débris, arrachés du sol, sont entraînés au large.

65. Action des courants marins. — La mer n'est pas seulement agitée par les courants des marées, elle l'est aussi par des courants réguliers, qui se dirigent toujours dans le même sens. Ces courants rongent d'une manière constante les falaises au pied desquelles ils coulent; il existe des côtes où, sous l'action de ces courants, les falaises reculent de plusieurs mètres par an.

66. Origine de la forme sinueuse des côtes. — C'est sous l'action de toutes ces causes de destruction par l'eau de la mer que les côtes prennent les formes sinueuses que nous leur voyons.

Le sol n'offre pas partout une égale résistance; les parties les plus tendres disparaissent les premières, en formant une série de petites baies; les parties les plus dures forment des caps ou quelquefois des îles.

L'élévation du sol au-dessus du niveau des eaux a aussi une grande influence sur la forme des côtes; si toutes les conditions sont les mêmes, la mer met un temps plus long à détruire une falaise élevée qu'une falaise plus basse; les parties élevées du sol devront donc s'avancer dans la mer, en formant une suite de caps séparés par de petits golfes.

67. Action des courants marins sur le fond de la mer. — Ce n'est pas seulement à la surface qu'il se produit des courants dans la mer, il s'en produit aussi qui glissent sur le fond. Ces courants exercent une action qu'on a pu souvent constater : ils modifient la forme du fond de la mer, creusent certains points, en exhaussent d'autres ; dans la Manche particulièrement, ils déplacent en peu de temps des bancs de sable considérables.

68. **Cause des courants marins.** — La plupart des courants marins peuvent s'expliquer par l'inégalité de tempéra-

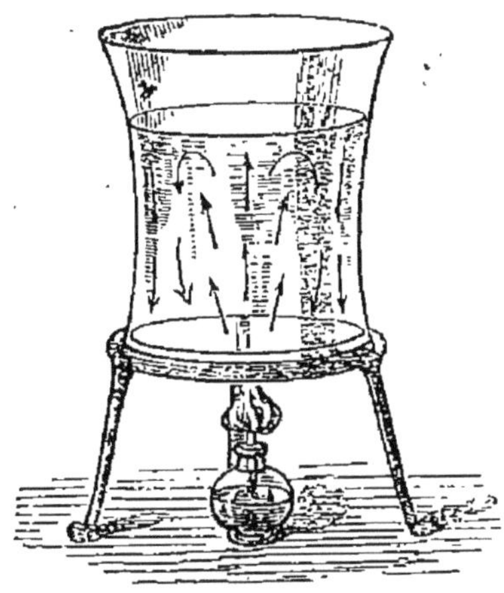

Fig. 41. — L'eau, chauffée par la lampe à alcool, monte au milieu du vase ; l'eau de la surface, qui est plus froide, redescend sur les bords.

Fig. 42. — L'eau, refroidie au contact de la glace, tombe au milieu du vase.

ture de l'eau. L'eau chaude est plus légère que l'eau froide (fig. 41 et 42) ; l'eau qui se trouve sous l'équateur s'échauffe sous l'action du soleil ; elle tend à monter et à se répandre à la surface ; en même temps, l'eau qui est vers les pôles est froide et tend à tomber vers le fond : c'est cette eau froide qui forme les courants inférieurs. D'une manière générale, ces courants inférieurs sont froids et se dirigent vers l'équateur ; puis, quand elle est échauffée, l'eau se rend vers les pôles, poussée par l'eau froide qui prend sa place et s'échauffe à son tour

RÉSUMÉ

Action des courants d'eau douce. — Les cours d'eau, même ceux dont l'eau coule très lentement, usent continuellement leurs bords ; les pierres les plus dures s'émoussent et prennent une forme arrondie sous l'action du passage constant de l'eau à leur surface.

Le lit du cours d'eau tend aussi à se creuser de plus en plus; si l'eau passe d'un terrain dur sur un terrain tendre, il peut se produire une chute d'eau; si au contraire un sol dur succède à un terrain tendre, il peut se former un lac en amont du terrain dur.

Les pierres sur lesquelles glissé l'eau d'une chute d'eau s'usent assez rapidement pour qu'on puisse facilement constater que la chute recule constamment.

Inondations. — Torrents. — Quand il arrive dans une rivière plus d'eau que son lit n'en peut contenir, il se produit une inondation. La dénudation produite par les inondations est en rapport avec la rapidité du courant.

Les *torrents* sont des cours d'eau temporaires qui se forment sur une pente rapide, après de fortes pluies, et surtout après une fonte rapide de neiges. L'absence de végétation sur les hauts sommets est la principale cause de la formation des torrents. Le reboisement est donc le moyen le plus efficace de lutter contre l'effet désastreux des torrents.

Cours d'eau souterrains. — Grottes. — L'eau d'infiltration peut, en coulant toujours dans les mêmes parties du sol, former un canal; ce canal s'agrandit sans cesse, par suite du passage de l'eau, et peut former des grottes. Des grottes sont aussi formées par la dissolution dans l'eau d'infiltration des substances solubles.

Action destructive de l'eau de la mer. — Les vagues poussées par le vent, les marées, ont une action destructive très énergique sur beaucoup de points des côtes. La forme sinueuse des côtes est due à la résistance inégale que présentent les divers terrains qui forment les côtes. Les courants réguliers de la mer dus à l'inégale température des eaux ont aussi une grande action sur les côtes.

CHAPITRE VI

LES GLACIERS

69. Description d'un glacier. Moraines. — Dans beaucoup de pays de montagnes, on trouve des vallées élevées entièrement remplies de glace (fig. 45). Ces masses de glace, qui peuvent atteindre une épaisseur de plusieurs centaines de mètres, forment ce qu'on appelle des *glaciers*.

La surface des glaciers est très inégale : on y voit des parties saillantes présentant les formes les plus diverses, et des cavités profondes nommées *crevasses*, qui atteignent quelquefois jusqu'au sol même de la vallée. La couleur des glaciers est généralement d'un bleu plus ou moins foncé ; cette couleur varie beaucoup avec la saison et aussi avec l'heure du jour.

A la partie la plus basse du glacier, c'est-à-dire à l'endroit où la glace commence à barrer la vallée, au *front* du glacier, on voit ordinairement une quantité considérable de pierres de volumes très différents, amassées les unes au-dessus des autres ; ces pierres, qui forment comme une énorme muraille en avant de la glace (fig. 48), constituent ce qu'on appelle la *moraine frontale* du glacier.

Sur les bords latéraux du glacier, il y a habituellement une masse de pierres qui forment comme une traînée le long de ces bords. Ces rangées de pierres sont les *moraines latérales*.

Enfin dans beaucoup de glaciers on peut observer encore,

sur la masse même de la glace qui remplit la vallée, d'autres rangées de pierres à peu près parallèles aux bords : ces rangées de pierres, dont le nombre est variable, sont les *moraines médianes*.

Si nous regardons les roches de la vallée au niveau où les glaces les envahissent, nous pouvons remarquer que ces roches sont toutes *polies*, comme si elles étaient usées par le frottement, et dans bien des points nous remarquons des raies parallèles creusées dans ces roches; c'est ce qu'on nomme des *stries*.

On voit toujours un cours d'eau sortir du front d'un glacier ; cette eau est ordinairement fort trouble.

Nous verrons plus loin quelle est l'importance de ces roches polies et striées, comme caractère des vallées glaciaires.

70. **La glace des glaciers est en mouvement.** — Un glacier présente l'aspect d'une immobilité complète, mais cette immobilité n'est qu'apparente : la glace des glaciers descend la vallée dans laquelle elle se trouve; si elle paraît immobile, c'est que son mouvement est très lent, et qu'elle ne se déplace presque pas pendant le temps où on la regarde.

Il y avait déjà assez longtemps qu'on soupçonnait le mouvement des glaciers, quand, au commencement de ce siècle, de Saussure prouva son existence au moyen d'une expérience concluante. Cette expérience, qui a souvent été répétée, consiste à fixer un piquet dans la roche, sur chacun des bords opposés d'un glacier (AB, fig. 45), puis à planter des jalons *c*, *d*, *e*, *f*, *g*, *h*, qu'on enfonce profondément dans la glace, suivant la ligne droite qui joint les deux piquets fixés sur la roche. Si la glace était immobile, les jalons placés en ligne droite resteraient toujours en ligne droite; or, quelques jours après, on peut constater que tous les jalons enfoncés dans la glace se sont déplacés dans le même sens; ils ont descendu la pente de la vallée en c', d', e', f', g', h'.

Les glaciers sont donc en mouvement, ils descendent la vallée dans laquelle ils se trouvent, comme le ferait un

Fig. 43. — Glacier avec moraines médianes.

courant d'eau liquide; mais ils le font beaucoup plus

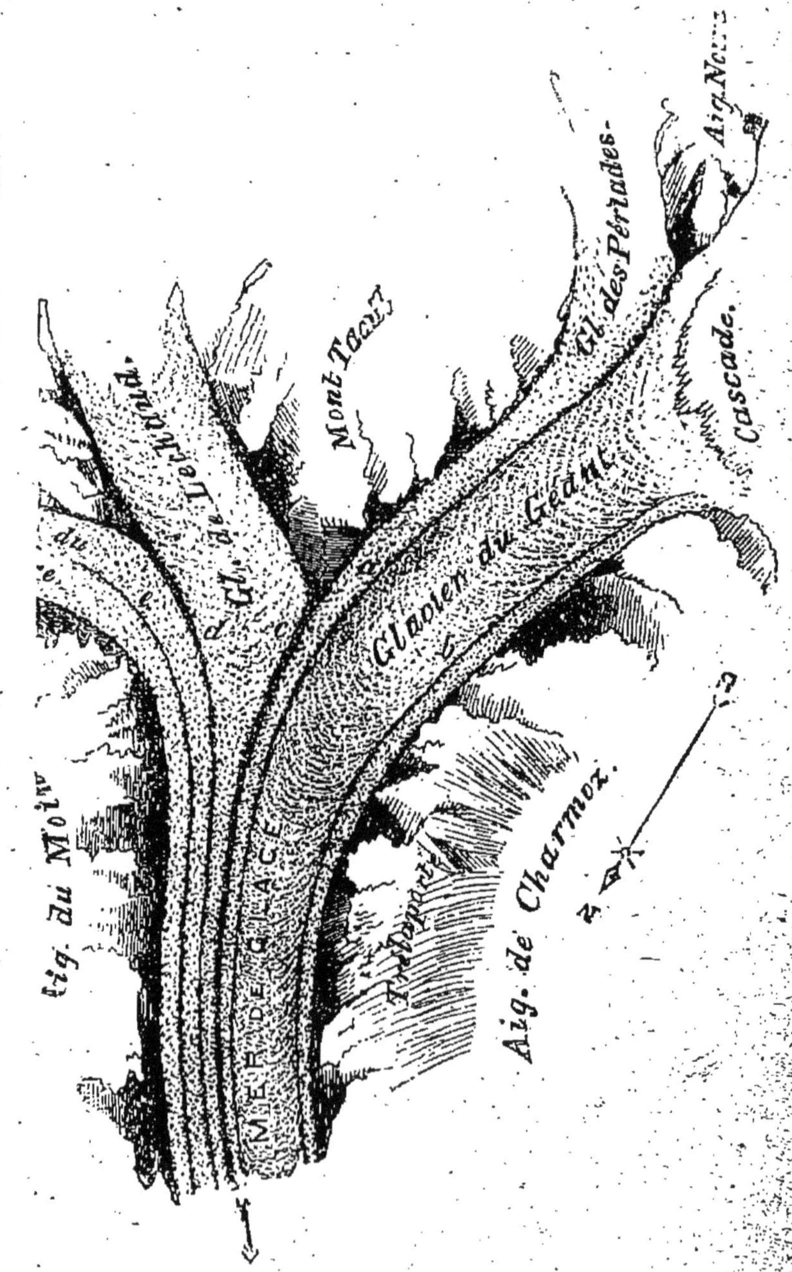

Fig. 44. — Plan d'un glacier, montrant la formation des moraines latérales et médianes. Le nombre des moraines médianes indique le nombre de glaciers qui, par leur réunion, forment le glacier qui remplit la base de la vallée (autant de glaciers plus un qu'il y a de moraines médianes).

lentement. De plus, l'expérience prouve que, dans un glacier comme dans une rivière, le courant est plus fort en certains points que dans d'autres : ainsi, dans une rivière qui coule en ligne droite, le courant est plus fort au milieu que sur les bords; de même, dans un glacier, les jalons du milieu sont beaucoup plus déplacés que ceux qui sont près des bords.

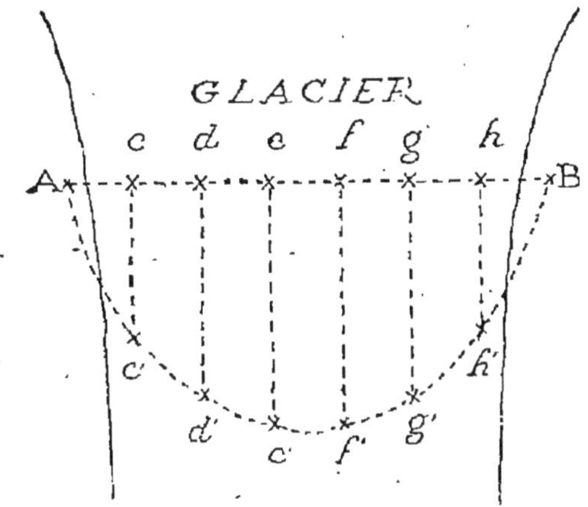

Fig. 45. — Mouvement de la glace des glaciers.

A B, jalons fixés sur les bords du glacier. *c, d, e, f, g, h*, jalons fixés en ligne droite sur la glace. *c', d', e', f', g', h'*, place des jalons six mois plus tard.

La vitesse de descente des différents glaciers est assez variable; elle n'est d'ailleurs pas la même dans tous les points du glacier; la mer de Glace, près de Chamonix, se déplace en moyenne de 100 mètres par an. Quelques glaciers descendent beaucoup plus vite; on a constaté pour certains glaciers de la Suisse des déplacements de 1 kilomètre par an.

71. Comment on explique la marche des glaciers. — La glace, en se déplaçant dans la vallée, ne coule pas comme le ferait un corps pâteux qui remplirait cette vallée; on sait que la glace est au contraire fort dure et qu'un morceau de glace, même très mince, se casse si l'on essaye de le déformer.

Mais prenons deux morceaux de glace, et pressons-les vivement l'un contre l'autre : nous voyons que, sous l'action de cette pression rapide, les deux morceaux de glace se sont soudés l'un à l'autre, et n'en forment plus qu'un. On a trouvé dans l'interprétation de cette expérience l'explication de la marche des glaciers.

Pourquoi ces deux morceaux de glace se sont-ils soudés? C'est que la glace, sous l'action de la pression, s'est fondue et que l'eau liquide provenant de cette fusion s'est répandue entre les deux glaçons; cette eau, restée très froide, passe de nouveau à l'état de glace dès que la pression cesse d'agir, et soude les deux morceaux de glace. Une action de même nature se passe dans les glaciers : la glace de la partie supérieure du glacier presse de tout son poids la glace de la partie inférieure; cette glace ainsi comprimée se fond, mais elle se regèle immédiatement; cette action se produit dans le glacier depuis le haut jusqu'en bas, c'est-à-dire jusqu'au front, où la glace fondue ne se regèle pas; il en résulte que le glacier paraît descendre la pente de la vallée, comme pourrait le faire un corps pâteux.

72. **Formation des moraines.** — Le mouvement des glaciers explique la formation des moraines.

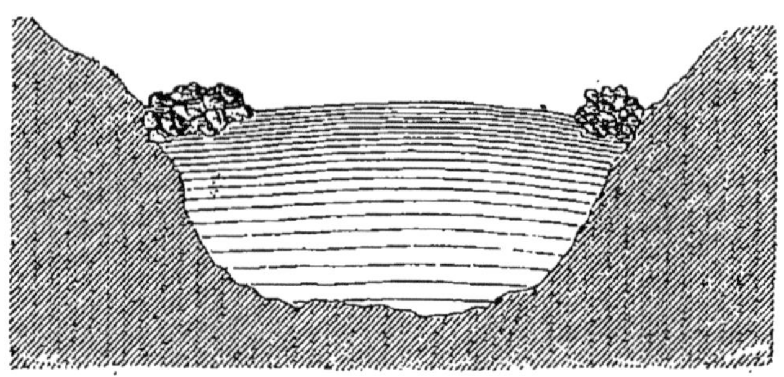

Fig. 46. — Coupe transversale d'un glacier; blocs éboulés formant les moraines latérales.

Les blocs de pierre détachés des parois de la vallée par la pluie ou par la gelée tombent jusqu'en bas, sur la glace; ces blocs suivent alors le mouvement de descente du glacier, et, s'échelonnant le long des bords, forment les moraines latérales (fig. 46).

Quant aux moraines médianes, elles sont formées par la réunion de deux moraines latérales : quand un glacier est

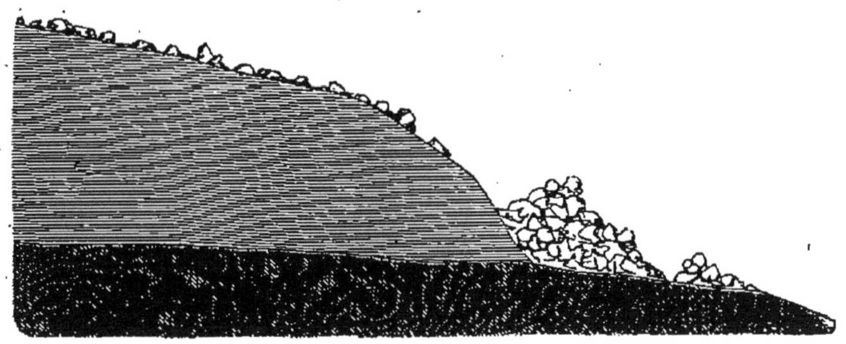

Fig. 47. — Coupe longitudinale d'un glacier.
Formation de la moraine frontale au moyen des blocs des moraines latérales et médianes

formé par la réunion de deux glaciers situés dans des vallées supérieures, les deux moraines latérales de droite et de

Fig. 48. — Moraine frontale d'un glacier.

gauche se réunissent, et forment alors une seule rangée de pierres sur le milieu du glacier. On peut ainsi, par le nombre des moraines médianes, déterminer le nombre de glaciers secondaires dont est formé le glacier que l'on considère.

Les blocs charriés par les moraines latérales et médianes arrivent ainsi jusqu'au front du glacier; là, la glace qui les portait venant à fondre, les blocs sont abandonnés sur le sol de la vallée; leur accumulation forme cette espèce de muraille qui barre la vallée et qu'on appelle *moraine frontale* (fig. 47 et 48).

73. **Blocs erratiques.**— Des blocs entraînés par les glaciers (fig. 49) sont quelquefois abandonnés par la glace sur les bords du glacier. Ces blocs de pierre, qui sont souvent

Fig. 49. — La surface des glaciers est inégale. — Crevasses. — Blocs charriés par la glace, formant ce qu'on appelle des *tables de glaciers;* ces formations sont dues à ce que la glace qui est sous la pierre fond moins vite que le reste de la surface du glacier.

d'une nature très différente de la roche sur laquelle ils sont déposés, forment des *blocs erratiques;* les blocs erratiques sont très nombreux dans les vallées où il y a des glaciers; il s'en forme toutes les fois que le niveau d'un glacier s'abaisse.

74. **Progrès et recul des glaciers.** — Puisque la glace descend toujours la pente de la vallée qu'elle remplit, il

faut, pour que le front d'un glacier reste toujours au même point, que dans la partie haute de la vallée il se produise une quantité de glace aussi considérable que celle qui fond dans la partie basse.

Si cette égalité entre la quantité de glace formée et la quantité de glace fondue n'existe pas, le front du glacier

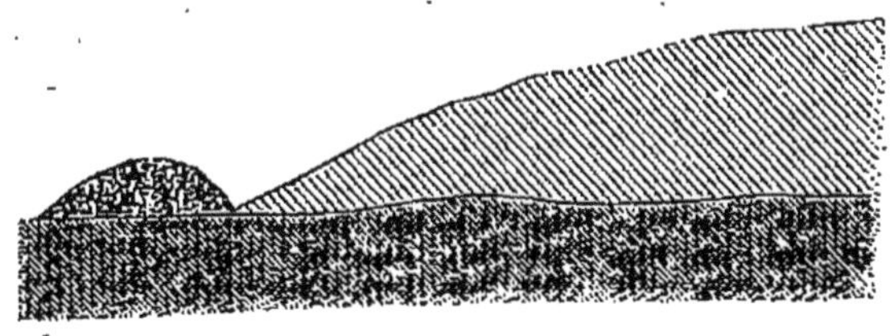

Fig. 50. — Moraine frontale, abandonnée par un glacier qui recule.

ne reste pas au même point; si, pendant quelques années, il se forme une plus grande quantité de glace à la partie supérieure de la vallée, le front du glacier s'avance, la moraine frontale est recouverte par la glace et disparaît; le

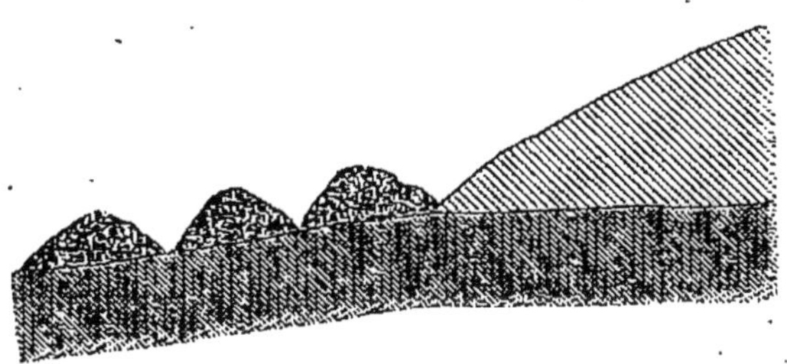

Fig. 51. — Moraines frontales abandonnées par un glacier qui a reculé à trois reprises différentes.

glacier n'a plus de moraine frontale, jusqu'à ce qu'il en ait formé une nouvelle, un peu en avant de celle qu'il vient de recouvrir. Si le contraire se produit, le glacier recule en abandonnant la moraine frontale, qui reste, comme une énorme muraille isolée, en travers de la vallée (fig. 50 et 51).

75. **Époque glaciaire**. — On trouve très fréquemment, en travers des vallées, dans les Pyrénées ou dans les Alpes, d'anciennes moraines abandonnées par des glaciers, ainsi

que des roches polies et striées. Ces observations prouvent qu'il y a eu une époque où les glaciers étaient beaucoup plus nombreux qu'ils ne le sont actuellement : nous étudierons cette époque sous le nom d'époque *glaciaire*.

76. **La température s'abaisse à mesure qu'on s'élève sur les montagnes.** — Tout le monde sait que dans un même pays il fait plus chaud dans la plaine que sur les montagnes. La température de la plaine est encore douce en automne, quand déjà les hauts sommets sont couverts de neige; de même ce n'est qu'en été, alors qu'il fait chaud dans la plaine depuis déjà longtemps, que nous voyons la neige disparaître des montagnes.

Ainsi pendant tout l'hiver, tandis qu'il pleut dans la plaine, c'est de la neige qui tombe sur les montagnes. A mesure que les régions qu'on observe sont situées plus haut, les pluies deviennent de plus en plus rares; il ne pleut presque jamais à une hauteur de 3000 mètres et jamais à 3600; à ces altitudes élevées l'eau ne tombe sur le sol qu'à l'état de neige. Quelquefois les chutes de neige sont extrêmement abondantes; dans quelques parties des Alpes, par exemple, la neige tombée dans un hiver forme souvent une couche de plus de 20 mètres d'épaisseur.

77. **Ce que devient la neige qui tombe sur les montagnes.** — Si ces masses énormes de neige ne disparaissaient pas chaque année, les premières neiges de l'automne tomberaient sur les dernières neiges du printemps; il en résulterait au bout de quelques années une accumulation énorme de neige, qui, allant toujours en augmentant, formerait un immense dôme au-dessus des chaînes de montagnes. Cet effet, on le sait, ne se produit nulle part : il y a des montagnes où l'on voit toujours de la neige, été comme hiver; mais cette couche de neige persistante n'augmente pas d'épaisseur.

Que devient donc la neige qui chaque hiver tombe sur les hauts sommets?

Il y en a d'abord une partie qui fond sous l'action de la chaleur de l'été et sous l'effet de la pluie et des brouillards;

l'eau de fusion forme alors de nombreux ruisseaux, qui vont se jeter dans les rivières; ces ruisseaux peuvent, comme nous l'avons vu, donner naissance à des torrents si la fonte des neiges est rapide.

Une autre partie de l'eau de fusion pénètre dans le sol et va alimenter les sources; cette partie qui pénètre dans le sol est d'autant plus abondante, que la fonte de la neige est plus lente.

Mais sur beaucoup de hauts sommets la température ne s'élève au-dessus de 0° que pendant très peu de jours; la chaleur de ces quelques jours est beaucoup trop faible pour faire fondre les masses de neige tombées en hiver. C'est alors que, par les avalanches et par les glaciers, les hauts sommets se débarrassent des neiges qui les recouvrent.

78. **Comment se forme une avalanche.** — La neige qui tombe sur les hautes montagnes ne présente jamais la forme de flocons, comme nous le voyons dans la plaine; elle a l'aspect d'une fine poussière; cette poussière, facilement enlevée par le vent et entraînée dans les parties creuses, cause ces *tourmentes* de neige, redoutées à si juste titre par les montagnards; elle s'accumule alors dans les profondes vallées de ces régions, où elle peut quelquefois atteindre des centaines de mètres d'épaisseur.

Quand vient le printemps, ou le commencement de l'été, la neige commence à fondre; c'est, on le comprend, par la partie inférieure que la fonte commence; mais alors les énormes masses de neige de la partie haute ne sont plus soutenues : elles s'écroulent et glissent avec une extrême vitesse; tout ce qui se trouve sur leur passage est détruit : c'est une *avalanche*.

79. **Effets produits par les avalanches.** — Il ne faudrait pas toutefois exagérer les effets des avalanches; dans beaucoup de pays elles se produisent tous les ans, toujours aux mêmes endroits; leur chemin est tout tracé, on le reconnaît facilement : c'est une vallée très inclinée ne présentant pas de sinuosités et absolument dépourvue de végéta-

tion; on peut facilement y distinguer des traces de glissement. On se garde bien de bâtir des habitations dans le voisinage, et l'on n'entreprend aucune culture dans toutes les parties qui peuvent être atteintes. C'est donc exceptionnellement que les avalanches peuvent devenir un fléau : c'est quand elles ne passent pas par leur route habituelle; cela arrive toutes les fois qu'il est tombé plus de neige qu'à l'ordinaire, ou que les vents dominant pendant l'hiver n'ont pas eu la même direction et ont accumulé la neige dans des vallées où elle ne s'amassait pas ordinairement.

En dehors de ces circonstances exceptionnelles, les avalanches constituent un phénomène régulier, prévu, au moyen duquel les hauts sommets se débarrassent d'une partie de l'énorme quantité de neige qui les encombre à la fin de chaque hiver.

80. **Comment on lutte contre les avalanches.** — Dans les points où, de loin en loin, se produisent les avalanches, on a quelquefois un réel intérêt à garantir les terrains du bas de la vallée, quand ces terrains ont une grande valeur; c'est, par exemple, ce qui a lieu à Barèges, dans les Pyrénées, où des sources minérales très estimées ont été, pendant plusieurs années, menacées de disparaître sous les masses de rochers entraînées par les avalanches. On lutte alors contre l'avalanche en fixant verticalement des pieux en bois ou en fer, reliés par des branches entrelacées, au point où les neiges commenceraient à glisser; ces faibles obstacles sont ordinairement une garantie suffisante pendant quelques années; pendant ce temps, on plante des arbres dans toutes les parties hautes de la vallée (fig. 52).

Une forêt devient une garantie naturelle contre l'avalanche; les neiges du sommet glissent bien encore jusqu'au bas de la vallée, mais elles se fractionnent et ne peuvent produire dans leur glissement que des dégâts insignifiants.

81. **Comment se forme un glacier.** — Si la vallée dans laquelle s'accumule la neige n'a pas une pente très inclinée,

la neige ne glisse pas sur cette pente, et il se produit un phénomène très différent, en apparence, d'une avalanche.

Quand viennent les journées chaudes, les pluies, les brouillards, cette neige commence à fondre sur place à la surface; l'eau de fusion pénètre dans la masse de neige qui est au-

Fig. 52. — On lutte contre l'avalanche en fixant des pieux, reliés par des branches, aux points où la neige commencerait à glisser.

dessous et qui est très froide; cette eau se regèle alors en passant à l'état de petites boules de glace; il se forme ce qu'on appelle les *névés :* c'est ce que nous voyons d'ailleurs se produire dans la plaine quand la neige reste plusieurs jours sur le sol. La neige fondue se regélant constamment.

bientôt toutes les petites boules de glace se soudent, et forment une seule lame de glace remplie d'une quantité de petites bulles d'air.

C'est sur cette couche de glace poreuse que s'accumulent les premières neiges de l'automne. Les neiges pressent de tout leur poids la couche glacée sur laquelle elles reposent. Sous l'action de cette pression et sous l'action de l'eau de fusion qui coule au printemps suivant, la glace poreuse devient de plus en plus compacte. Les mêmes phénomènes se produisent tous les ans et il se forme plusieurs couches de glace superposées, provenant chacune des chutes de neige d'une année. On peut ordinairement distinguer l'une de l'autre les couches de deux années consécutives, parce que ces couches sont habituellement séparées par une lame légèrement terreuse, formée par la poussière tombée pendant l'été sur les névés.

Les masses de glace nouvellement formées pressent les couches les plus profondes, qui commencent à descendre lentement la vallée en formant un glacier.

82. **Observation d'un glacier depuis son sommet jusqu'à sa base.** — Si l'on descend des sommets où naît un glacier jusqu'à sa moraine frontale, on peut suivre toutes les transformations dont nous venons de parler. Tout à fait en haut, on trouve la neige fine pulvérulente, puis viennent les névés de plus en plus compacts, puis enfin la glace absolument dépourvue de bulles d'air; on voit nettement les stratifications boueuses séparant les formations annuelles. Si l'on est en été, à mesure que l'on descend, le glacier devient humide et de nombreux petits ruisseaux coulent à sa surface; l'eau de ces ruisseaux arrive jusqu'aux bords du glacier et glisse sous la glace, ou bien on voit ces ruisseaux tomber dans des crevasses et arriver directement sur le sol même de la vallée; c'est cette eau de fusion qu'on voit ordinairement sortir d'une voûte (fig. 53), au front du glacier.

Les crevasses qui se produisent dans un glacier peuvent être transversales (fig. 54) ou longitudinales (fig. 55). Il se forme souvent au fond d'un glacier des crevasses qui rayonnent dans toutes les directions (fig. 56.)

ig. 55. — Cours d'eau trouble, sortant d'une voûte de glace située au bout du glacier.

83. **Eau sortant des glaciers.** — Mais cette eau, si pure sur le glacier, est en général extrêmement trouble quand elle en sort : c'est qu'elle entraîne tous les débris des roches que la glace use constamment, en pressant et en

glissant sur les bords du glacier. Si l'on observe en effet le

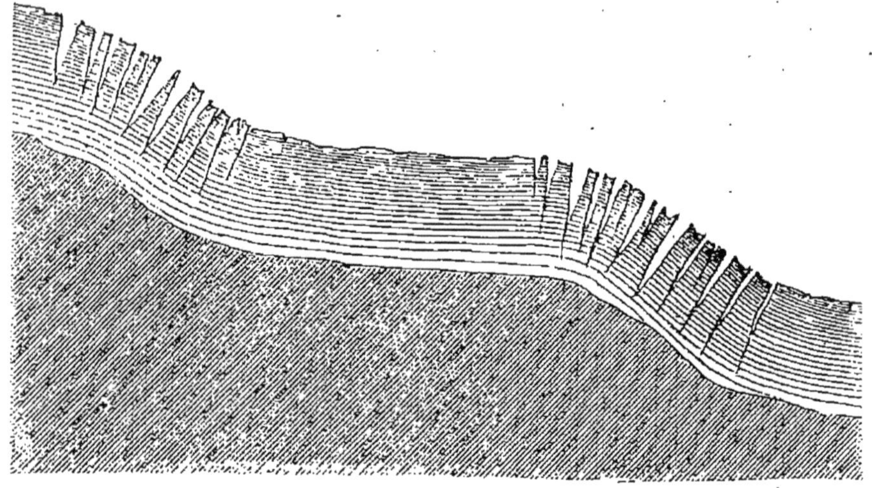

Fig. 54. — Crevasses transversales.

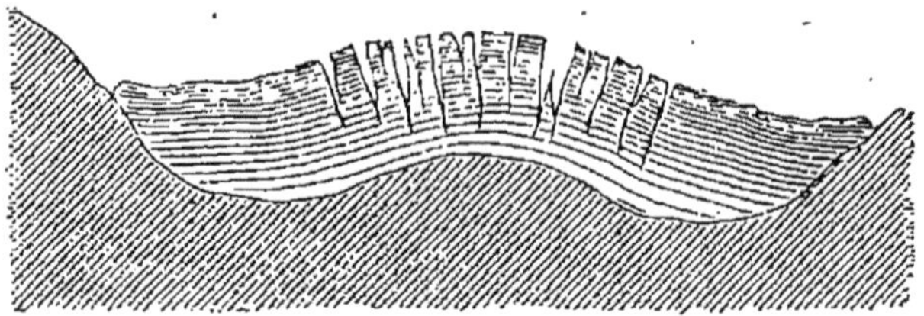

Fig. 55. — Crevasses longitudinales.

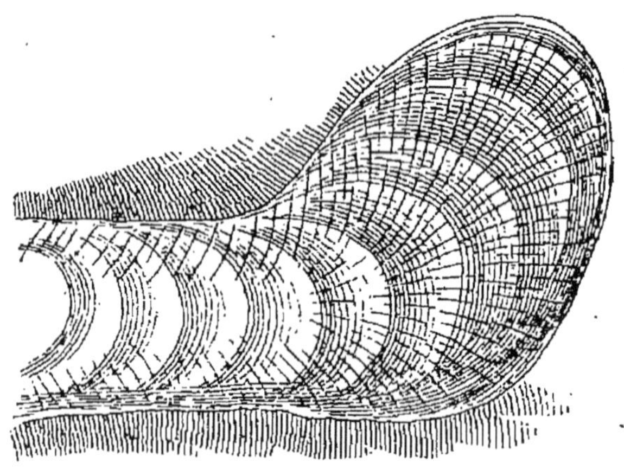

Fig. 56. — Crevasses frontales

fond d'un glacier, on le trouve formé de roches parfaitement

Fig. 57. — Dans les pays voisins des pôles, il y a d'immenses glaciers, qui sont au niveau de la mer. Les blocs qui se détachent forment des banquises.

polies, ou creusées de stries parallèles, formées par les arêtes des blocs de pierre que la glace entraîne dans son mouvement.

84. **Pays où il y a des glaciers.** — Les glaciers sont très inégalement répandus à la surface de la Terre ; il faut en effet, pour la formation d'un glacier, la réunion de plusieurs conditions indispensables. La rapidité de la pente des vallées élevées, la direction habituelle des vents, leur humidité, l'abondance de la chute des neiges, les inégalités fréquentes de température de l'air, sont autant de causes qui ont la plus grande influence sur cette formation.

La Suisse est un des pays où l'on trouve le plus de glaciers ; quelques-uns atteignent une longueur de 25 kilomètres. On a calculé que la quantité de glace que renferment les glaciers de ce pays est assez considérable pour que l'eau provenant de leur fusion alimente pendant un siècle un cours d'eau aussi abondant que la Seine à son embouchure.

L'Himalaya aussi renferme beaucoup de glaciers ; on en voit de 60 kilomètres de longueur.

Les Monts Scandinaves en présentent un grand nombre, mais généralement ils ne sont pas très étendus.

Enfin, la Nouvelle-Zélande possède de beaux et nombreux glaciers, et ces glaciers sont d'autant plus remarquables qu'ils se trouvent sous un climat très doux. Au pied de ces glaciers, on voit une végétation magnifique, des fuchsias, des fougères arborescentes. C'est grâce à l'altitude des montagnes et à l'humidité des vents régnant ordinairement que ces glaciers peuvent se former.

85. **Glaces flottantes.** – En général, les glaciers se trouvent à des hauteurs d'autant moindres que le pays où ils sont situés possède un climat plus froid. Ainsi, le Spitzberg, le Groenland possèdent d'immenses glaciers dont quelques-uns ont plus de 100 kilomètres de largeur, et ces glaciers sont au niveau de la mer (fig. 57) ; leur moraine frontale est recouverte par la mer. Très habituellement en été, d'énormes blocs

de glace détachés de ces glaciers viennent flotter sur la mer; ces *glaces flottantes* (fig. 57), entraînées par les courants venant des pôles, arrivent quelquefois, sans être entièrement fondues, à des latitudes très inférieures. Si ces glaces flottantes portent des rochers, provenant des moraines du glacier dont elles faisaient partie, ces rochers tombent au fond de la mer, quand le bloc de glace n'est plus assez grand pour les porter; ces rochers forment au fond de la mer des blocs erratiques.

RÉSUMÉ

Glaciers. — Les masses de glace qu'on trouve en grande quantité dans les hautes vallées des montagnes forment les *glaciers*. A la partie la plus basse des glaciers se trouve la moraine frontale, sur les côtés les moraines latérales et, si le glacier provient de plusieurs vallées, des moraines médianes.

Mouvement des glaciers. — La glace des glaciers est en mouvement. Le glacier entier se déplace de la montagne vers la vallée. Le mouvement des glaciers s'explique par ce que la glace des parties profondes fond sous l'action du poids de la glace supérieure, puis redevient liquide, regèle, etc.

Formation des glaciers. — A mesure que les glaciers se détruisent en fondant, ils se reforment par leurs parties hautes; la neige qui tombe sur les sommets forme les névés, qui se transforment peu à peu en champs de glace.

Avalanches. — La neige, en glissant sur des pentes, recueille souvent des neiges qui s'y trouvent, et il tombe alors de grandes masses détruisant tout sur leur passage. Ce sont des avalanches.

Glaces flottantes. — Dans les régions polaires, les glaciers se déversent directement dans la mer, de sorte qu'il s'en détache d'énormes blocs de glace qui flottent à la surface de la mer, et qu'on nomme *banquises*.

CHAPITRE VII

DÉPOTS FORMÉS PAR LES EAUX. — DUNES.

86. **Cônes de déjection des cours d'eau torrentiels.** — Tous les cours d'eau, avons-nous vu, creusent leur lit et détruisent certains points de leurs rives; occupons-nous maintenant de ce que deviennent les débris provenant de toutes ces destructions.

Les cours d'eau torrentiels qui descendent des montagnes précipitent au bas de ces montagnes les débris qu'ils viennent d'en arracher ; une partie de ces débris reste au pied même de la montagne et y forme ce que nous avons nommé un *cône de déjection* (fig. 58). Ce cône de déjection, souvent très étendu, augmente tous les ans ; il est habituellement recouvert de végétation, et souvent on y construit des villages.

Il est cependant imprudent d'installer des habitations dans de telles conditions. Le petit village de Verdun, dans l'Ariège, a, en 1875, été victime de cette imprudence. Le ruisseau torrentiel qui domine le village ayant débordé par suite d'une crue subite, le malheureux village fut détruit en quelques instants, et l'endroit où il était fut recouvert d'une masse de débris qui sont venus élever le niveau du cône de déjection. Tel est toutefois l'amour du pays chez ces montagnards, que les rares survivants de ce désastre ont aujourd'hui rebâti leur habitation dans le même lieu.

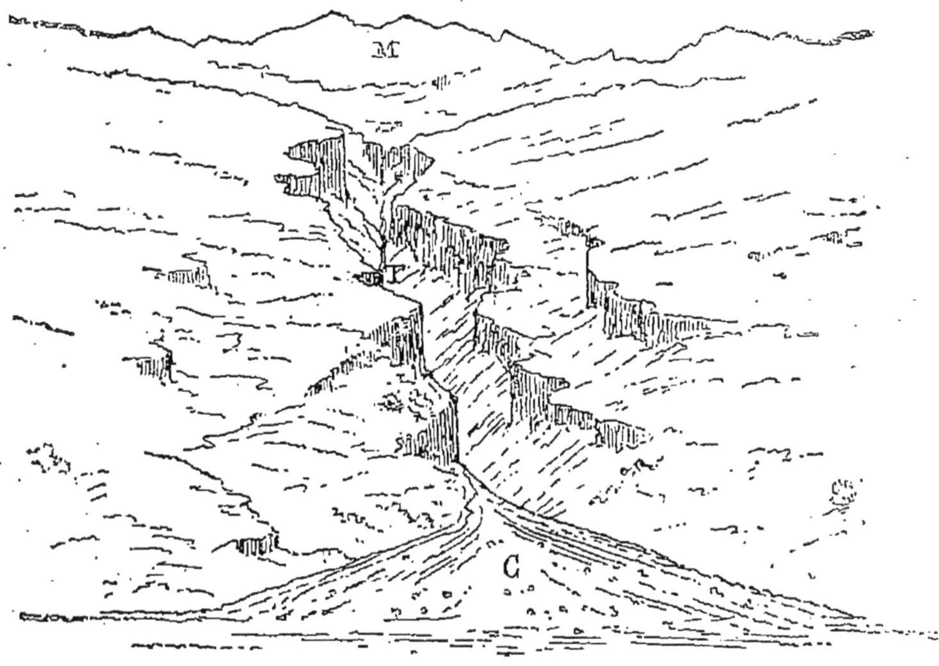

Fig. 58. — Cône de déjection.

87. **Dépôts formés par les pierres gélives.** — On voit habituellement au pied des montagnes, surtout des montagnes calcaires, des amas considérables de pierres d'un petit volume. Ces pierres ne sont pas apportées par l'eau ; elles tombent du haut de la montagne.

Ce qui cause généralement la chute de ces pierres, c'est leur porosité ; l'eau des pluies de l'automne les pénètre, et quand vient l'hiver, cette eau gèle ; le volume de cette eau renfermée dans la pierre augmente en passant de l'état liquide à l'état solide, et sous cette action la pierre de la montagne est, à la surface, réduite en petits blocs. On dit qu'il gèle à pierre fendre. Ces petits blocs, soudés par la glace pendant l'hiver, se détachent de la montagne et tombent au printemps.

Les pierres qui présentent cette propriété de se briser

ainsi sous l'effet de la gelée, sont dites pierres *gélives*. Ce sont de très mauvaises pierres de construction.

88. **Blocs anguleux des hautes vallées.** — La plus grande partie des débris enlevés aux montagnes arrive jusqu'au cours d'eau qui coule dans la vallée ; c'est dans cette partie supérieure du cours d'eau qu'on voit les blocs de grande dimension : l'eau n'a pas pu les emporter bien loin ; les arêtes de ces blocs sont encore vives.

89. **Blocs arrondis.** — Plus bas on trouve les blocs plus petits que le courant a eu assez de force pour entraîner; sous l'action du mouvement de l'eau et de leur frottement les uns contre les autres ou sur le fond de la rivière, les angles de ces blocs se sont émoussés : la forme générale des pierres est arrondie.

90. **Cailloux roulés. Sable.** — A mesure que l'on descend la pente de la vallée, on trouve dans le lit de la rivière des pierres de moins en moins grosses ; c'est qu'en effet, la pente étant plus faible, l'eau coule moins vite, et elle abandonne les pierres qu'elle ne peut plus entraîner.

Dans les parties concaves des sinuosités, où le courant est beaucoup moins fort, on trouve bientôt de toutes petites pierres et même du sable.

91. **Limon.** — Enfin, dans les points complètement garantis de l'action du courant, comme, par exemple, ceux qui se trouvent situés au-dessous d'un coude de la rivière, dans la partie concave, on peut trouver du limon excessivement fin.

Dans la partie basse de la rivière, on ne trouve presque plus de cailloux roulés ; il n'y a plus que du sable et du limon.

92. **Formation des alluvions le long de la rivière. Terrasses.** — Tous ces dépôts formés par une rivière constituent ce qu'on appelle des *alluvions;* leurs masses, souvent

considérables, déposées de chaque côté du fleuve, forment des *terrasses*.

C'est surtout pendant les grandes inondations que se déposent les alluvions ; c'est seulement alors que les gros blocs peuvent être transportés en quantité considérable.

C'est donc après une inondation qu'on peut se rendre compte de la formation de ces dépôts : là où le courant de la rivière sortie de son lit a été très fort, le sol est recouvert de gros cailloux roulés, sur une épaisseur plus ou moins considérable; aux endroits où le courant a été un peu moins violent, ce sont des masses de sable qui cachent le sol et les moissons qui le recouvraient.

Enfin, dans les parties où l'eau débordée s'est répandue sur une plaine d'une grande étendue, il ne s'est pas produit de courant violent et c'est presque uniquement du limon qui s'est déposé. Or le limon répandu ainsi à la surface constitue pour ce sol un excellent engrais qui l'enrichit; l'inondation devient une cause de richesse pour les cultures.

93. **Protection contre les alluvions pierreuses.** — On comprend dès lors l'importance de l'action des courants dans les inondations, et combien on doit chercher à en diminuer l'intensité dans les pays inondés. L'avantage des digues que, dans beaucoup d'endroits, on élève de chaque côté d'un fleuve, est souvent discuté : un fleuve abandonné à lui-même se répand de tous les côtés; le courant est considérablement diminué par l'augmentation de sa largeur; le niveau s'élève aussi beaucoup moins que lorsque le fleuve est encaissé et que toute la masse d'eau est pressée entre deux digues ; la rupture d'une digue peut, dans ce dernier cas, être cause de ravages incalculables. Il serait peut-être plus avantageux de ne protéger par des digues que les points habités, et d'abandonner à l'inondation tout le reste du pays. A coup sûr, il y aurait avantage, dans les campagnes, à éloigner autant que possible les deux digues l'une de l'autre. C'est ce qu'il est impossible de faire dans les villes; aussi on sait quelle violence acquiert le courant resserré entre les quais d'une ville.

On a aussi proposé l'emploi des plantations le long des cours d'eau ; le tronc des arbres brise le courant et toutes les alluvions pierreuses se déposent immédiatement.

94. **Surélévation du lit d'un fleuve.** — Les alluvions ne se déposent pas seulement en dehors du lit d'un fleuve. Aux points où le courant n'est pas très fort, et par conséquent surtout près de son embouchure, où ce fleuve atteint une grande largeur, il peut se déposer des alluvions dans le lit même du fleuve. Ces dépôts ont pour effet d'exhausser le fond sur lequel coule le fleuve, et, cette action continuant pendant de nombreuses années, le lit du fleuve doit nécessairement se déplacer; l'eau coule à droite ou à gauche de l'ancien lit, pour y revenir quelques siècles plus tard.

Ce déplacement du lit d'un fleuve se fait généralement peu à peu, l'eau rongeant un bord à mesure que les dépôts se forment de l'autre. Dans les campagnes cela n'a généralement pas grand inconvénient; il n'en est pas de même aux points où un fleuve traverse une ville : le fleuve est alors endigué et il faut, ou élever sans cesse ses digues à mesure que le fond monte, ou creuser le fond avec des machines à draguer. On emploie ces deux moyens à Ferrare ; dans cette ville le lit du Pô, resserré entre deux digues, domine une partie des maisons.

95. **Colmatage.** — Le limon formant un sol cultivable d'une grande fertilité, on a cherché à l'utiliser : c'est le but de l'opération agricole connue sous le nom de *colmatage*.

Le colmatage a pour but de répandre sur le sol, au moyen de canaux d'irrigation, les eaux bourbeuses des fleuves au moment où ils débordent, puis de laisser écouler ces eaux quand elles ont déposé leur limon. On a, par le colmatage, transformé des terrains stériles en terrains fertiles. Il serait bien désirable que l'usage s'en répandît dans tous les pays où l'on peut disposer d'eaux bourbeuses et de terrains submersibles.

Quand on songe à la quantité énorme de limon que les fleuves portent chaque année à la mer, on voit quel grand avantage on pourrait tirer du colmatage; la Seine, par exemple, emporte chaque année près de 400 000 mètres cubes de limon, la Garonne près de 6 millions, le Rhône 21 millions.

Les inondations si célèbres du Nil opèrent un véritable colmatage dans toute la partie basse du bassin de ce fleuve.

96. Comblement des lacs. — Quand une rivière se jette dans un lac, le courant de cette rivière devient très faible, souvent même insensible, comme cela a lieu pour le Rhône dans le lac de Genève; alors les substances même les plus ténues, qui étaient en suspension dans l'eau, tom-

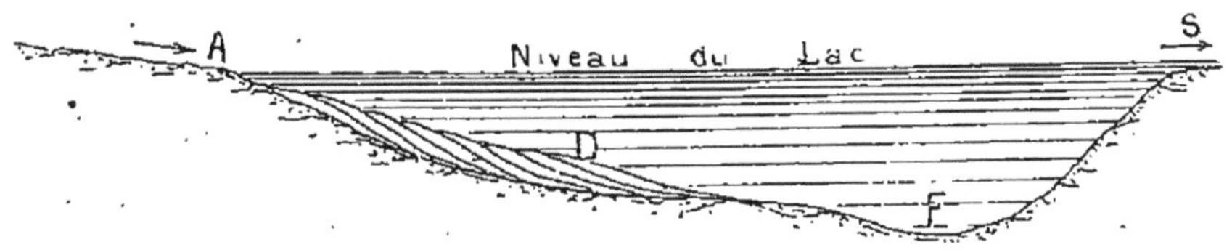

Fig. 59. — Un cours d'eau en entrant dans un lac y forme des dépôts, qui élèvent le fond du lac. Ces dépôts peuvent présenter une pente très sensible.

bent au fond du lac; aussi l'eau des lacs est-elle ordinairement extrêmement limpide. Ces matières forment des dépôts dont les couches successives superposées tendent à combler le lac (fig. 59) du côté où elles se déposent. C'est ainsi que la partie du lac de Genève où arrive le Rhône s'est comblée d'une manière très considérable depuis les temps historiques; des localités qui étaient sur les bords du lac en sont maintenant éloignées de plusieurs kilomètres.

97. Mouvement constant des alluvions dans le lit d'un fleuve. — Les grands déplacements des alluvions ont lieu, comme nous l'avons vu, pendant les inondations; mais, même en temps ordinaire, l'eau d'un fleuve transporte peu à peu les parties les moins lourdes des alluvions pour aller les déposer plus loin. C'est ainsi que se forment dans le lit de certains fleuves, de la Loire par exemple, ces bancs de sables mouvants qui descendent le cours de l'eau; leur mouvement est assez rapide pour qu'au bout de peu de jours on puisse observer un déplacement très sensible.

C'est, en quelque sorte, par étapes successives que les sables et les limons arrivent jusqu'à l'embouchure. L'eau d'un fleuve détruit donc sans cesse les alluvions qu'il a formées précédemment pour aller plus loin en former de nouvelles avec leurs débris ; ces dernières alluvions auront le même sort que les précédentes, et il en sera toujours ainsi jusqu'à ce que ces alluvions arrivent dans la mer.

98. **Embouchure des fleuves.** — Les fleuves présentent à leur embouchure des aspects très différents.

On voit des fleuves qui, avant de verser leurs eaux dans la mer, se divisent en un grand nombre de bras formant de petites îles; l'ensemble de ces îles présente la forme d'un vaste triangle : on dit que le fleuve a un *delta*. Le Rhône, le Nil ont un delta.

D'autres fleuves s'élargissent au contraire considérablement, de sorte que l'on ne voit pas où est la limite entre l'eau du fleuve et l'eau de la mer : on dit que ces fleuves ont un *estuaire*. La Seine, la Loire, la Gironde ont un estuaire.

Enfin, beaucoup de fleuves présentent en travers de leur embouchure une sorte de digue de sable ou de limon qu'on appelle *barre*.

99. **Formation d'un delta.** — Si un fleuve se jette dans une mer calme, les sables et le limon se déposeront dès leur arrivée dans la mer; ces alluvions formeront une île au milieu de l'embouchure; le fleuve se divisera donc en deux bras. Les mêmes phénomènes se produisent bientôt à l'extrémité de ces deux bras : ceux-ci vont donc se diviser chacun en deux autres bras, et ainsi de suite (fig. 60). C'est de cette manière que l'on voit actuellement s'étendre les *deltas;* toutefois cette division d'un bras en deux autres n'est pas aussi régulière qu'on pourrait le croire : très souvent un de ces bras nouvellement formés est obstrué par les alluvions; souvent même les deux bras sont complètement fermés, et les eaux du fleuve se portent dans les autres bras

du delta. C'est la profondeur de la mer et les courants qui peuvent s'y produire qui déterminent la forme du delta.

100. Vitesse d'accroissement des deltas.— Le delta, on le comprend, gagne constamment sur la mer : celui du Rhône avance d'environ 55 mètres par an ; celui du Pô, qui se forme dans l'Adriatique, très peu profonde en ce point, s'avance de 70 mètres. Le delta du Nil ne s'avance que de 4 mètres par an : cela s'explique par ce que le limon transporté par ce fleuve est en grande partie déposé avant d'arriver au delta; il existe de plus dans la mer un courant qui dirige les eaux du fleuve vers l'est : les dépôts de limon s'étendent alors sur la côte, suivant une grande étendue.

L'immense delta du Mississipi, quoique se formant dans une mer profonde, s'avance d'environ 250 mètres par an.

101. Idée du temps nécessaire à la formation d'un delta. — On a souvent cherché à employer la vitesse de la formation d'un delta à la mesure du temps de périodes géologiques. Ces mesures ne peuvent, on le comprend, avoir rien de précis : le débit du fleuve, la profondeur de la mer, les courants côtiers, les climats, toutes ces conditions peuvent avoir considérablement changé sans que nous puissions nous en douter. Tout ce que l'on peut calculer approximativement, c'est le temps qu'il a fallu au delta pour se former, si les conditions actuelles n'ont pas cessé d'exister depuis le commencement de sa formation.

Les nombres d'années que l'on obtient alors sont très considérables : ils dépassent toujours 50 000 ans.

102. Fleuves sans delta.— Quand le fleuve se jette dans une mer agitée, les dépôts réguliers nécessaires à la formation d'un delta ne peuvent se former à son embouchure; les débris en suspension dans l'eau sont sans cesse secoués, déplacés et enfin entraînés au loin; c'est ce qui a lieu aux embouchures de nos fleuves qui se jettent dans l'Océan : les courants des marées montantes et descendantes empêchent tout dépôt stable; il ne peut donc pas s'y former de delta : il se forme alors un estuaire (fig. 61).

105. Formation d'un estuaire. — Quand la marée

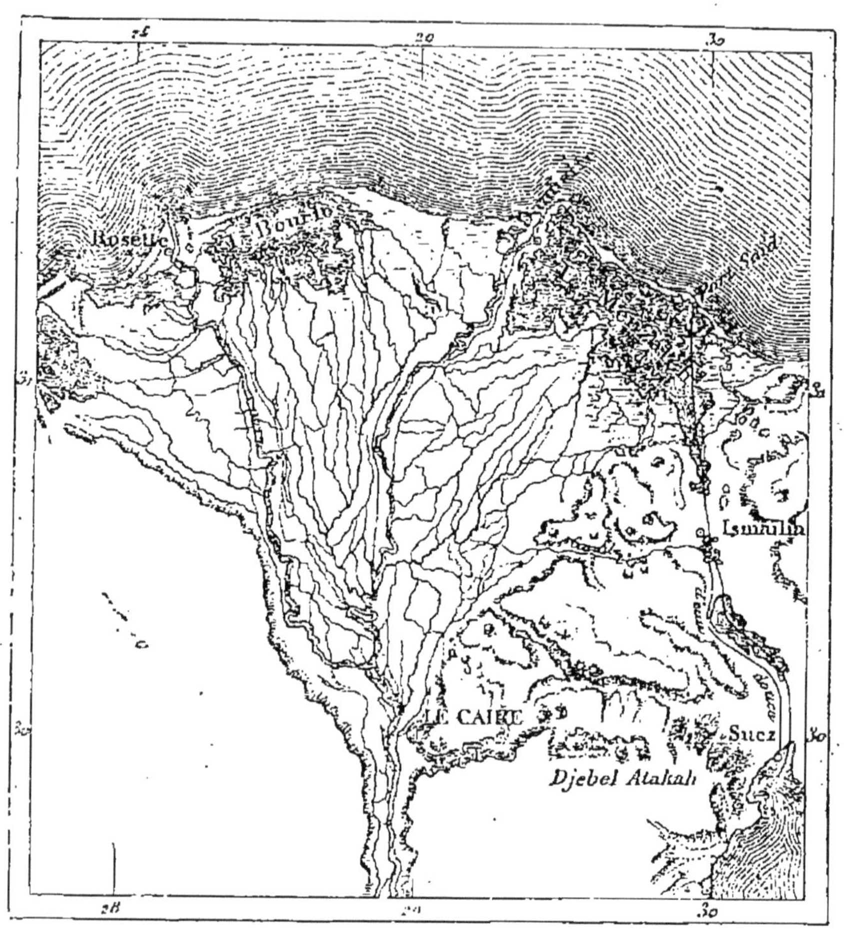

Fig. 60. — Le Nil a un delta.

monte, elle fait refluer violemment en arrière les eaux du fleuve, qui coulent pendant plusieurs heures en sens inverse de son cours ordinaire; l'eau de la mer pénètre même assez haut dans le lit du fleuve, qui semble remonter la vallée; puis, quand la marée descend, les eaux du fleuve, n'étant plus contenues par la mer, dont le niveau baisse de plusieurs mètres, s'écoulent avec une grande rapidité vers l'embouchure, pour retourner encore en arrière à marée montante.

La partie basse du fleuve est donc parcourue par des courants violents de sens opposés qui se succèdent toutes les

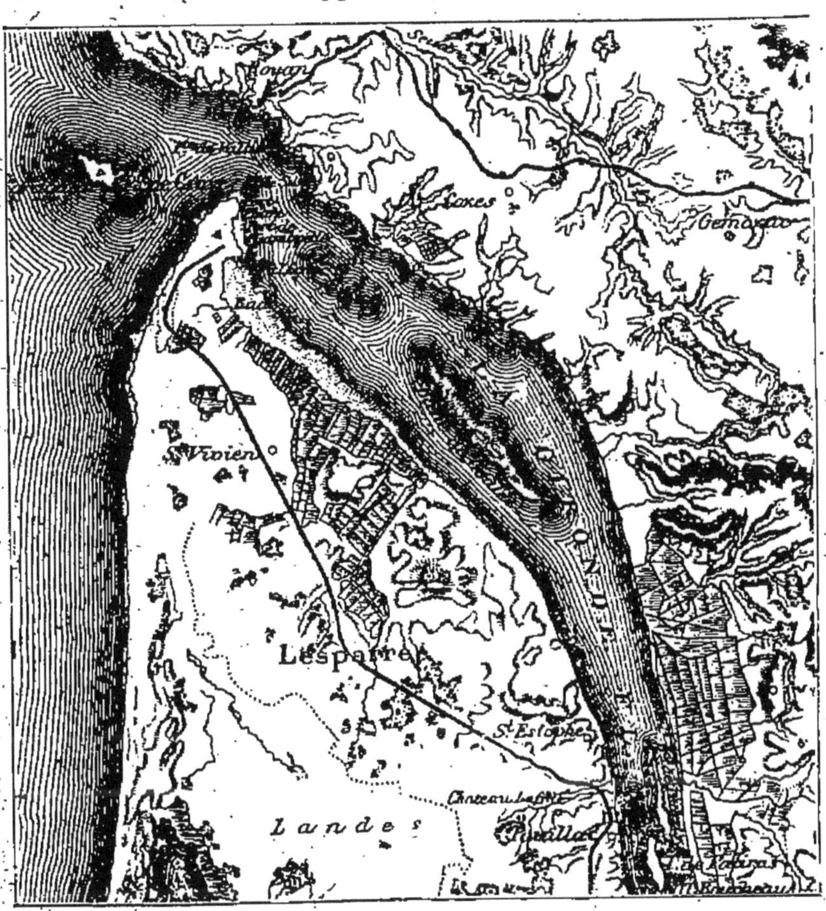

Fig. 61. — La Gironde a un estuaire.

douze heures à peu près; on comprend que ces courants violents et de sens inverse doivent avoir sur les bords une action destructive énergique; aussi le lit du fleuve s'élargit-il beaucoup à partir du point où ce phénomène se fait sentir.

Ce point, assez mal défini dans la Seine et dans la Loire, est très nettement indiqué dans la Gironde, à Pauillac, où le fleuve atteint brusquement la largeur de 5 kilomètres et s'élargit alors assez régulièrement jusqu'à la mer, située à une cinquantaine de kilomètres.

104. Formation des deltas dans les mers agitées. — Le Mississipi, le Gange, et quelques autres fleuves qui se jettent dans une mer agitée par les marées, forment des deltas; c'est que ces fleuves, qui ont un très long parcours, apportent à la mer tant de limon, que les courants des marées ne sont pas assez puissants pour détruire tout ce que le fleuve laisse déposer, en se jetant dans la mer.

Les flots de la mer détruisent sans cesse les formations nouvelles; mais l'œuvre de destruction opérée par la mer est inférieure à l'œuvre de création opérée par le fleuve, et le delta avance toujours.

On peut toutefois observer que, pendant la partie de l'année correspondant à la saison des pluies, durant laquelle les fleuves en question apportent une grande quantité de débris, c'est l'œuvre du fleuve qui l'emporte sur l'œuvre de la mer : le delta s'avance beaucoup; pendant la partie de l'année qui correspond, au contraire, à la saison sèche, l'apport du fleuve est faible, et c'est l'œuvre de destruction de la mer qui l'emporte : le delta recule.

En somme, dans cette lutte entre l'action du fleuve et l'action de la mer, c'est l'action du fleuve qui l'emporte, et chaque année le delta s'avance d'une manière très sensible.

105. Barres. — Les barres se forment habituellement à l'embouchure des fleuves à estuaire, et quelquefois aussi à l'embouchure des fleuves à delta. Ces barres sont formées par les limons et les sables qui se déposent à l'entrée des fleuves dans la mer. Les flots rejettent vers le fleuve ces dépôts, auxquels ils mêlent les sables et les galets du rivage.

Ces dépôts s'étendent suivant une ligne transversale à la direction du fleuve, comme une sorte de digue. Les barres rendent l'entrée du fleuve difficile aux vaisseaux, surtout lorsque la mer est agitée et que les vagues bondissent par-dessus cet obstacle.

Fig. 62. Côte sableuse bordée de dunes.

106. Dépôts au fond de la mer. — Que deviennent enfin tous les débris, charriés par les fleuves, qui ne se déposent pas à l'embouchure?

Ils sont entraînés au fond de la mer, dont ils suivent lentement les pentes, et finissent par former des dépôts dans les parties profondes.

Ces dépôts, formés de parties extrêmement mobiles, sont horizontaux ou presque horizontaux; ils ont généralement l'aspect d'une sorte de boue marneuse, c'est-à-dire formée d'argile calcaire.

Sous cette action lente, mais continue, le fond des mers tend donc constamment à s'élever. La partie superficielle des continents pulvérisés sous l'action des eaux tend à se niveler. Ainsi donc, toutes les parties saillantes des continents et des îles s'émoussent et s'abaissent, tandis que d'autre part, avec une lenteur extrême, le fond des mers se comble peu à peu.

107. Ce que c'est que les dunes. — On aperçoit sur le bord de beaucoup de plages sablonneuses des monticules de sable disposés tout le long de la mer (fig. 62); ce sont des *dunes*.

Ces dunes atteignent quelquefois, comme dans le golfe de Gascogne, de 70 à 80 mètres de hauteur; le long de la Méditerranée, elles ne s'élèvent guère qu'à une dizaine de mètres.

Il y a souvent, comme à Arcachon, plusieurs rangées de dunes, formant des séries à peu près parallèles. Généralement les dunes faisant partie d'une même bande sont aussi indépendantes entre elles que le sont les sommets d'une chaîne de montagnes.

Les dunes ont une forme tout à fait caractéristique. Le monticule de sable qui constitue chacune d'elles est incliné en pente très douce du côté de la mer; cette pente se continue bien régulièrement jusqu'au sommet de la dune; l'autre côté de la dune, tourné vers l'intérieur des terres, est au contraire aussi abrupt que peut l'être une pente de sable.

Ce n'est pas seulement sur le bord de la mer qu'il existe

des dunes. On peut encore en voir le long des fleuves dont les bords sont sablonneux, ou encore dans des plaines sablonneuses absolument dépourvues d'eau, comme le sont certains déserts; généralement ces dunes sont beaucoup moins élevées que celles du bord de la mer.

108. **Déplacement des dunes.** — Ces collines de sable paraissent au premier abord absolument immobiles; mais une observation, même de très courte durée, suffit pour prouver qu'elles se déplacent; elles s'avancent d'un mouvement lent mais continu vers l'intérieur des terres: elles fuient le rivage. Si l'on enfonce un piquet dans le sol à 10 mètres, par exemple, de la base de la dune, du côté de la terre, on peut voir la base de la dune s'approcher du piquet, et généralement, aux environs d'Ostende par exemple, le piquet est atteint par la dune au bout de quatre ou cinq mois; les dunes s'avancent donc, dans ce pays, de 20 à 25 mètres par an. Au bout d'un temps que l'on pourrait calculer d'après l'épaisseur de la dune, le piquet reparaîtrait de l'autre côté de la dune, quand toute la masse de sable serait passée de l'autre côté de ce piquet.

Plusieurs villages ont été ainsi recouverts par les dunes, dans le golfe de Gascogne ou sur les côtes du nord de la France; cet ensevelissement s'est même quelquefois produit en quelques heures. De riches campagnes et des villes importantes auraient eu le même sort, si l'on n'était parvenu à arrêter la marche des dunes.

109. **Formation de marais et d'étangs par les dunes.** — Dans bien des pays, les dunes, en s'avançant dans les terres, rencontrent des cours d'eau; le sable remplit leur lit, et l'eau ne peut plus s'écouler dans la mer. Cette eau s'étend alors le long de la base des dunes, et si elle est suffisamment abondante, elle forme un étang (fig. 63). L'eau stagnante de ces étangs peut changer la nature du climat et le rendre malsain et fiévreux; c'est ce qui est arrivé dans beaucoup d'endroits sur nos côtes de l'Ouest. Quelques pays sont même devenus inhabitables par suite de cet effet. Une

des plus florissantes colonies grecques du sud de l'Italie était Pœstum, dans le golfe de Salerne; son climat délicieux était chanté par les poètes; le pays est aujourd'hui devenu tellement malsain, qu'un séjour, même très court, de quelques heures par exemple, peut y être fatal. Ce déplorable changement est dû à une petite chaîne de dunes qui ont envahi depuis quelques siècles la plage de Pœstum; ces dunes ont comblé le port et arrêté les cours d'eau qui s'y rendaient.

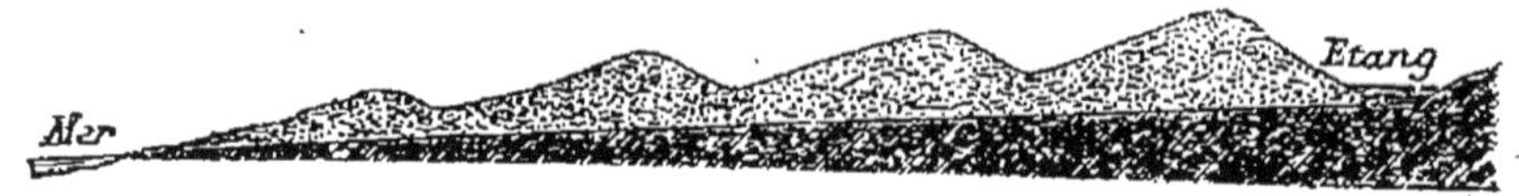

Fig. 63. — Les dunes peuvent former des étangs en comblant le lit d'un cours d'eau.

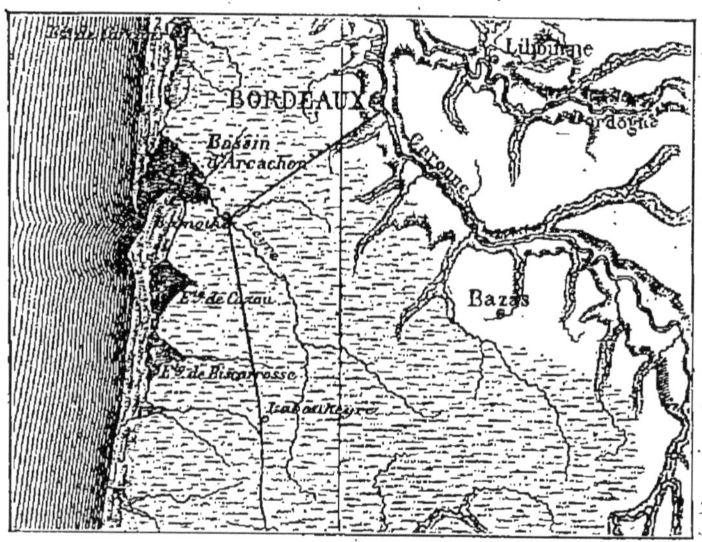

Fig. 64. — Les dunes tendent à fermer l'entrée du bassin d'Arcachon, qui deviendrait un étang.

Les dunes peuvent aussi quelquefois former des étangs en obstruant l'entrée d'un golfe : l'entrée déjà si étroite du bassin d'Arcachon, par exemple, tend à se rétrécir; si la rangée de dunes interrompue à l'entrée du bassin arrive à se compléter, le bassin sera fermé et prendra l'aspect des étangs de Cazeau et de Biscarrosse (fig. 64), situés au sud d'Arcachon et dont la formation a certainement pour origine le développement des dunes qui séparent ces étangs de l'Océan.

110. Explication de la marche des dunes. — Si, un jour où le vent de mer souffle assez fort, on s'étend sur la pente douce de la dune tournée du côté de la mer, et qu'on regarde avec attention le sol de cette dune, on s'aperçoit que tout le sable de la surface est en mouvement; les petits grains, poussés par le vent, remontent la pente; arrivés au sommet, ils tombent sur le côté abrupt. On comprend que ce côté abrupt s'avance ainsi vers la terre, puisque constamment de nouvelles masses de sable tombent de la partie supérieure; la dune s'avance donc, en faisant rouler de bas en haut le sable de la couche superficielle qui recouvre la pente douce tournée vers la mer.

Si le vent était très fort, toute la partie supérieure de ces dunes serait enlevée par le vent; elles perdraient beaucoup de leur régularité. C'est ce que l'on voit sur quelques-unes de nos côtes après une tempête : la forme des dunes est alors toute changée.

Si le vent est trop faible, ou s'il est irrégulier, les dunes sont très peu élevées, ou même il ne s'en produit pas.

Un vent assez fort et surtout régulier est donc la meilleure condition pour que les dunes atteignent une grande hauteur et pour que leur déplacement soit le plus rapide.

111. Formation des dunes.— Quand le fond de la mer est sablonneux, les vagues, en se brisant sur la plage, jettent sur cette plage le sable qu'elles viennent d'enlever au fond. Ce sable tout mouillé forme une masse bien compacte et bien ferme; mais, quand la mer baisse et que le vent se lève, le sable devient pulvérulent et mobile.

Regardons alors ce qui se produit si un corps étranger (fig. 65), même d'un petit volume, un coquillage par exemple, se trouve sur la plage. Arrivé au coquillage, le sable s'accumule en avant, forme un petit monticule qui atteint bientôt la hauteur de l'obstacle, au sommet duquel (fig. 66) un petit remous fait tourbillonner le sable et le rejette en ar-

Fig. 65. — Le sable de la mer s'accumule contre un obstacle qui s'oppose à son déplacement.

rière de l'obstacle ; puis bientôt l'obstacle est tout entier recouvert d'une masse de sable qui a une pente douce du

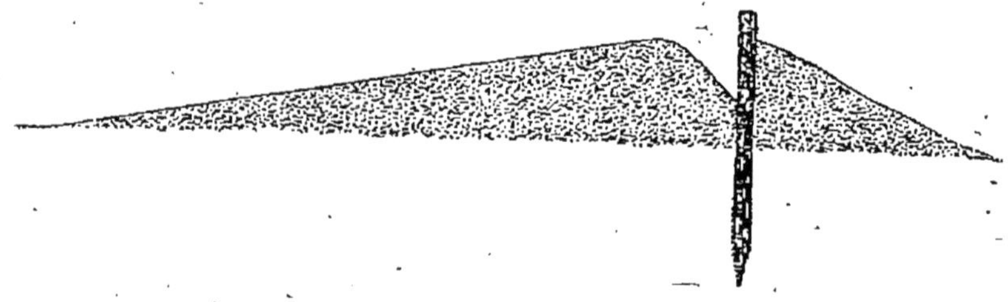

Fig. 66. — Le sable soulevé par le vent dépasse l'obstacle.

côté d'où vient le vent et une pente rapide de l'autre (fig. 67) : c'est une dune en miniature qui vient de se former.

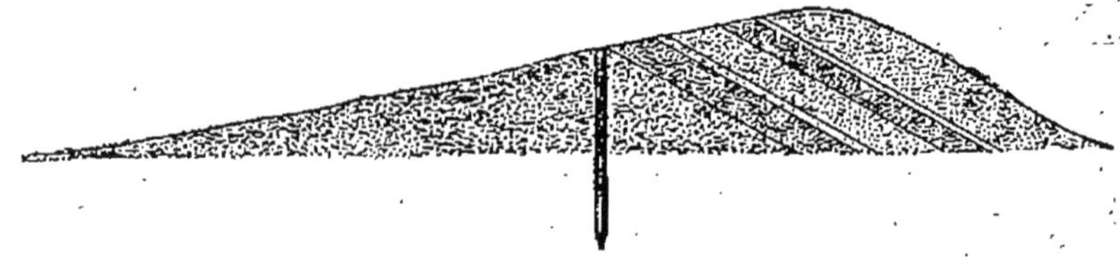

Fig. 67. — Le sable continue à s'accumuler au-delà de l'obstacle.

112. **Comment on est arrivé à fixer les dunes.** — C'est à la fin du siècle dernier que le célèbre Bremontier entreprit d'arrêter des dunes, qui, dans bien des points, menaçaient de devenir désastreuses. Il s'assura que c'était seulement depuis le quatorzième siècle environ que les habitants des Landes avaient constaté l'envahissement des

sables ; il apprit aussi que, vers cette époque, de magnifiques forêts qui recouvraient les dunes avaient été détruites.

L'envahissement des sables semblait donc être une conséquence de la disparition des forêts. Cette fixation des dunes par la végétation paraît évidente quand on considère que, dans tous les pays où ces masses de sable sont recouvertes de végétaux, on n'observe aucun déplacement. Bremontier fit donc, avec des précautions très ingénieuses, reboiser les dunes des environs d'Arcachon, et, la fixation des sables ayant été parfaitement obtenue, on fit les mêmes travaux sur tous les points de nos Landes où s'avançaient les dunes; on garantit ainsi les pays menacés, et les dunes elles-mêmes sont devenues une cause de richesse par l'exploitation des forêts qu'elles portent ; l'exploitation du pin maritime, par exemple, est une source importante de revenus pour le département des Landes.

113. Comment la végétation fixe le sable des dunes. — On peut facilement se rendre compte de l'effet que produisent les arbres sur les dunes. D'abord la tige de ces arbres brise le vent, qui perd la plus grande partie de sa force; de plus les feuilles tombent sur le sol et le recouvrent bientôt ; comme le mouvement de la dune provient du déplacement de la couche absolument superficielle du sable, cette couche superficielle étant recouverte, le vent n'a plus d'action sur le sable, et la dune est fixée.

Sur les côtes du nord de la France, c'est au moyen d'une espèce d'herbe que l'on opère cette fixation. Cette herbe, en s'étalant sur le sol, garantit le sable de l'action du vent, et le même résultat est obtenu.

RÉSUMÉ

Dépôts formés le long des cours d'eau. — Les cours d'eau torrentiels abandonnent, au bas de la montagne du sommet de laquelle ils se précipitent, des masses de pierres de toutes dimensions, qui forment un *cône de déjection.*

Les autres débris arrachés du sol, qui ne restent pas au pied de la montagne, forment les *blocs anguleux* qu'on trouve dans les parties hautes des vallées, les *blocs arrondis*, les *cailloux roulés*, les *sables* et le *limon*, qu'on trouve dans les parties plus basses. Tous ces débris constituent les *alluvions*, qui forment des *terrasses* le long des cours d'eau. Si les alluvions se déposent en grande quantité dans le lit d'un fleuve, le fond se trouve surélevé et le fleuve peut, après une inondation, se creuser un nouveau lit.

Quand un cours d'eau arrive dans un lac, il y abandonne les débris qu'il tenait en suspension, ou qu'il charriait, et il se forme des couches plus ou moins inclinées dont l'accumulation tend à combler le lac.

Les alluvions pierreuses amenées par une inondation ruinent un pays ; les alluvions vaseuses, au contraire, peuvent devenir une cause de richesse, en améliorant considérablement le sol.

Dépôts formés à l'embouchure des fleuves. — Le courant des fleuves est toujours moins fort à leur embouchure que dans les parties plus élevées ; la plus grande partie des débris charriés par le fleuve se dépose à leur arrivée dans la mer ; si la mer n'est pas habituellement très agitée, il se forme un *delta*. Les différentes bouches du delta présentent souvent en travers du courant des amas de débris, nommés *barres*, qui sont repoussés vers la terre par des vagues de la mer, et rejetés vers la mer par le courant du fleuve. Les fleuves à *estuaire* peuvent aussi présenter des barres.

Dépôts au fond des mers. — Les parties les moins lourdes charriées par les fleuves vont se déposer au fond des mers, plus loin de l'embouchure ; les dépôts ainsi formés ont généralement une pente assez faible, mais ils ne sont pas nécessairement horizontaux.

Dunes. — Le sable rejeté sur les côtes par les vagues peut, lorsqu'il est desséché par le vent, s'accumuler en forme de collines abruptes du côté de la terre et en pente douce du côté de la mer : ce sont les *dunes*. Les dunes s'avancent toujours de la mer vers la terre ; on peut les fixer en les recouvrant de végétation.

CHAPITRE VIII

ROCHES STRATIFIÉES. — FOSSILES. — ROCHES NON STRATIFIÉES.

114. Dépôts actuels de terrains stratifiés. — Les dépôts que forme actuellement au fond des lacs ou au fond de la mer, la chute des matières en suspension dans l'eau, sont caractérisés par leur disposition en couches parallèles et horizontales. Ces couches, souvent nommées *sédiments*, diffèrent d'ailleurs beaucoup entre elles sous le rapport de la couleur et de la dureté. La nature des corps en suspension qu'apportent les cours d'eau, et la nature des corps qui peuvent s'y trouver en dissolution, ont une grande influence sur l'aspect de ces dépôts; mais, malgré ces différences, l'origine de la formation de ces dépôts est toujours facile à reconnaître, à cause de leur disposition en couches parallèles.

Les principales formations stratifiées qui se produisent actuellement sont de trois sortes : ce sont des formations *calcaires*, c'est-à-dire que leur substance est du carbonate de chaux; des formations *siliceuses*, c'est-à-dire que leur substance est presque uniquement composée de silice, et des formations *argileuses*, dont la substance est composée d'alumine, de silice et d'eau.

115. Origine des formations calcaires. — Le calcaire,

ou carbonate de chaux, est insoluble dans l'eau pure, mais il se dissout dans l'eau chargée d'acide carbonique ; si, grâce à cette circonstance, du calcaire a été dissous dans l'eau, et que plus tard l'acide carbonique vienne à se dégager de l'eau, le carbonate de chaux redevient insoluble et se dépose. Telle est l'origine de presque toutes les formations calcaires.

116. **Sources pétrifiantes.** — Il existe de très nombreuses sources qui tiennent du calcaire en dissolution ; les plus connues dans nos pays sont peut-être celles d'Auvergne, à Clermont et à Saint-Nectaire.

Si on laisse, pendant quelques heures, tomber l'eau de ces sources sur un objet quelconque, cet objet se recouvre d'une couche de calcaire. Ce dépôt de calcaire se produit parce que l'acide carbonique que l'eau tient en dissolution, se dégage en présence de l'air ; le calcaire qui était en dissolution cesse d'être soluble et se dépose ; le ruisseau qui emporte les eaux de cette source se comble rapidement, par suite des dépôts calcaires qui se forment au fond de son lit.

117. **Tufs. Travertins.** — Quand une eau chargée d'acide carbonique et tenant du calcaire en dissolution n'arrive au contact de l'air qu'en petite quantité, les dépôts formés sont très légers ; ils recouvrent les herbes, les mousses, les débris végétaux qui couvrent le sol et forment ce qu'on appelle un *tuf*.

Les tufs ont souvent une grande épaisseur et sont employés pour les constructions, à cause de leur légèreté et de leur solidité.

Quand, au contraire, les sources chargées d'acide carbonique sont abondantes, et surtout si elles sont chaudes, comme cela a lieu dans plusieurs points de l'Italie centrale, le dépôt calcaire forme une roche plus compacte, beaucoup plus lourde, nommée *travertin*. Les travertins forment une excellente pierre de construction ; les ruines les plus anciennes et les plus belles que possède l'Italie sont en travertin; les pierres de ces monuments sont le plus souvent encore en parfait état de conservation.

118. Oolithe. — Ce n'est pas seulement sur le fond de l'eau et sur les corps immobiles qui y sont plongés que les dépôts calcaires peuvent se former, c'est aussi sur les corps en suspension dans l'eau, comme des grains de sable ou n'importe quel petit débris entraîné par l'eau courante d'un ruisseau. Ces petits corps s'entourent alors d'une couche

Fig. 68. — Fragments de calcaire oolithique, c'est-à-dire formé de petites boules calcaires, soudées entre elles par un ciment calcaire.

calcaire, qui augmente d'épaisseur; ils s'alourdissent bientôt et tombent au fond de l'eau sous forme d'une petite boule blanche, dont le corps étranger forme le noyau; on trouve ce corps étranger en cassant la petite boule. Ces boules blanches tombées au fond de l'eau sont soudées les unes aux autres par un ciment calcaire (fig. 68) et forment la roche que nous avons étudiée sous le nom d'*oolithe* (§ 13).

L'oolithe fournit souvent une bonne pierre de construction.

119. Dépôts des terrains calcaires. — L'enveloppe terrestre renferme des dépôts de calcaire extrêmement nombreux et très épais; on n'est pas fixé sur l'origine de leur formation. Peut-être ces énormes dépôts ont-ils eu pour cause l'arrivée dans la mer, au moyen des fleuves, de quantités considérables d'eau chargée de calcaire. Il faudrait alors supposer qu'autrefois les sources pétrifiantes étaient beaucoup plus nombreuses qu'elles ne le sont maintenant.

De nos jours, les fleuves, dont l'eau contient toujours un peu d'acide carbonique, entraînent bien encore à la mer du calcaire qu'ils tiennent en dissolution, mais cette quantité ne paraît pas former de dépôt important; ce calcaire en dissolution dans l'eau de mer paraît être absorbé par beaucoup d'animaux marins qui le fixent sur leur corps : des mollusques pour en faire leurs coquilles, des polypes pour en construire leurs polypiers.

120. **Stalactites et Stalagmites.** — Une autre formation, ayant la même origine, est celle de ces magnifiques colonnes de calcaire blanc que l'on voit dans beaucoup de grottes (fig. 69). De l'eau pétrifiante s'écoule du sommet; le calcaire se dépose en haut, formant une saillie nommée *stalactite*, qui s'abaisse peu à peu vers le sol, par suite de la continuation des dépôts. En même temps, l'eau tombant sur le sol laisse aussi déposer un peu de calcaire, qui forme une sorte de colonne tronquée nommée *stalagmite*; cette colonne s'élève peu à peu, et, au bout d'un certain temps, elle rejoint la stalactite ; il se forme alors une seule et même colonne, plus mince au milieu que sur les bords.

Dans beaucoup de grottes on voit, à côté les unes des autres, des stalactites et des stalagmites, présentant tous les degrés successifs de ces formations. Le sol y est aussi recouvert de dépôts calcaires; il en est de même des parois, qui semblent alors recouvertes de draperies.

Le calcaire qui est légèrement diaphane forme ce qu'on appelle l'*albâtre* calcaire, qui est très recherché quand il est bien pur.

121. **Dépôts de gypse.** — Il se forme dans quelques pays des dépôts stratifiés assez étendus de *gypse* ou pierre à plâtre, dont la substance est un sulfate de chaux hydraté. Ces dépôts se produisent parfois sous l'action de cours d'eau renfermant de l'acide sulfurique. Cet acide, en passant sur du calcaire (carbonate de chaux), s'empare de la chaux et forme le sulfate de chaux qui se dissout dans l'eau, tandis que l'acide carbonique du calcaire se dégage.

Fig. 69. — Grotte renfermant des stalactites et des stalagmites à différents degrés de formation.

Cette eau, chargée de sulfate de chaux, est dite *séléniteuse;* le sulfate de chaux, n'étant pas très soluble, peut se déposer en partie et former des couches de gypse.

C'est probablement par une cause analogue que se sont formés les grands dépôts de gypse qui se trouvent autour de Paris. Dans beaucoup d'autres pays le gypse semble s'être formé sous l'action d'émanations sulfureuses.

122. **Dépôts siliceux.** — Toutes les eaux courantes tiennent, sous l'action de l'acide carbonique qu'elles renferment, de la silice en dissolution, mais cette quantité de silice est trop faible pour former des dépôts appréciables.

C'est cette silice en dissolution qui est fixée par de toutes petites algues, nommées *diatomées*, qui ont une carapace siliceuse; ces diatomées, entraînées par les fleuves, forment à leur embouchure des dépôts farineux souvent considérables, connus sous le nom de *tripoli.*

Mais un certain nombre de sources, telles que celles qui forment les *geysers* d'Islande, ou celles qui produisent les *soffioni* de la Toscane, renferment en dissolution une quantité de silice beaucoup plus considérable, et ces eaux, en se répandant sur le sol, peuvent donner naissance à des dépôts siliceux, caractérisés par leur dureté, qui est assez grande pour rayer le verre.

C'est peut-être à des phénomènes de ce genre que sont dus les grands dépôts siliceux connus sous le nom de *pierres meulières* et utilisées dans les constructions à cause de leur solidité et de leur légèreté.

123. **Grès, poudingues, brèches.** — Nous voyons que beaucoup de sources tiennent en dissolution des substances qu'elles peuvent abandonner en formant des dépôts; il y a ainsi des eaux calcaires, séléniteuses, siliceuses. Si ces eaux traversent une partie du sol composée d'éléments qui ne sont pas unis entre eux, comme du sable ou des cailloux roulés, il se forme entre les grains du sable et entre les cailloux un dépôt de la substance que l'eau tenait en dissolution. Ce dépôt joue le rôle de ciment, il unit les grains de

sable et forme un *grès;* il unit les cailloux arrondis et forme un *poudingue* (fig. 70). Si ce dépôt se fait entre des pierres

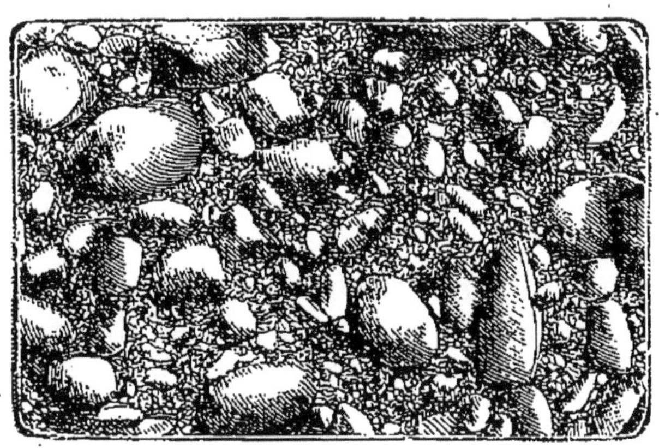

Fig. 70. — Fragment de poudingue.

à arêtes vives, comme celles que l'on voit habituellement au pied des montagnes, ces pierres, soudées par le dépôt formé par l'eau, produisent une *brèche* ou *conglomérat.*

Il existe beaucoup de grès, de poudingues et de brèches à ciments calcaires ou siliceux.

124. **Dépôts ferrugineux.** — On trouve dans beaucoup de pays des sources dites *ferrugineuses*, qui renferment en dissolution des sels de fer. Ces sels de fer peuvent, au contact de l'air, abandonner des oxydes de fer, qui constituent quelquefois des dépôts importants. Ces dépôts peuvent former des grès, des poudingues et des brèches dont le ciment est ferrugineux.

Un grès ferrugineux se forme de nos jours sous les plaines sableuses des Landes, sous le sable de la forêt de Fontainebleau et sous les dunes de quelques côtes; ce grès, d'une couleur foncée, est connu sous le nom d'*alios.*

125. **Dépôts argileux. Marne.** — Il se fait dans beaucoup d'endroits des dépôts d'*argiles*, matières terreuses, douces au toucher et ayant la propriété de faire pâte avec l'eau. Ces dépôts, dont la substance est un silicate d'alumine

hydraté, présentent des couleurs très différentes, à cause des substances accessoires qui s'y trouvent, particulièrement de l'oxyde de fer. L'argile a ordinairement pour origine la décomposition d'une roche sous l'action de l'eau; c'est sans doute ainsi qu'il faut expliquer la formation de grandes masses d'argiles rouges qui occupent une partie du fond de l'océan Atlantique et de l'océan Pacifique; ces argiles proviendraient de la décomposition des roches du fond de ces océans.

Nous voyons d'ailleurs dans beaucoup de pays cette décomposition s'opérer à la surface même du sol. Les roches dites granitiques nous en ont donné un exemple : ces roches, nous l'avons vu, renferment du silicate d'alumine et du silicate de potasse; elles sont décomposées par l'eau de la pluie, sous l'influence de l'acide carbonique que cette eau tient en dissolution; cet acide carbonique s'empare de la potasse pour former du carbonate de potasse qui se dissout dans l'eau. Le silicate d'alumine hydraté, qui est insoluble, reste seul, sous la forme d'une poudre extrêmement fine : c'est l'argile. Nous avons vu (§ 19) qu'une sorte d'argile parfaitement pure et blanche porte le nom de *kaolin*.

Les dépôts argileux sont souvent intimement pénétrés de calcaire; ils forment alors la *marne*, roche de consistance variable, mais généralement plus grande que celle de l'argile. (Voir § 20.)

126. **Roches fossilifères.** — Les roches stratifiées qui constituent le sol renferment presque toutes, disséminés au milieu de leur masse, des corps isolés les uns des autres et ayant des formes très différentes. Beaucoup de ces corps offrent une très grande ressemblance avec des débris d'animaux, tels que des coquilles (fig. 71), des dents et des os (fig. 72), ou avec des débris végétaux, comme des feuilles et des branches (fig. 73). Ces corps, nommés *fossiles*, ont été considérés depuis longtemps comme les restes d'animaux ou de végétaux qui auraient été conservés dans le sol. Remarquons toutefois que les fossiles sont le plus souvent en une substance très différente de celle dont était formé

l'organe auquel ils ressemblent : il y a, par exemple, des

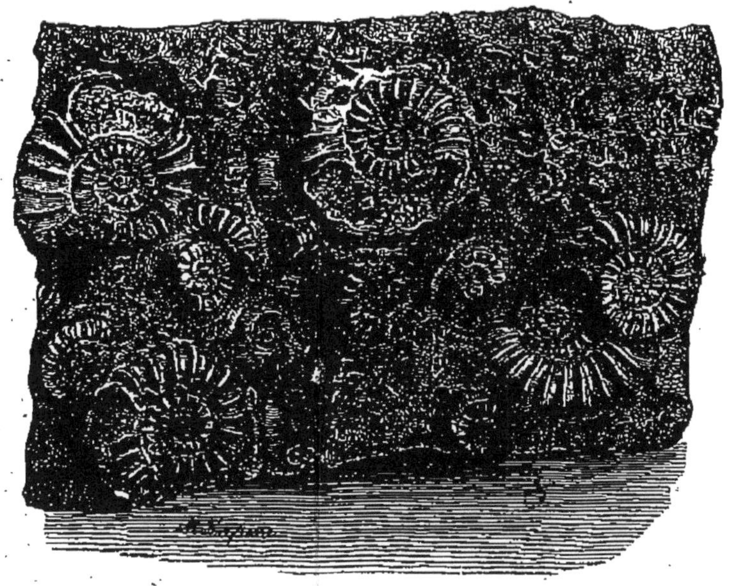

Fig. 71. — Fossiles. — Coquilles.

fossiles en sulfure de fer et d'autres en silice ; les fossiles en calcaire sont les plus répandus.

Fig. 72. — Fossiles. — Dents et os.

127. Position des fossiles dans les roches fossilifères. — La situation des fossiles dans les couches qui les renferment, n'est pas indéterminée. Presque toujours, en effet, on trouve les fossiles couchés dans le sens de la stratification de la roche (fig. 71 et 73), c'est-à-dire dans la position qu'ils auraient prise s'ils étaient tombés au fond de l'eau.

128. Opinions anciennes sur l'origine des fossiles. — Les opinions sur l'origine des fossiles ont été très variées.

Si, en effet, beaucoup de fossiles ont une grande ressemblance avec des organes d'animaux ou de végétaux, il y en a d'autres qui semblent n'avoir aucun rapport avec les animaux ou les végétaux que nous connaissons.

De plus, on trouve des fossiles dans des endroits où leur dépôt au fond de l'eau paraît impossible, ceux par exemple que l'on observe sur le haut des montagnes.

Fig. 73. — Fossiles. — Branches et feuilles.

Ces faits parurent pendant longtemps si difficiles à expliquer, qu'on abandonna l'idée que les fossiles fussent de véritables débris d'animaux ou de végétaux, et qu'on chercha à expliquer leur origine au moyen de suppositions, qui témoignaient plus de l'imagination de leurs auteurs que de leur esprit d'observation.

129. **Ce que deviennent après leur mort les animaux et les végétaux.** — Pour nous rendre compte de l'origine des fossiles, observons d'abord ce qu'il advient habituellement du corps des animaux après leur mort. Le corps d'un animal est presque toujours dévoré par d'autres ani-

maux, grands ou petits; peu de jours après la mort d'un animal, il ne reste plus rien de ses viscères ni de ses muscles; les organes les plus résistants, tels que les dents et les os, persistent seuls; mais, sous l'action des pluies, du vent et des intermittences de chaleur et de froid, ces organes mêmes tombent en poussière; cette poussière est emportée par le vent ou par l'eau des pluies, et au bout d'un temps qui n'est jamais bien long, il n'existe plus de traces de l'animal le plus gros.

Quant aux végétaux, les herbes comme les arbres les plus grands, ceux dont le bois est le plus dur, disparaissent sous l'action des animaux qui les dévorent, et sous l'action des agents atmosphériques qui les détériorent.

130. **Organes des animaux et des végétaux qui peuvent se conserver.** — Mais supposons qu'un animal soit entraîné par une rivière, il peut arriver alors que les parties dures de son corps soient déposées au fond de l'eau et recouvertes par de la vase. Les débris de cet animal se trouvent, par suite de son enfouissement, protégés contre bien des causes de détérioration: ni les animaux, ni les agents atmosphériques n'agiront plus sur eux. Si la couche vaseuse qui recouvre les restes de l'animal est assez épaisse, l'eau n'agira que très faiblement, surtout lorsque l'enfouissement s'est fait pendant une inondation et lorsque le dépôt se trouve ensuite en dehors du cours d'eau. Les inondations successives pourront contribuer à augmenter cette couche de vase; les débris des animaux seront alors si bien protégés, qu'ils pourront se conserver presque indéfiniment.

Il en est de même des débris de végétaux qui offrent une certaine résistance. La vase les conserve très bien (fig. 73). On sait, en effet, que l'on a trouvé, enfouies sous la vase depuis des siècles, des barques dont le bois était encore dans un bon état de conservation.

Pendant les inondations, les fleuves enfouissent ainsi un certain nombre d'animaux et de végétaux; au fond des lacs, il se produit des faits du même genre. Les parties dures des animaux, telles que les os des vertébrés et les coquilles des mollusques, résistent à la décomposition, et restent protégées sous les dépôts qui se font constamment au fond de ces lacs. Il en est de même pour les feuilles des arbres ou les fruits durs de quelques plantes, qui peuvent se trouver recouverts par la vase.

131. **Consolidation des couches fossilifères et des fossiles.** — Ces couches vaseuses qui viennent d'enfermer des débris organiques subissent avec le temps des changements notables, qui ont pour effet habituel de les durcir, de sorte que, se déposant sous l'apparence d'une pâte très molle, elles acquièrent au bout d'un certain temps une dureté beaucoup plus considérable. Cette action est produite par différentes causes : l'une des principales est l'infiltration d'eaux formant dans le sol des dépôts qui en soudent toutes les parties; des eaux calcaires, ou siliceuses, ou ferrugineuses produisent cet effet. La pression des couches nouvelles sur les couches anciennes en augmente aussi la compacité.

Les débris organiques enfouis dans les roches participent à la consolidation de ces roches, et prennent l'aspect pierreux sous lequel nous voyons habituellement les fossiles; le plus souvent même, leur substance disparaît entièrement et est remplacée peu à peu par la substance pétrifiante, qui prend absolument la même forme que celle de l'organe dont cette substance tient la place. Telle est sans doute l'origine de presque tous les fossiles que nous trouvons dans les terrains stratifiés.

132. **Fossiles d'eau douce. — Fossiles marins.** — Les fossiles dont nous venons d'étudier la formation sont des fossiles appelés *fossiles d'eau douce* : ils sont formés des débris des êtres vivant dans les eaux de nos cours d'eau et de nos lacs (fig. 74), ou par les débris des êtres vivant dans l'air, mais qui accidentellement ont été entraînés dans l'eau douce (fig. 75). On reconnaîtra donc ainsi, à la nature de ses fossiles, l'origine d'un terrain formé par l'eau douce.

Les débris des animaux marins peuvent aussi tomber au fond de la mer et s'y conserver, grâce à la formation de

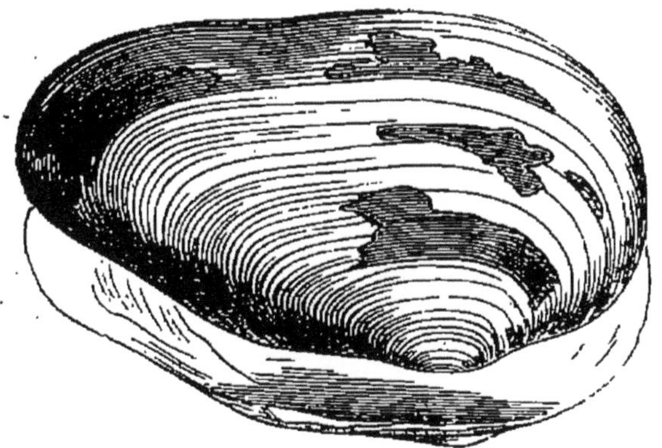

Fig. 74. — Anodonte.

dépôts qui les recouvrent et les protègent ; ces débris forment les *fossiles marins*. La nature des fossiles indiquera donc encore ici l'origine des dépôts.

Les animaux et les plantes qui vivent dans la mer le long des côtes, étant très différents des animaux et des plantes qui vivent dans la haute mer, on pourra même savoir à quelle distance du rivage s'est formé le dépôt que l'on observe.

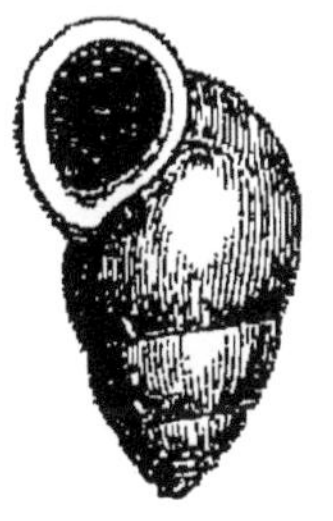

Fig. 75. — Cyclostome. Coquille fossile d'un animal vivant sur la terre cette coquille est accidentellement tombée dans l'eau.

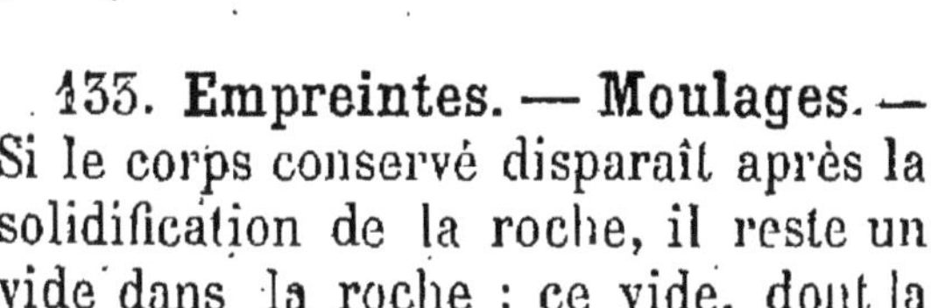

133. Empreintes. — Moulages. — Si le corps conservé disparaît après la solidification de la roche, il reste un vide dans la roche : ce vide, dont la forme est exactement celle du fossile disparu, est l'*empreinte* de ce fossile. On donne aussi le nom d'empreintes aux traces de pas (fig. 76) laissées par les pieds des animaux qui ont marché sur un sol peu consistant.

Les gouttes de pluie, en tombant sur un sol non solidifié, ont aussi produit des empreintes (fig. 77).

La substance même de l'être conservé par la fossilisation disparaissant le plus ordinairement, la cavité occupée par cet être se remplit peu à peu d'une substance étrangère; cette substance, qui prend exactement la forme du corps

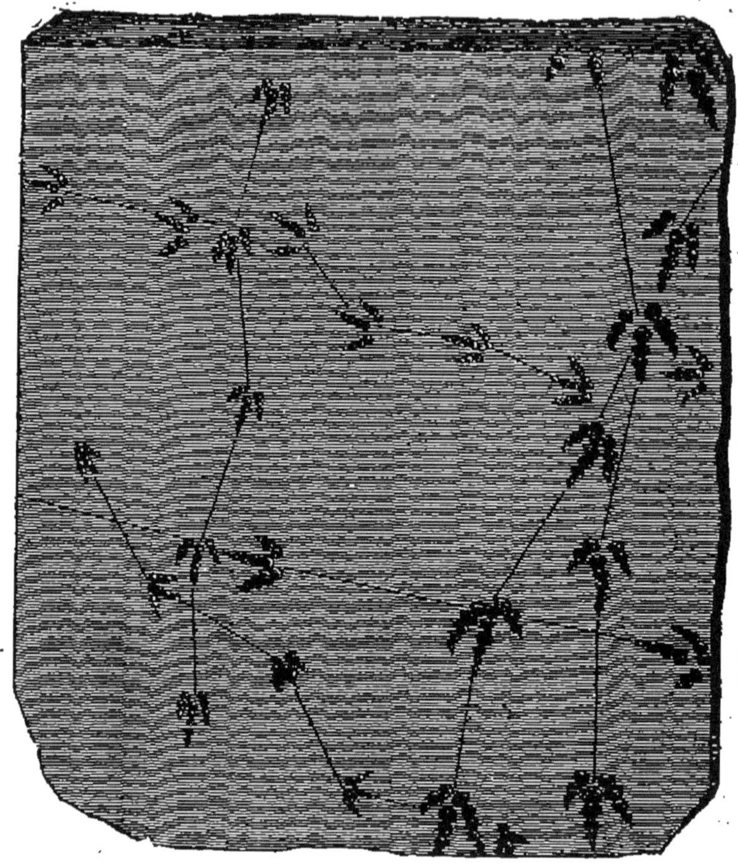

Fig. 76. — Empreintes de pas d'animaux.

disparu, en reproduit tous les détails. C'est un *moulage* de l'empreinte.

134. **Ce que c'est qu'un fossile.** — Les fossiles peuvent, nous le voyons, se présenter sous des aspects très différents, mais, malgré toutes ces variations, on peut d'une manière générale les définir ainsi : ce sont des *corps qui ont été enfouis depuis très longtemps dans la terre, qui y ont été conservés, ou qui y ont laissé des traces de leur existence.*

135. Comparaison des fossiles avec les êtres vivant actuellement. — Si l'on compare un fossile avec l'être vivant actuellement auquel ce fossile ressemble le plus, et qu'on fasse cette comparaison avec beaucoup d'attention, on

Fig. 77. — Empreintes de gouttes d'eau.

voit le plus souvent que ce fossile n'a pas absolument la même forme que l'être auquel on le compare ; d'un autre côté, on rencontre beaucoup de fossiles qui se ressemblent tellement entre eux, qu'on pourrait les prendre les uns pour les autres ; ce sont bien évidemment des êtres de même espèce qui ont laissé ces débris, tandis qu'il n'existe de nos jours aucun être vivant qui puisse laisser des débris ayant identiquement cette forme.

136. Débris fossiles d'espèces disparues. — Espèces disparaissant de nos jours. — Il y a une interprétation de ce fait qui vient immédiatement à la pensée : c'est que ces fossiles proviennent d'une espèce qui n'existe plus ; tous les êtres qui ont produit ces fossiles sont morts sans laisser de descendants : l'espèce s'est *éteinte*.

Cette explication de la formation des fossiles par des espèces aujourd'hui disparues s'impose encore plus si l'on observe que de nos jours il y a des espèces animales que nous voyons disparaître, d'autres que nous voyons sur le point de disparaître.

Au seizième siècle il y avait dans l'île Maurice un oiseau de forme très singulière qu'on nomma le Dronte (fig. 78) ; plusieurs voyageurs en ont fait la description ; son espèce était répandue dans l'île; cet oiseau fut chassé par les matelots et bientôt il devint très rare, surtout après qu'on eut introduit des chiens dans l'île. En 1681, un voyageur en vit

Fig. 78. — Dronte, oiseau de l'île Maurice, dont l'espèce a disparu.

encore un. L'espèce a depuis cette époque entièrement disparu. Il y a quelques années, on a retrouvé quelques os de cet oiseau conservés dans la vase d'un marais ; on a pu ainsi reconstruire son squelette; c'est tout ce qui reste de cette espèce.

Il y a un très grand nombre d'exemples de faits du même genre ; c'est ainsi qu'au commencement de ce siècle on a trouvé, conservé dans les glaces des bords de la mer Glaciale, le corps d'un animal, nommé Mammouth, dont l'espèce n'existe plus à la surface de la Terre.

Nous voyons aussi d'autres espèces dont le nombre des représentants diminue rapidement, et qui sont sur le point de disparaître. Par exemple, l'Aurochs, espèce voisine du Bœuf, était autrefois répandu dans toute l'Europe, particulièrement dans les Gaules ; aujourd'hui il n'en existe plus que quelques rares individus dans les forêts de la Lithuanie. La Baleine, le Lion, le Castor, l'Éléphant et tant d'autres espèces nous fournissent, à des degrés différents, des exemples du même genre.

137. Reconstitution d'un animal fossile. — Il est donc parfaitement certain que les fossiles peuvent présenter les débris d'animaux ou de végétaux entièrement inconnus. C'est un problème intéressant, mais quelquefois long et difficile à résoudre, que de chercher à reconstituer l'être dont on ne trouve dans le sol que quelques débris.

Si l'on trouve à l'état fossile un organe bien déterminé, une dent par exemple, la forme de cette dent indiquera si l'animal était carnivore ou herbivore. Si la dent est pointue et tranchante, l'animal était carnivore ; si la dent est grande et forte, il fallait une mâchoire vigoureuse pour la porter : cette mâchoire devait se mouvoir de haut en bas, comme celle de tous les carnivores ; une mâchoire forte nécessitait l'existence d'une tête grosse, par conséquent d'un cou peu allongé. Cet animal devait pouvoir retenir sa proie ; il lui fallait donc des griffes au bout des doigts. Toute disposition dans un organe d'un animal amène dans d'autres organes de cet animal une disposition correspondante ; on pourra donc, en tenant toujours compte de cette loi d'harmonie, arriver, même en ne possédant que des débris peu nombreux, à reconstituer par la pensée l'animal disparu. Sauf quelques détails variables et de peu d'importance, la reconstruction peut être faite avec les plus grandes garanties d'exactitude.

L'expérience de cette méthode, suivie pour la première fois par Cuvier, a d'ailleurs été faite à plusieurs reprises ; on a pu, en effet, par des découvertes de fossiles mieux conservés ou plus complets, vérifier très souvent l'exactitude des hypothèses qu'on avait émises ; les organes dont on n'avait d'abord trouvé aucun reste avaient été devinés, et quand plus tard on a trouvé ces organes à l'état fossile, on a pu constater qu'ils avaient à peu de chose près la forme et la disposition qu'on leur avait supposées.

Le problème devient plus dificile quand le débris fossile de l'animal disparu est le reste d'un organe dont on ne voit pas le représentant chez les animaux actuels. C'est ce qui a eu lieu pour des espèces de pointes nommées *Bélemnites* (fig. 79), qu'on trouve dans beaucoup de terrains; parti-

Fig. 79. Bélemnite.

Fig. 80. — Coquille interne de la Seiche, nommée vulgairement *biscuit de mer*.

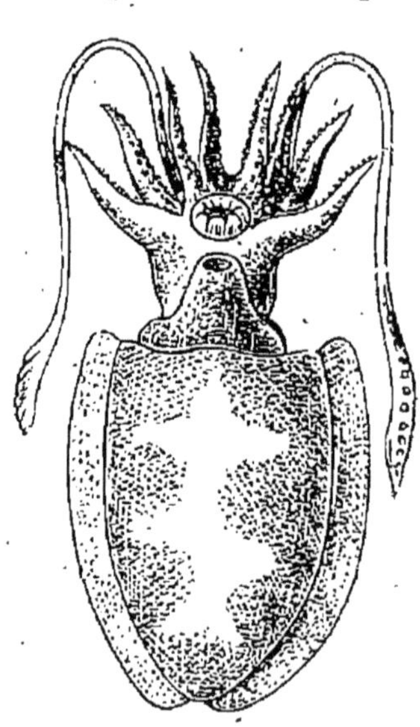

Fig. 80 *bis*. — Seiche, Mollusque céphalopode.

culièrement dans la craie. On a été bien longtemps avant de deviner que ces corps étaient l'extrémité d'une coquille analogue à celle que nous connaissons sous le nom de *biscuit de mer* et qu'on met dans la cage des oiseaux pour qu'ils aiguisent leur bec (fig. 80). C'est ce qu'on nomme aussi os de Seiche; c'est la coquille interne d'un Mollusque céphalopode. Là encore les découvertes de fossiles bien conservés sont venues justifier les hypothèses qu'on avait établies; on a en effet trouvé une de ces baguettes, non séparée de la coquille dont elle faisait partie; le moule même du reste de l'animal existait encore: le doute sur l'origine des

Bélemnites n'était donc plus possible, et l'on a pu se faire une idée exacte de l'animal (fig. 81) d'où provient cet organe.

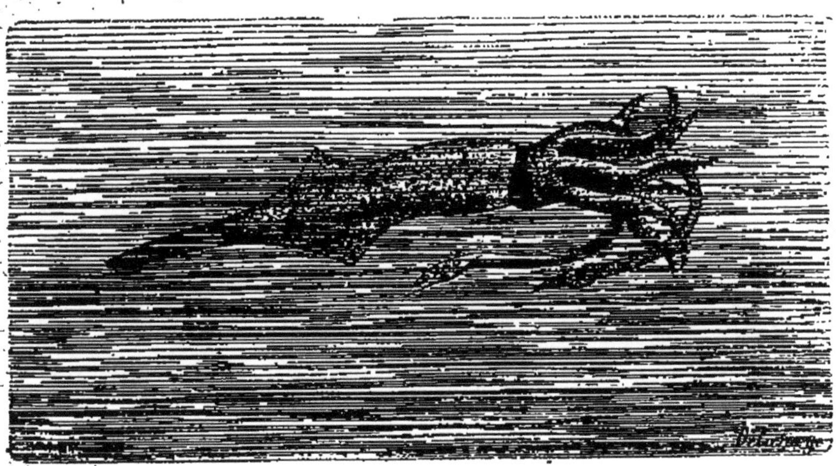

Fig. 81. — Bélemnite restaurée.

138. **Les couches stratifiées se sont déposées horizontalement.** — Les dépôts qui se forment actuellement au fond des mers et des lacs peuvent nous donner une idée exacte de la manière dont se sont formées les couches fossilifères. Ces dépôts, composés de particules extrêmement fines et très mobiles dans l'eau, se disposent souvent horizontalement dans les parties les plus profondes (fig. 82).

139. **Déplacement des couches stratifiées.** — Nous voyons cependant, dans bien des pays, surtout dans les pays de montagnes, les couches sédimentaires présentant, par rapport à l'horizon, des dispositions très différentes. Ces couches sont souvent inclinées (fig. 82 *bis*); elles peuvent même quelquefois avoir une direction perpendiculaire à l'horizon. Ailleurs les couches sédimentaires ont une forme ondulée (fig. 83).

Mais, malgré les dispositions si différentes de ces couches, il est toujours facile de constater que leur dépôt s'est opéré horizontalement : par exemple, les fossiles qu'on y trouve sont toujours disposés à plat, dans le sens de leur plus grande largeur (voir fig. 71), suivant la direction de la stratification des couches.

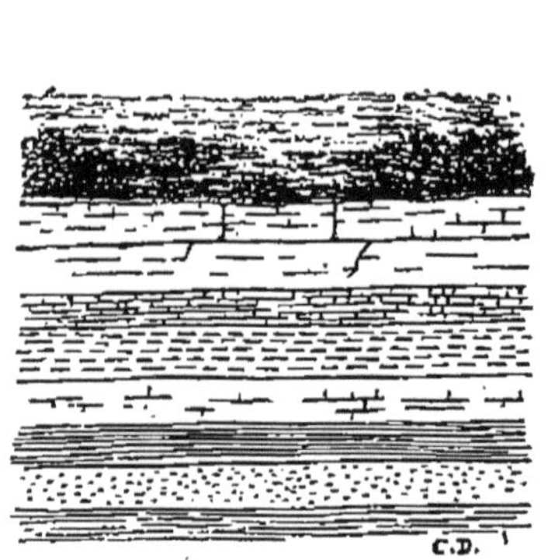

Fig. 82.
Couches stratifiées horizontales.

Fig. 82 *bis*.
Couches stratifiées inclinées.

Il est donc certain que ces couches ne se sont pas déposées dans la direction où nous les voyons, et qu'elles ont été déplacées après leur formation.

Fig. 83. — Couches stratifiées ondulées.

140. **Stratifications concordante, discordante.** — Quand les couches sédimentaires sont, comme celles que nous venons de voir, toutes disposées dans des directions parallèles, on dit que leur stratification est *concordante*. Si, au contraire, des couches sédimentaires parallèles reposent sur un ensemble d'autres couches parallèles entre elles, mais non parallèles aux premières, les couches du pre-

mier groupe sont dites en stratification *discordante* avec les couches du deuxième groupe (fig. 84).

La concordance dans les stratifications indique que le sol est resté immobile pendant le dépôt des couches successives.

La discordance indique, au contraire, que certainement le sol a subi un mouvement entre le dépôt des couches sous-jacentes et celui des couches supérieures.

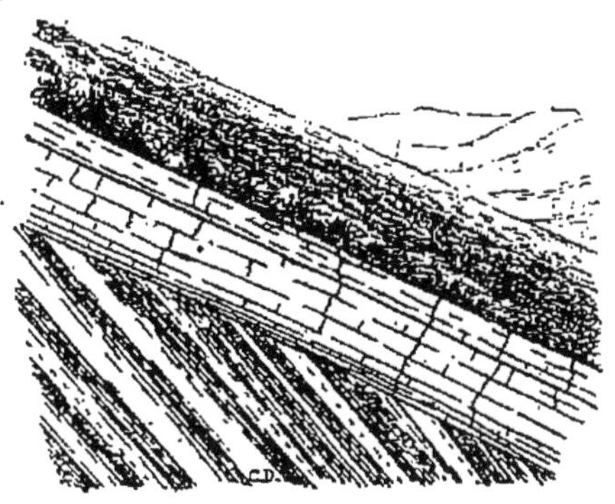

Fig. 84 — Terrains sédimentaires en stratification discordante.

On peut quelquefois, grâce aux divergences de stratification des couches superposées, constater que le sol a subi successivement plusieurs mouvements dans des directions différentes.

141. Fractures, failles. — Dans ces mouvements du sol, que l'on peut surtout observer dans les pays montagneux, les couches stratifiées ont souvent été disloquées, pliées, brisées; il s'est alors formé des *fractures* plus ou moins profondes; ces fentes, qui atteignent souvent une grande largeur, se remplissent ordinairement de débris de roches qui viennent s'y accumuler.

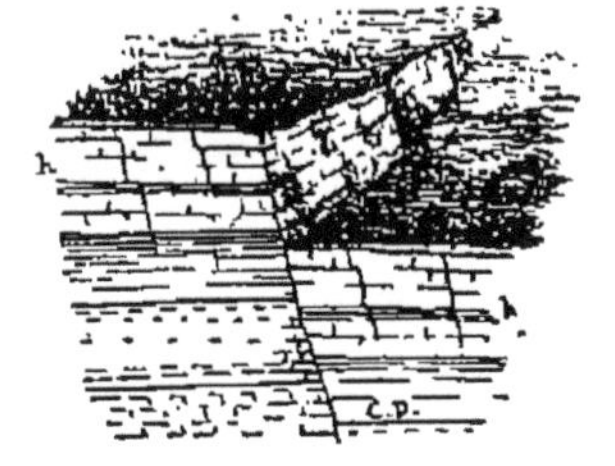

Fig. 85. — Coupe d'une faille : les terrains de droite se sont affaissés.

Il arrive souvent que lorsqu'une fracture s'est opérée, les deux bords ne restent pas au même niveau; un des côtés des roches brisées est plus bas que l'autre (fig. 85); les couches de même nature ne se correspondent plus : c'est ce qu'on appelle une *faille* (voir fig. 132).

142. Causes du dérangement des roches stratifiées. — Il est quelquefois possible de trouver la cause des mouvements du sol qui ont déplacé ou brisé les couches sédimentaires.

Ainsi dans certains cas on peut voir, immédiatement au-

Fig. 86.
Terrains sédimentaires déplacés et soulevés par une roche massive.

dessous des couches dérangées (fig. 86), une roche massive, non stratifiée, très différente des roches sédimentaires par l'aspect et la structure. Cette roche semble s'être enfoncée comme un coin dans les couches stratifiées, et les avoir rejetées de côté et d'autre; on donne aux roches qui sortent de l'intérieur de la terre le nom de roches *éruptives*.

Fig. 87. — Terrains sédimentaires contournés par suite de leur resserrement entre deux roches massives.

Beaucoup de plissements des couches stratifiées peuvent aussi être expliqués par l'action des roches éruptives, comme, par exemple (fig. 87), quand des couches plissées se trouvent resserrées entre deux massifs de roches éruptives.

Enfin, le déplacement des couches peut souvent s'expliquer par le glissement, sur les roches sous-jacentes, d'une partie de ces couches.

143. Caractères généraux des roches éruptives. — Ces roches, ainsi intercalées au milieu des roches sédimentaires, qu'elles semblent presque toujours avoir bouleversées, sont toujours formées de cristaux disposés dans toutes les directions ; leur texture est donc absolument différente de celle des roches stratifiées ; on n'y a jamais trouvé de fossiles.

144. Origine des roches non stratifiées. — Si l'on observe la disposition des roches éruptives par rapport aux roches stratifiées, comme on peut le faire dans beaucoup de pays, le long des routes par exemple, on voit que ces roches s'enfoncent dans l'épaisseur des couches stratifiées, qu'elles traversent en formant des *filons* (fig. 88). On voit

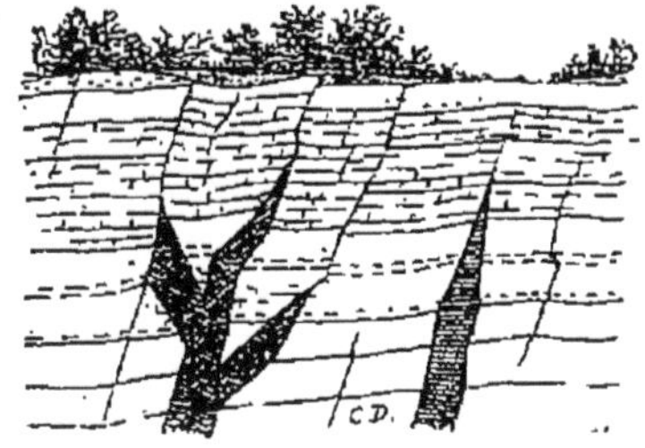

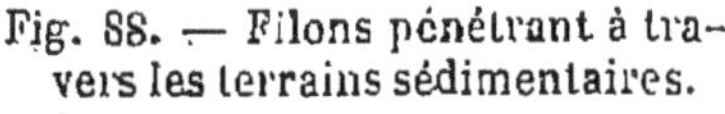

Fig. 88. — Filons pénétrant à travers les terrains sédimentaires.

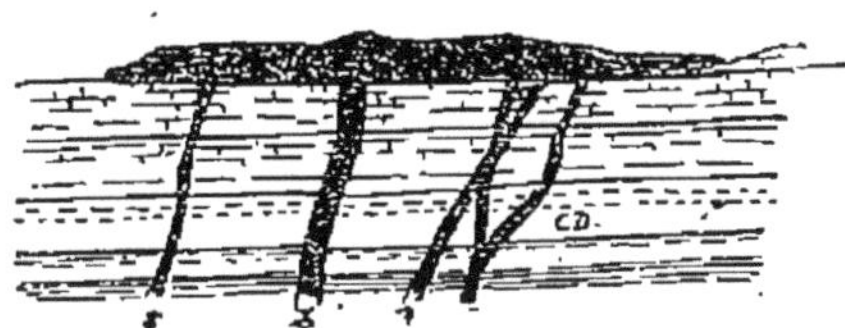

Fig. 89. — Filons ayant amené à la surface du sol une roche qui s'y est étendue.

quelquefois ces filons arriver jusqu'à la surface même du sol et se terminer là en s'élargissant considérablement ; il se produit alors une masse en forme de dôme ou de pic ; ailleurs on voit la roche du filon se répandre sur le sol et le recouvrir sur une surface plus ou moins étendue (fig. 89).

Cette disposition des roches non stratifiées semble indiquer que ces roches sont venues de l'intérieur de la terre. On suppose qu'elles ont été amenées à l'état liquide ou au moins pâteux par des conduits qui, en restant remplis de la roche durcie, ont formé les filons. Cette origine des roches éruptives expliquerait l'absence de fossiles que l'on constate dans ces roches. L'étude de ces roches est intimement liée à celle des volcans, dont nous allons nous occuper.

RÉSUMÉ

Roches stratifiées. Leur formation. — Les corps tenus en suspension ou en dissolution dans l'eau peuvent se séparer et former des *sédiments* qui varient d'aspect suivant la nature du corps déposé.

On peut ainsi souvent observer des formations *calcaires*, *siliceuses*, *argileuses ;* les dépôts calcaires provenant de sources chargées de carbonate de chaux en dissolution, et dites *sources pétrifiantes*, forment des *tufs*, des *travertins*, des *oolithes ;* dans les grottes ils forment des *stalactites*.

Les dépôts siliceux se forment autour des sources, qui, comme les geysers, renferment de la silice en dissolution.

Les dépôts argileux se forment par suite de la décomposition de certaines roches ; ces dépôts paraissent abondants au fond de quelques mers. L'argile mêlée à du calcaire constitue la *marne*, qui se dépose aussi au fond de la mer.

Les *poudingues*, les *brèches* et les *grès* sont formés de pierres de dimensions variables, qui sont soudées les unes aux autres par des dépôts de nature différente : calcaire, silice, gypse, oxyde de fer, etc.

Fossiles. — *Les fossiles sont des corps qui ont été enfouis depuis très longtemps dans la terre, qui y ont été conservés, ou qui y ont laissé des traces de leur existence.* Les débris des animaux et des végétaux morts disparaissent le plus souvent assez peu de temps après leur mort ; dans quelques cas très rares, ces êtres peuvent, peu de temps après leur mort, se trouver enfouis dans le sol, à l'abri des causes qui les détruiraient ; les parties les plus dures de ces organismes peuvent alors persister et deviennent des *fossiles*.

Le plus souvent la substance du fossile disparaît et elle est peu à peu remplacée par la substance de la roche, qui prend la forme du corps disparu. On peut observer ainsi des *empreintes* et des *moulages*.

On distingue les fossiles d'eau douce et les fossiles marins. La plupart des fossiles sont des débris d'*espèces* disparues. En comparant ces fossiles avec les organes des êtres vivant actuellement auxquels ils ressemblent le plus, on a pu reconstituer, avec de grandes chances d'exactitude, des espèces dont on n'avait trouvé que des débris incomplets.

Déplacement des couches stratifiées. Roches non stratifiées. — Les couches stratifiées ne peuvent se déposer qu'horizontalement ou dans une direction voisine de l'horizon ; cependant on rencontre des couches stratifiées dont la direction est très différente de celle de l'horizon : ces couches ont été déplacées depuis leur dépôt, comme le prouvent les *fractures*, les *failles* et les *stratifications* discordantes.

Il est souvent facile d'expliquer ces déplacements par l'apparition de roches éruptives qui, provenant des parties profondes du sol, sont venues s'intercaler au milieu des roches stratifiées.

CHAPITRE IX

VOLCANS. — SOURCES THERMALES. — MOUVEMENTS DU SOL.

145. **Ce que c'est qu'un volcan.** — Un *volcan* consiste en une cavité en forme de coupe, nommée *cratère*, au fond de laquelle est l'ouverture d'un canal nommé *cheminée*. La cheminée met le cratère en communication avec les parties profondes du sol. C'est sous le sol que se trouve le volcan proprement dit; ce que l'on voit à l'extérieur est formé par les matières rejetées par le volcan, et qui sont arrivées par la cheminée. Ces matières constituent un amas appelé *cône*, qui est traversé par la cheminée, et c'est au sommet du cône qu'est situé le cratère (fig. 90).

La nature du terrain ne paraît avoir aucune importance pour la formation des volcans. On trouve en effet des volcans dans le granite, dans le calcaire, dans le grès, etc.

146. **L'activité des volcans est intermittente.** — Les volcans ne présentent pas toujours la même activité; pendant des années il ne sort de leur cheminée que des matières gazeuses, en quantité quelquefois très faible; il peut même se faire qu'il n'en sorte plus rien; la cheminée se comble alors peu à peu par suite de l'éboulement des bords du cratère : le volcan est *éteint*.

Cet état d'inactivité peut devenir définitif, mais le plus souvent le volcan n'est que momentanément inactif, et il se produit au bout d'un certain temps une nouvelle *éruption*, qui pourra, comme celle qui l'a précédée, se terminer aussi par l'extinction momentanée du volcan, et ainsi de suite.

Fig. 90. — Volcan en activité.

Il y a donc dans l'activité volcanique une intermittence de périodes de repos et de périodes d'éruption.

Il est vrai que quelques volcans, comme le Stromboli, situé dans une des îles Lipari, sont en éruption constante; à peine distingue-t-on une légère différence dans l'intensité des phénomènes; mais les volcans présentant ce caractère sont extrêmement rares.

147. Phases d'activité modérée. Fumerolles. — Beaucoup de volcans, sans passer à l'état de volcans éteints, ne présentent pendant de longues années que des phénomènes éruptifs plus ou moins faibles : leur cratère reste chaud; leur cheminée n'est pas entièrement fermée, elle est ordinairement remplacée par un certain nombre d'ouvertures plus petites nommées *fumerolles*, d'où sortent en sifflant des jets de vapeurs et de matières gazeuses (fig. 91). Ces matières, en se décomposant à l'air, forment des dépôts qui recouvrent les parois du cratère et lui donnent des couleurs

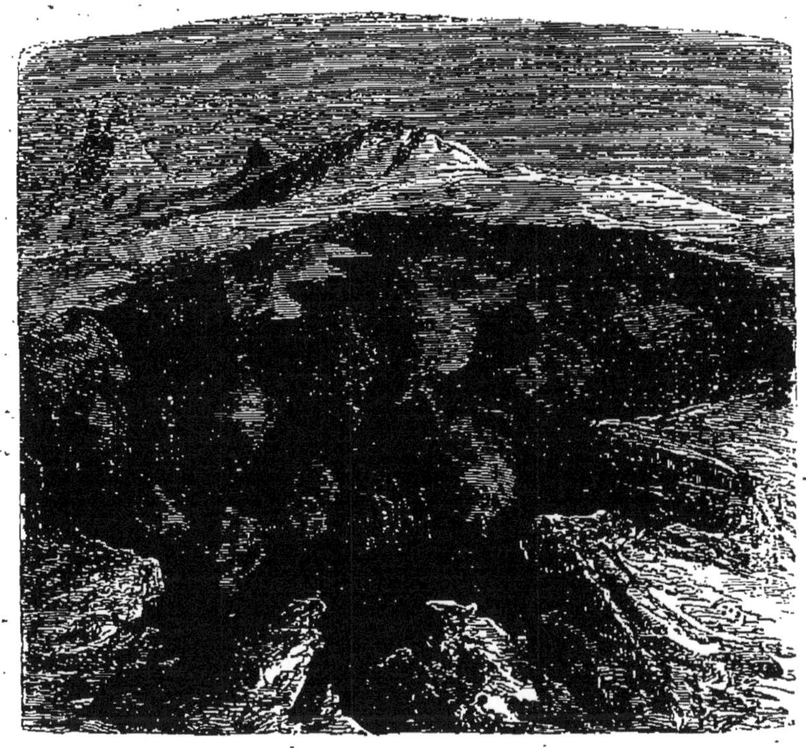

Fig. 91. — Cratère d'un volcan; l'activité volcanique ne se manifeste plus que par des fumerolles.

très vives. Dans ces périodes de repos relatif, quand la fumée est assez transparente et quand les gaz non respirables, acides sulfhydrique, sulfureux, etc., ne se dégagent pas en trop grande quantité, il est quelquefois possible de descendre jusqu'au fond du cratère d'un volcan.

148. **Solfatares.** — Durant cette période de faible activité, il se dépose très souvent du soufre sur les parois du cratère d'un volcan. Ce soufre est souvent en quantité assez considérable pour qu'on puisse l'exploiter, quand il est

possible d'entrer dans le cratère. Le volcan passe alors à l'état de *solfatare;* il peut persister dans cet état pendant des siècles, comme par exemple cela a lieu pour la solfatare de Pouzzoles, qui n'a eu depuis les temps historiques qu'une seule éruption, au douzième siècle.

Les solfatares sont aussi exploitées pour beaucoup d'autres produits chimiques, par exemple pour l'alun et l'acide borique.

149. **Phénomènes qui précèdent une éruption.** — Un volcan n'entre pas en éruption tout d'un coup; il se produit toujours certains phénomènes précurseurs avant que l'éruption ne commence. Le sol tremble autour du volcan; on entend des bruits souterrains; les fumerolles jaillissent avec plus de force et produisent un sifflement plus violent; l'aiguille aimantée subit des perturbations très fréquentes et très intenses. Tous ces phénomènes s'accentuent de plus en plus jusqu'au moment de l'éruption.

150. **Éruption d'un volcan.** — Les jets de vapeur en se réunissant forment bientôt un grand nuage blanc qui s'élève au-dessus du cône, puis tout d'un coup il se produit une explosion terrible : c'est le fond du cratère qui se brise, ses débris sont jetés dans tous les sens (fig. 92) : l'éruption commence. Une immense colonne de fumée noire s'élance au-dessus du cratère avec une telle violence, que le vent le plus fort ne peut l'incliner; la hauteur de cette colonne atteint ordinairement plusieurs milliers de mètres, puis la fumée s'étend, en formant un nuage horizontal qui projette une ombre profonde sur tout le pays. On compare souvent l'aspect de cette colonne de fumée et du nuage qui la surmonte à celui d'un pin gigantesque.

Une poussière extrêmement fine, que l'on nomme de la *cendre*, commence alors à tomber. Cette cendre, en se répandant dans l'air, rend la respiration très pénible et fatigue beaucoup les yeux; elle pénètre partout, à cause de son extrême finesse, et recouvre quelquefois le sol d'une épaisseur de près d'un mètre; si le vent est violent, cette cendre

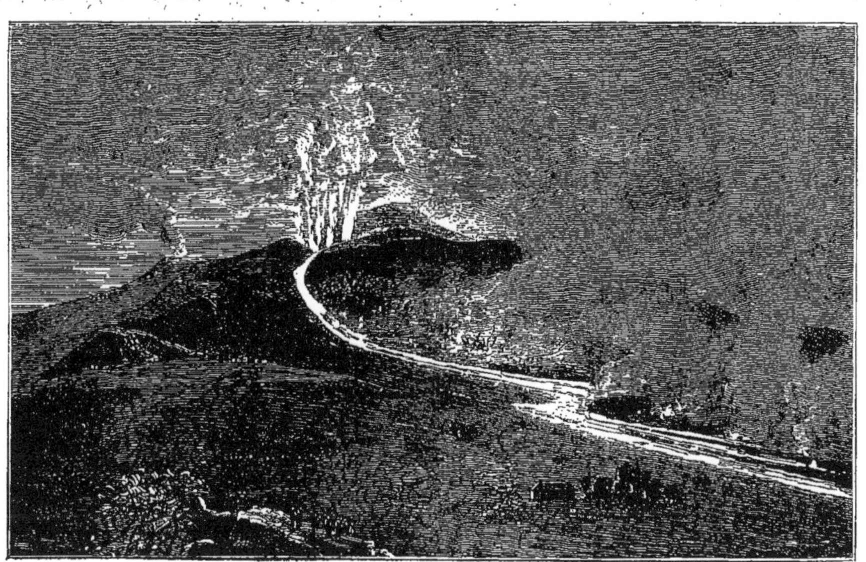

Fig. 92. — Volcan en éruption.

peut être entraînée à des distances fort considérables du volcan : ainsi des cendres du Vésuve sont tombées en Afrique et même à Constantinople.

Les dégagements de gaz deviennent bien plus abondants : à une grande distance du volcan on sent l'acide sulfhydrique, l'acide sulfureux et surtout l'acide chlorhydrique.

La grande colonne de fumée noire est bientôt sillonnée de traits de feu ; le volcan commence à *lancer*. Ces traits de feu sont produits par des pierres dont la température est extrêmement élevée, et qui sont projetées avec une grande force en dehors du cratère ; on voit ces pierres tomber sur les pentes du cône : ce sont des *scories*, qui indiquent que la *lave* monte jusqu'au cratère.

On voit en effet une lueur qui apparaît au sommet du cône ; cette lueur augmente et le sommet de la montagne prend l'aspect d'une immense fournaise d'où jaillissent incessamment des masses incandescentes de dimensions très différentes.

Les masses les plus petites forment les *lapilli* ou les *pierres ponces ;* les plus grosses forment les *bombes*. Le volume des bombes est quelquefois considérable : il n'est pas rare d'en trouver autour du Vésuve qui ont plus de 3 mètres de diamètre. Ces masses énormes, projetées à une hauteur de plus de mille mètres, peuvent donner une idée de la force qui les lance.

La lueur qui sort du cratère devient de plus en plus intense, et bientôt on voit un ou plusieurs ruisseaux de matière incandescente qui sortent du cratère et coulent sur la pente du cône : c'est la *lave* qui a rempli ce cratère et qui s'écoule par les parties les plus basses de ses bords. Souvent aussi la lave n'arrive pas jusqu'au bord ; elle s'épanche alors par des fissures qui se produisent sur les parois du cône, sous l'effet de la grande pression exercée par la lave dans la cheminée. Quelquefois ces fissures se produisent au pied même de la montagne, et la *coulée* de lave s'épanche alors au bas du cône. Ces fissures laissent s'échapper tout d'un coup des coulées de lave, qui sont ordinairement désastreuses, à cause de leur soudaineté et de la rapidité de leur marche.

Des nuages épais s'élèvent au-dessus du torrent de lave qui s'écoule, et vont se mêler à ceux qui se forment au-dessus du cratère; la montagne entière est entourée de nuages. Alors il se produit en général des orages très violents, dont on voit les éclairs sillonner la masse sombre des nuages; le bruit du tonnerre vient s'ajouter au fracas formidable des explosions souterraines et au souffle strident des vapeurs.

Une pluie d'une abondance extraordinaire ne tarde pas à tomber; il se forme alors, avec les cendres qui recouvrent le sol, des torrents boueux d'une grande violence, qui dévastent tout sur leur passage.

Ces torrents de boue sont certainement l'effet le plus destructeur des éruptions volcaniques; leur rapidité est incomparablement plus considérable que celle de la lave, et ils s'étendent sur une grande surface; c'est par des torrents de boue ainsi formés que Pompéi et Herculanum ont été enfouies il y a dix-huit siècles. En se durcissant et en se tassant, cette boue forme ce qu'on appelle du *tuf*.

Généralement cet état de violence extrême ne dure pas longtemps. Au bout de quelques jours la lave cesse de s'épancher; les coulées, dont la marche en avant a été de plus en plus lente, finissent par s'arrêter, elles se refroidissent et se solidifient. Ces grandes coulées, qui recouvrent quelquefois des villages entiers, présentent alors l'aspect d'une longue traînée noirâtre dont la surface est extrêmement accidentée; la lave prend, en effet, en se solidifiant, les formes les plus bizarres (fig. 93).

La fumée du volcan s'éclaircit peu à peu, redevient blanche, et au bout d'un certain temps le volcan reprend l'aspect qu'il avait avant l'éruption.

Remarquons, en terminant, qu'il n'y a jamais de flammes dans une éruption. C'est l'incandescence des matières rejetées qui produit les lueurs volcaniques, et non leur combustion dans l'air.

151. Matières gazeuses rejetées par un volcan. — L'éruption est donc causée par l'expulsion violente d'une certaine quantité de matières. Quelles sont ces matières? C'est avant tout de la vapeur d'eau : on a en effet pu constater dans plusieurs éruptions que, sur 1000 kilogrammes de matières rejetées par le volcan, il y avait environ 999 kilogrammes de vapeur d'eau.

Avec la vapeur d'eau, on trouve une foule de composés gazeux : acides sulfureux, sulfhydrique, chlorhydrique, et des sels de soude, de potasse, d'ammoniaque, de magnésie, etc.

152. Scories, lapilli, bombes, cendres. — Les blocs rejetés diffèrent les uns des autres : ce sont d'abord des pierres provenant des terrains au milieu desquels est creusée la cheminée; ces blocs ont été arrachés aux parois de la cheminée par les violents courants gazeux qui s'y produisent au commencement de l'éruption.

Les scories proviennent de masses de lave qui ont été projetées en l'air et s'y sont en partie solidifiées. Les lapilli et les bombes ont à peu près la même origine; généralement, en cassant les bombes, on trouve au milieu un bloc de substance différente de la lave, qui forme ainsi comme un noyau autour duquel la lave s'est refroidie et solidifiée.

La fine poussière que lancent les cratères et qu'on appelle cendre, est de la lave extrêmement divisée, et solidifiée au contact de l'air. Les pierres ponces peuvent être considérées comme de la lave renfermant une quantité considérable de bulles de gaz; c'est cette texture qui rend ces pierres si légères.

153. Lave. — On donne le nom de *lave* aux roches en fusion qui sont rejetées par les volcans; les laves diffèrent beaucoup par leur composition, mais toutes renferment toujours une quantité considérable de silice; ces roches, dont la température est extrêmement élevée, se solidifient en se refroidissant; elles prennent souvent alors des aspects très particuliers (fig. 93).

Toutes les laves, quand elles sortent du cratère, renferment aussi une quantité considérable d'eau. C'est sous l'influence de la forte pression qui s'exerce dans la partie inférieure de la cheminée que cette eau a pu se fixer dans la lave; si le volcan est un peu élevé, la pression exercée par la colonne de lave qui remplit la cheminée devient égale

Fig. 93. — Coulée de lave solidifiée.

à celle de plusieurs centaines d'atmosphères; c'est cette pression qui, en s'exerçant à la base de la cheminée, fait quelquefois faire explosion aux parois du cône et cause alors les épanchements de lave si désastreux. Vers le haut de la cheminée la lave est moins épaisse, la pression diminue; l'eau se dégage alors sous forme de vapeur, qui, en se condensant dans l'air relativement froid, produit les nuages qui couronnent le cône pendant l'éruption : c'est encore l'eau qui, en se dégageant de la lave, forme ces nuages qui s'élèvent au-dessus des coulées (fig. 92).

La lave durcit ou du moins s'épaissit à l'air ; il se forme une croûte au-dessus de la coulée, la lave en dessous de cette croûte reste liquide; la vapeur d'eau ne peut alors se dégager aussi facilement ; ce n'est que dans certains points que la vapeur jaillit : elle forme des fumerolles. Il se produit ainsi le long de la coulée de petits volcans en miniature qu'on a pu observer et étudier, particulièrement pendant l'éruption du Vésuve de 1872. La formation de ces petits volcans, où l'on peut voir un cône, une cheminée, un cratère, montre que les phénomènes extérieurs des volcans sont dus au dégagement de la vapeur d'eau qui s'échappe de la lave.

154. **Répartition des volcans.** — Presque tous les volcans actifs, qui sont au nombre d'environ deux cents, se trouvent près de la mer, et ceux que l'on a vus apparaître depuis les temps historiques ont tous surgi sur des rivages, dans des îles, ou souvent encore sous la mer, en formant des éruptions sous-marines.

155. **D'où proviennent les déjections d'un volcan?** — On a constaté, en outre, que les éléments de toutes les matières rejetées par le volcan se trouvent dans l'eau de mer; on est donc porté à admettre que toutes ces substances, ainsi que l'immense quantité d'eau qui les accompagne, proviennent de l'eau de la mer, dont la présence est nécessaire à l'activité du volcan. Les déjections du volcan seraient donc de l'eau de mer mêlée aux produits de la décomposition, par la chaleur, des substances qui se trouvent dans cette eau.

156. **Volcans éteints. Trachytes. Basaltes.** — Quand l'activité d'un volcan cesse complètement, ce volcan passe à l'état de volcan éteint : il ne se produit aucun phénomène extérieur; la forme en cratère de la surface du sol et la nature volcanique de ce sol indiquent seulement l'existence d'un ancien volcan.

La plupart des volcans éteints ne rejetaient pas de laves. Les roches qui sortaient de leurs cratères étaient le plus souvent des *trachytes* et des *basaltes*.

Les *trachytes* ont un aspect plus ou moins terreux; ils sont friables, leur surface est raboteuse et cause, quand on les touche, une impression d'une rudesse et d'une âpreté particulières; les trachytes sont toujours ternes; ils présentent le plus habituellement une couleur grisâtre. La *pierre ponce* est une roche très légère, qui est souvent employée dans l'industrie pour polir ou nettoyer le bois, les pierres, les métaux; cette roche est toute voisine des trachytes.

Le *basalte* est une roche noire, compacte et très pesante; son aspect est bien homogène; on peut toutefois distinguer toujours de loin en loin de petits cristaux jaunâtres qui sont disséminés au milieu de la roche; ces petits cristaux, qui forment un élément essentiel des basaltes, appartiennent à un minéral nommé *péridot*.

Fig. 94. — Colonnes prismatiques de basalte.

Un des traits les plus caractéristiques du basalte est de se présenter sous la forme de grandes colonnes prismatiques (fig. 94), qui donnent aux massifs basaltiques leur aspect particulier (fig. 95). Cette division en prismes est due à un phénomène de retrait comparable à ce qui se passe quand l'argile se dessèche au fond d'un fossé. Un fait du même genre se produit quand on laisse refroidir la gelée obtenue en mettant de l'amidon dans de l'eau chaude; les petites colonnes blanches qui se produisent alors ont une grande ressemblance de forme avec les colonnes basaltiques.

157. Réveil des forces volcaniques. — Les volcans de l'Auvergne (fig. 96), ceux de l'Eifel en Prusse, ceux d'Olot dans les Pyrénées de Catalogne, sont des volcans éteints. Toutefois il est arrivé souvent que des volcans que l'on croyait complètement éteints ont repris, et même avec une très grande énergie, leur activité ancienne. Le Vésuve, par exemple, était en 1631 considéré, depuis près de cinq siècles, comme un volcan éteint; il y avait même dans le cratère une

Fig. 93. — Massif basaltique.

belle forêt; au fond du cratère, une petite mare d'eau chaude était le seul souvenir des éruptions anciennes. Ce fut à cette époque que les phénomènes volcaniques reparurent presque subitement et qu'il se produisit une terrible éruption.

C'est de la même manière que le volcan du Monte Nuovo, près de Naples, a apparu en 1538, en comblant en partie le lac Lucrin, qui remplissait le cratère d'un ancien volcan paraissant entièrement éteint.

Il est donc très difficile, sinon impossible, de reconnaître si un volcan est entièrement éteint, ou s'il est seulement en apparence dans une période de repos complet.

D'ailleurs les phénomènes volcaniques mettent toujours un temps très long avant de disparaître définitivement : ainsi il arrive souvent que pendant des siècles le volcan passe par une phase d'activité modérée, puis les fumerolles disparaissent et sont remplacées par des sources d'eau chaude.

Fig. 96. — Volcans éteints de l'Auvergne. Le développement irrégulier des cratères indique la direction du vent régnant à l'époque de leur formation

158. Sources thermales. — La température du sol s'est alors abaissée au point que l'eau reste à l'état liquide. Ces eaux chaudes, chargées d'acide carbonique, ont la propriété de dissoudre une foule de substances qui se trouvent dans le sol; elles sont l'origine de toutes les *sources thermales* répandues dans les pays volcaniques. L'action salutaire de ces sources sur la santé a été reconnue depuis une époque très reculée; on trouve des traces très anciennes de leur exploitation.

La quantité d'eau versée par ces sources est extrêmement grande; par exemple, les cinq cents sources thermales du plateau central d'Auvergne débitent ensemble environ 10 mètres cubes par minute.

La température de l'eau de ces sources s'abaisse aussi peu à peu. Ainsi les nombreuses sources thermales de l'île d'Ischia sont en général à une température très élevée; il y en a qui sont à 100°, et qui même arrivent à la surface du sol en pleine ébullition : ce qui prouve que les volcans de l'île étaient encore en éruption à une époque assez récente.

Les sources thermales d'Auvergne sont beaucoup moins chaudes: c'est parce que les volcans de ce pays sont depuis fort longtemps dans une période de repos.

Le sol des cratères des volcans éteints reste humide pendant très longtemps, et ce sont des plantes qui ont besoin de beaucoup d'eau qui recouvrent les cratères de ces volcans : ainsi dans les Champs Phlégréens, aux environs de Naples, un grand nombre de cônes volcaniques sont couverts de saules.

158 *bis*. **Mofettes.** — Le dernier acte des manifestations volcaniques consiste en des dégagements d'acide carbonique, auxquels on donne le nom de *mofettes*. Ces exhalaisons d'acide carbonique sont très fréquentes en Auvergne; dans plusieurs endroits de ce pays il se dégage du sol une si grande quantité de ce gaz, qu'on n'y peut creuser de caves. Ces caves se rempliraient d'acide carbonique et l'on ne pourrait y pénétrer sans être asphyxié. Il en est de même dans presque tous les pays où l'activité volcanique est en pleine décroissance; dans les environs du golfe de Naples l'acide carbonique sort du sol en bien des points, particulièrement d'une fente située entre deux rochers, bien connue dans le pays sous le nom de grotte du Chien; il y a, en ce point, une véritable source d'acide carbonique qui s'écoule à la surface du sol comme le ferait un liquide.

159. Cratères d'explosion. — On trouve dans quelques pays des cavités en forme de cratères qui s'ouvrent au niveau du sol, sans aucun rebord; ces cavités sont ordinairement remplies d'eau, comme cela a lieu pour le lac Pavin en Auvergne (fig. 97); on se trouve ainsi tout d'un coup sur le

Fig. 97. — Lac Pavin, en Auvergne : cratère d'explosion.

bord du lac dont rien ne fait pressentir le voisinage. En Prusse, dans l'Eifel, il y a aussi un grand nombre de lacs situés de la même manière.

On pense que ces cavités, quelquefois très profondes, ont été formées par une véritable explosion du sol, dont on voit ordinairement quelques blocs épars autour des bords du lac; on ne voit jamais de traces de coulées de lave autour des *cratères d'explosion*.

160. Geysers. — En Islande, dans la Nouvelle-Zélande, et dans quelques autres pays, il existe des sources d'eau bouillante nommées *geysers* (fig. 98), dont l'eau jaillit à une hauteur atteignant quelquefois une cinquantaine de mètres.

L'eau des geysers ne jaillit pas constamment; il y a une intermittence assez régulière dans ces phénomènes.

L'eau d'un geyser sort de terre par une ouverture circulaire située au sommet d'un cône; ce cône est produit par des dépôts siliceux formés par l'eau du geyser, qui est toujours chargée de substances incrustantes, particulièrement de silice.

On peut considérer les geysers comme des volcans qui ne rejetteraient que de l'eau.

161. Sources thermales non volcaniques. — Ce n'est pas seulement dans les pays volcaniques que l'on trouve des sources thermales, mais encore dans bien des pays où il n'y a pas traces de volcans; par exemple, la chaîne des Pyrénées n'est volcanique que dans la Catalogne, et cependant tout le long de cette chaîne on trouve de très nombreuses sources thermales; il en est de même pour les Alpes. Il y a donc certainement, en dehors de l'action volcanique, une autre cause d'élévation de la température du sol.

Ces sources thermales acquièrent, comme les sources d'origine volcanique, la propriété de dissoudre un certain nombre de corps qu'elles rencontrent dans le sol : elles deviennent *minérales*.

Les sources thermales non volcaniques se trouvent presque uniquement dans les pays dont le sol a été disloqué, comme dans les pays de montagnes ou dans le voisinage des failles; on ne trouve presque pas de ces sources dans les pays où la stratification horizontale du sol s'est maintenue. On trouve de plus que la température des sources est, en général, d'autant plus élevée que les terrains d'où elles sortent ont été disloqués depuis moins longtemps.

162. Volume des substances dissoutes par les sources thermales. — Au bout d'un certain temps, les quantités de matières dissoutes apportées à la surface du sol par une source thermale deviennent considérables. Il doit donc nécessairement se former des cavités très grandes, par suite

Fig. 98.
L'eau des geysers jaillit quelquefois à plus de 50 mètres de hauteur.

de l'enlèvement par dissolution des substances qui formaient ce sol.

En analysant un litre d'eau d'une source minérale, et en mesurant combien cette source laisse écouler de litres dans une minute, on peut calculer le vide formé sous le sol par cette source.

163. Tremblements de terre. — La surface de la terre n'est pas toujours immobile; elle subit quelquefois des ébranlements, d'énergie très variable, qu'on appelle des *tremblements de terre*.

Les tremblements de terre se produisent dans tous les pays et sur tous les terrains ; tantôt ils sont tout à fait locaux, comme celui qui a détruit Casamicciola, dans l'île d'Ischia, le 28 juillet 1883 ; ou bien, au contraire, leur action s'étend à de très grandes distances et avec une extrême rapidité, comme celui de Lisbonne en 1755, qui fut ressenti dans le Maroc, en Écosse, et peut-être même en Amérique.

Les tremblements de terre de peu d'énergie sont très fréquents ; la plupart échappent à notre observation ; des instruments d'une grande sensibilité peuvent seuls nous révéler leur existence. La surface de la terre, qui habituellement nous paraît immobile, est donc très souvent en mouvement.

Les tremblements de terre ont ordinairement une durée très faible, de quelques secondes en général ; quand ils présentent une certaine violence, ils sont le plus souvent accompagnés de bruits de nature très différente ; ce sont des bruits sourds, aigus, stridents, dont l'intensité est quelquefois extraordinaire.

Les mouvements du sol sont aussi très variés : tantôt le sol n'est secoué que de haut en bas et de bas en haut ; quelquefois les mouvements se font horizontalement, ou bien encore ils semblent être circulaires.

Quand ils acquièrent un certain degré de violence, ainsi que cela est arrivé dans le sud de l'Espagne en décembre 1884, les tremblements de terre constituent un des fléaux les plus épouvantables ; c'est par milliers qu'il faut compter les victimes.

Il est impossible de formuler une loi quelconque à ces terribles phénomènes. Quelquefois il se produit une secousse unique et le mouvement du sol ne reparaît plus; d'autres fois les secousses se succèdent fréquemment pendant un temps assez long.

Ordinairement les secousses sont plus violentes en un cer-

Fig. 99.
Fissures produites en Calabre par le tremblement de terre de 1783.

tain point, autour duquel il semble se former des ondes qui rayonnent en s'atténuant.

Les mouvements du sol se transmettent à la mer, sur laquelle il se produit quelquefois des vagues immenses, qui, en faisant irruption sur les côtes, peuvent provoquer des désastres encore plus grands que ceux causés par les mouvements du sol.

Le tremblement de terre qu'on a pu le mieux étudier est celui de la Calabre, commencé en 1783; les secousses furent presque continuelles pendant quatre ans. Le sol ondulait comme la surface d'une mer agitée, des fissures énormes (fig. 99), de vrais gouffres se formaient à chaque instant; des changements de niveau considérables se produisaient, en disloquant complètement la surface du sol.

Des phénomènes du même genre, présentant une intensité presque aussi grande, se sont produits en 1885 dans le sud de l'Espagne.

164. **Causes des tremblements de terre.** — Les tremblements de terre sont si différents les uns des autres, qu'ils doivent avoir des causes différentes.

Certains d'entre eux, qui se produisent dans les pays volcaniques et qui accompagnent ou précèdent les éruptions d'un volcan, ont évidemment la même origine que l'éruption de ce volcan.

D'autres, quelquefois très violents et très étendus, ne paraissent aucunement liés à des phénomènes volcaniques; leur cause est inconnue.

Enfin, pour quelques tremblements de terre tout à fait localisés, on pourrait peut-être trouver une explication dans des éboulements se produisant dans des cavités situées sous le sol. Il existe en effet certainement, comme nous venons de le voir, des cavités souterraines dans les pays où il y a des sources minérales ; il est possible que des roches, en se détachant des voûtes de ces cavités, produisent en tombant sur la base une secousse qui puisse communiquer des mouvements à la surface du sol.

On a constaté ainsi de vrais tremblements de terre causés par des éboulements dans des mines de sel gemme de Lorraine. Ces mines sont exploitées en faisant dissoudre le sel dans de l'eau que l'on fait arriver dans la mine; on retire ensuite cette eau avec des pompes, quand elle est saturée de sel; de grands vides restent à la place du sel, et la voûte d'argile qui recouvrait le sel s'écroule quand elle n'est plus assez soutenue. La terrible catastrophe d'Ischia est peut-être due à une cause de ce genre. Casamicciola était, en effet, bâtie au-dessus de sources thermales qui tiennent en dissolution une grande quantité de substances solides enlevées au sol

165. Mouvements lents du sol. — Indépendamment des violents changements de niveau produits par les tremblements de terre, la surface du sol subit une autre sorte de mouvements.

Ces mouvements sont lents, et il faut un temps considérable pour constater qu'ils ont eu lieu. Ce n'est guère que le long des côtes, en se servant du niveau constant de la mer comme de point de repère, qu'on peut avoir la preuve de

Fig. 100.
Ile de l'océan Pacifique, entourée d'un anneau de polypiers.

ces mouvements. En faisant une marque sur des rochers du bord de la mer, au niveau de l'eau, on peut voir au bout d'un certain nombre d'années si la marque est bien toujours au niveau de l'eau; si la marque est plus haut, c'est que le sol s'élève en ce point; si la marque est sous l'eau, c'est que le sol s'est abaissé.

On a constaté ainsi que le nord de la Suède, au fond du golfe de Bothnie, s'élève en moyenne de $1^{m},30$ par siècle, tandis que le sud de la Suède, la Scanie, s'abaisse de $1^{m},50$ par siècle. La Suède exécute ainsi un mouvement lent de bascule, dont le point fixe est vers Stockholm.

Sur tous les points des côtes où l'on a fait des observations

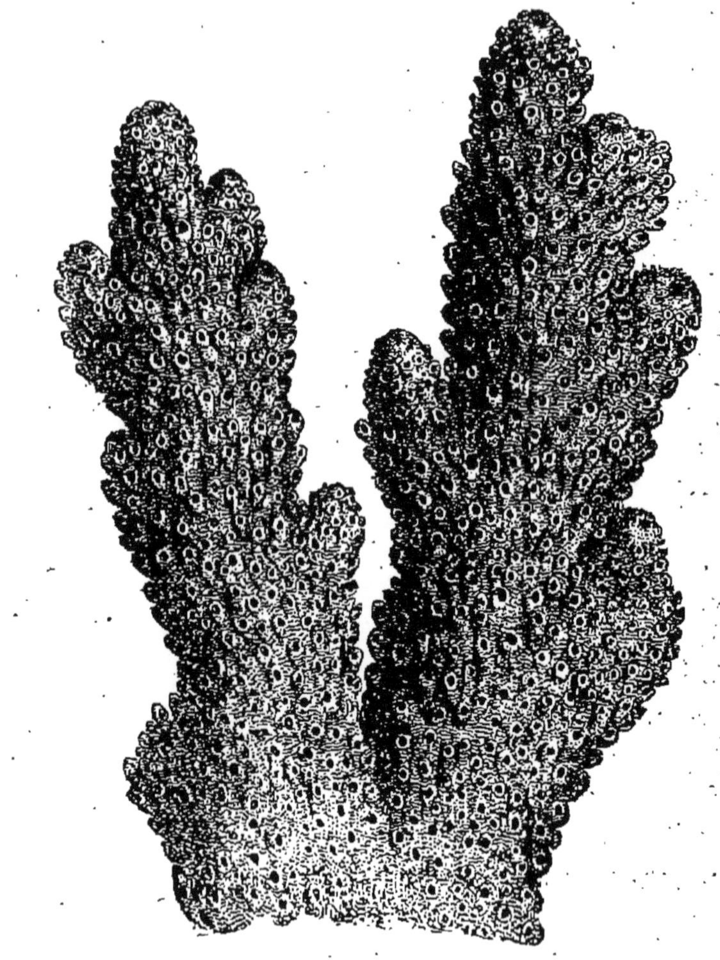

Fig. 101. — Polypier du genre madrépore formant les anneaux qui entourent les îles de l'océan Pacifique.

d'assez longue durée, on a pu constater des mouvements du sol qui, tout en étant généralement moins accentués que les mouvements de la Suède, n'en sont pas moins très sensibles.

La surface du sol c'est donc peut-être jamais absolument immobile.

166. Mouvement du sol au fond de l'océan Pacifique. — Beaucoup d'îles de l'océan Pacifique sont circulaires et forment un anneau, à l'extérieur duquel viennent se briser les vagues, tandis qu'à l'intérieur on voit un lac, dont le calme des eaux contraste avec l'agitation de l'extérieur. Au milieu du lac se trouve souvent une île (fig. 100).

Cet anneau est entièrement constitué par des polypiers; les coraux qui forment ces polypiers (fig. 101) ne peuvent vivre à une grande profondeur; ils se développent surtout aux endroits où déferlent les vagues, c'est-à-dire au niveau même de la surface de la mer. Or, en jetant la sonde sur le bord de ces singulières îles, on trouve des polypiers morts fixés à une très grande profondeur. Les coraux qui ont formé ces polypiers n'ont certainement pas pu vivre dans ces conditions; il faut donc nécessairement admettre que ces polypiers, recouverts aujourd'hui par des milliers de mètres d'eau, étaient autrefois tout près de la surface de la mer; on est ainsi porté à admettre que le sol s'est affaissé.

RÉSUMÉ

Volcans. — Un *volcan* en *éruption* rejette par son *cratère* des matières solides incandescentes : *bombes*, *scories*, *lapilli*, *pierres ponces*, *cendres;* des matières liquides, de la *lave*, des matières gazeuses, *acides sulfureux*, *sulfurique*, *chlorhydrique*, et surtout de la *vapeur d'eau*. Toutes ces substances arrivent par la *cheminée* du volcan; celles qui sont solides, ou qui se solidifient, forment le *cône*.

Les anciens volcans rejetaient des *trachytes* et des *basaltes*.

La plupart des volcans présentent des intermittences d'activité très inégales; quelquefois ils conservent durant de longues années une activité très modérée : ils forment alors des *solfatares;* puis les forces volcaniques reprennent toute leur énergie. D'autres fois le volcan, après avoir longtemps produit des *mofettes*, semble s'éteindre complètement.

Bien des années après l'extinction apparente d'un volcan, la température du sous-sol reste assez élevée pour que la plupart des sources qui entourent le volcan soient à une température élevée. L'eau de ces sources thermales tient en dissolution des substances minérales.

Les volcans se trouvent habituellement dans le voisinage de la mer.

Tremblements de terre. — Les tremblements de terre se produisent dans tous les pays et dans tous les terrains. Leur étendue et leur intensité sont extrêmement variables; leur durée est ordinairement de quelques secondes. Les causes des tremblements de terre sont peu connues; il est très probable qu'il y en a plusieurs. Certains d'entre eux ont certainement les mêmes causes que les volcans; d'autres beaucoup plus étendus sont, certainement aussi, indépendants des phénomènes volcaniques; mais leur cause est inconnue. Quelques tremblements de terre violents et très limités semblent avoir pour cause des effondrements dans des cavités qui se trouveraient dans l'intérieur du sol. — Le sol tremble très souvent, mais si faiblement qu'on ne peut constater ces mouvements qu'au moyen d'appareils de précision.

Mouvements lents du sol. — On a pu constater dans beaucoup de pays des mouvements lents du sol, qui tantôt s'élève et tantôt s'abaisse; il faut des siècles pour rendre ces mouvements appréciables; c'est le niveau de la mer qui sert de point de repère. Peut-être des mouvements de même nature se produisent-ils dans l'intérieur des continents, mais on n'a pu les constater, faute de point de repère fixe.

TROISIÈME PARTIE

ÉPOQUES GÉOLOGIQUES

CHAPITRE X

AGE DES TERRAINS. — TERRAINS PRIMITIFS.

167. **Superposition des terrains stratifiés.** — *Pour qu'un terrain se soit déposé sur un autre, il faut nécessairement que cet autre ait existé avant lui :* tel est le principe évident qui a permis de faire une classification des terrains d'après leur ordre d'ancienneté.

Nous savons que les terrains stratifiés se déposent au fond des eaux. Si donc, sur la surface de la Terre, il y avait un point où la mer ait toujours existé, en formant continuellement des dépôts, des terrains stratifiés se seraient, en ce point, superposés sans interruption; on aurait, par l'étude des terrains placés les uns sur les autres, des documents pour l'histoire de cette partie de la Terre. Mais ce dépôt ininterrompu de terrains stratifiés n'a jamais pu être observé, et il est bien possible qu'un tel dépôt n'existe nulle part; la surface de la Terre est, comme nous l'avons vu, tellement mobile, qu'il est presque certain que tous les points en ont été tantôt immergés et tantôt émergés; les dépôts stratifiés successifs ne se sont donc pas faits au même endroit.

Quand la surface est couverte par les eaux, des terrains stratifiés s'y forment; quand la surface est hors de l'eau, il ne s'y dépose plus de terrains, et, au contraire, comme nous le savons, les roches exposées à l'air se dénudent; leurs débris, entraînés par les eaux, vont, dans les parties creuses de la surface terrestre, former de nouveaux dépôts.

168. Dislocation et dénudation des terrains. — Mais il y a là une très grande difficulté : un même terrain, formé régulièrement au fond d'une mer, peut, en effet, se trouver, après sa formation, disloqué par des mouvements du

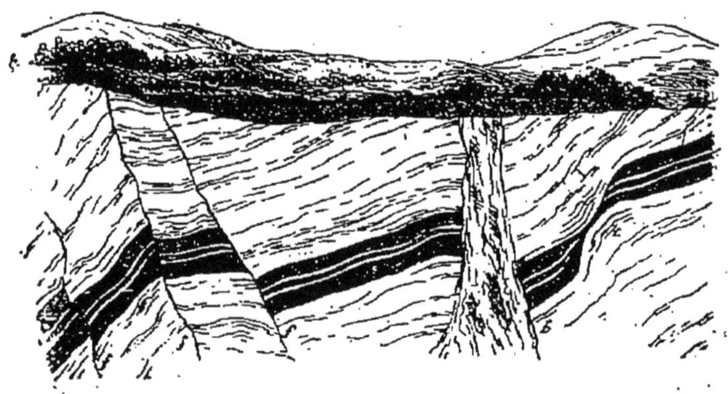

Fig. 102. — Couches sédimentaires contemporaines, déplacées et déformées par des mouvements du sol.

sol (fig. 102) ou dénudé (fig. 103) par les agents extérieurs. Il n'en existera plus alors que des lambeaux, dont on pourra méconnaître l'origine commune; il peut même se faire que des couches du sol plus ou moins étendues aient entièrement disparu.

169. Différence des dépôts contemporains d'une même mer. — Une autre cause d'erreur provient de ce que les mêmes mers peuvent, dans des points assez rapprochés, former des dépôts très différents; nous savons, par exemple, que les dépôts qui se forment actuellement le long des côtes diffèrent considérablement de ceux qui se font au large, dans le fond de la même mer. Les dépôts marins dans le voisinage des fleuves sont aussi très différents des dépôts contemporains qui s'opèrent le long des autres parties des côtes. On ne peut donc pas s'en rapporter à l'aspect du terrain.

Fig. 103. — Couches sédimentaires contemporaines, séparées les unes des autres par la dénudation.

170. Ressemblance des dépôts d'époques différentes. — Inversement, comme il s'est formé des calcaires, des grès, des argiles, etc., à des époques très éloignées les unes des autres, on risquerait le plus souvent de se tromper si l'on essayait de déterminer l'âge d'un terrain en ne tenant compte que de la nature de la roche dont il est formé. On ne peut donc pas se baser sur la nature de la roche pour fixer l'âge d'un terrain.

171. Utilité des fossiles. — L'observation des fossiles peut alors rendre de grands services. Nous avons vu qu'une quantité considérable d'êtres organisés, de formes très différentes, ont vécu successivement à la surface de la Terre. Ces espèces animales et végétales, après avoir fourni un nombre plus ou moins grand de générations successives, se sont éteintes. Pendant tout le temps de leur existence, une partie de leurs débris a été enfouie dans le sol, et ces débris ont pu se conserver jusqu'à nos jours, en formant les fossiles.

Les fossiles provenant d'espèces qui n'ont existé que pendant un temps limité n'ont pu se former qu'à l'époque où vivaient ces espèces ; et ils ont été enfouis dans les terrains qui se déposaient à cette époque. Il en résulte qu'un terrain peut être caractérisé par la nature des fossiles qu'on y trouve.

Si dans deux terrains, observés dans des pays différents, même très éloignés, on trouve des fossiles identiques, on rapporte la formation de ces deux terrains à la même époque ; on admet que, puisque les mêmes animaux et les mêmes végétaux existaient à la surface de la Terre quand ces terrains se sont déposés, c'est que ces dépôts ont été contemporains.

Au contraire, si dans deux terrains nous ne trouvons que des fossiles différents, on en conclut que les êtres habitant la Terre n'étaient pas les mêmes quand ces terrains se sont déposés, et que par conséquent leurs dépôts n'ont pas dû être produits à la même époque.

172. **Fossiles caractéristiques.** — Le nombre des fossiles est extrêmement grand ; mais, parmi tous ces fossiles, il y a un certain nombre d'espèces qui se trouvent plus particulièrement cantonnées dans un certain niveau, où ils sont souvent en abondance ; leur présence dans un terrain indique immédiatement au géologue l'époque de la formation de ce terrain. Ces fossiles, que l'on considère comme plus importants que les autres à ce point de vue, sont les *fossiles caractéristiques*.

173. **Age des terrains stratifiés.** — Quand on a acquis par l'observation des fossiles et des roches une connaissance aussi exacte que possible d'un terrain, on peut le classer, par rapport aux autres terrains, au point de vue de l'ancienneté relative de sa formation.

Il faut pour cela connaître assez bien tous les caractères de ce terrain, afin de le reconnaître partout où il s'en trouve un lambeau. On note alors toutes les couches sur lesquelles repose le terrain observé ; il est évident que les roches inférieures au terrain observé sont plus anciennes. On constate de même quelles sont les roches qui reposent sur le terrain donné. Par cette étude on a l'âge du terrain ; on sait qu'il s'est déposé entre le terrain immédiatement inférieur à lui et le terrain immédiatement supérieur.

Une telle recherche est souvent très difficile, quand il existe de nombreuses stratifications discordantes ou des plissements (fig. 102). Les débris des formations précédentes renfermés dans un terrain peuvent souvent servir à en déterminer l'âge. Les poudingues et les brèches (§ 23), par exemple, précisent facilement leur âge par les roches qu'ils renferment, roches qui sont certainement plus anciennes que ce terrain ; ils précisent aussi leur âge par les roches qu'on n'y trouve pas, et qui peuvent être de formation plus récente.

174. **Age des roches éruptives.** — L'âge des roches éruptives peut aussi se déterminer.

Si des couches stratifiées reposent sur une roche éruptive (fig. 104), c'est que cette roche éruptive est plus ancienne que les couches stratifiées.

Fig. 104. — Couches sédimentaires qui se sont déposées sur une roche éruptive préexistante.

Au contraire, quand on voit des couches stratifiées déformées par une roche éruptive, on a la preuve que cette roche éruptive est plus récente que les roches qu'elle a déplacées

175. **Terrains primitifs. — Gneiss. — Micaschiste. — Granite.** — Dans tous les pays où l'on creuse à une assez grande profondeur, on finit toujours par arriver à une même roche, le *gneiss*, ordinairement accompagnée d'une autre roche, le *micaschiste*.

Le gneiss est, comme nous l'avons vu (§ 6), une roche qui renferme les trois éléments du granite : le feldspath, le quartz et le mica; mais dans le gneiss ces trois éléments présentent une disposition stratifiée qui ne se voit pas dans le granite.

Dans le micaschiste (§ 7), le mica est encore plus abondant que dans le gneiss, et le feldspath manque complètement; le quartz, qui est en très petits grains, forme des lits minces qui séparent les couches de mica.

Le gneiss et le micaschiste forment l'assise du globe la plus ancienne à laquelle on soit parvenu; et comme on a trouvé cette assise partout où l'on a creusé à une grande profondeur, on suppose qu'il existe tout autour de la Terre une assise continue formée de gneiss et de micaschiste. C'est sur cette assise, qui forme ce qu'on nomme les *terrains primitifs*, que reposent tous les terrains qu'on étudie en géologie.

En certaines régions le gneiss et le micaschiste sont traversés par des roches éruptives, constituées par du *granite* (§ 4). Le granite forme d'importants dépôts non stratifiés, appartenant aussi aux terrains primitifs, mais plus récents que le gneiss et le micaschiste, puisque ces derniers terrains sont traversés par le granite.

176. Aspect général des terrains primitifs. — C'est surtout dans les pays accidentés qu'on trouve les terrains primitifs à la surface du sol. Ces terrains donnent au sol des reliefs assez variés : le gneiss et le micaschiste forment dans les montagnes des crêtes tranchantes en forme de scie. Presque partout, ces roches primitives, stratifiées, sont traversées par des granites à mica noir. Tous ces terrains sont peu perméables à l'eau, qui en certains points abonde à la surface et forme des lacs.

Les couches de gneiss ne sont presque jamais horizontales; elle ont une disposition contournée, brisée, indiquant que depuis leur dépôt, qui a dû se faire horizontalement, la surface du sol a subi des mouvements considérables.

On n'y a jamais trouvé de fossiles. Peut-être la vie ne

s'était-elle pas encore manifestée à la surface de la Terre quand ce terrain s'est déposé.

177. Distribution géographique des terrains primitifs à la surface de la France. — Les terrains primitifs existent sans doute partout au-dessous des autres terrains; mais ils n'ont pas été recouverts en tous les points de la France par des terrains plus récents, ou bien encore les terrains qui se trouvent au-dessus ont pu être enlevés par les mouvements des eaux. De telle sorte que les terrains primitifs apparaissent à la surface sur différents points de la France. La carte géologique nous indique ces points par la coloration rose.

Plateau central. — Vers le milieu de la France, les collines de Limoges, de Guéret, de Tulle, du Puy sont toutes granitiques; en général, tout le pays compris de l'est à l'ouest entre le Rhône et la Vienne, du nord au sud entre Avallon et le Vigan, est formé par les terrains primitifs. Cette partie de la France forme ce qu'on appelle le *Plateau central.*

Bretagne. En Bretagne, le terrain primitif forme deux grandes bandes : l'une part de Brest et va jusqu'à Mayenne; l'autre va de Douarnenez à Parthenay. Ces deux grandes bandes se touchent à Pontivy.

A Cherbourg, il existe un grand massif granitique, qui traverse le gneiss.

Vosges. Les parties les plus élevées des Vosges sont presque toutes formées de granite, que l'on voit surgir au-dessus du gneiss et du micaschiste.

Alpes. Dans les Alpes, le massif du mont Blanc et celui de l'Oisans sont surtout formés par des terrains primitifs.

Pyrénées. Les terrains primitifs forment l'axe de la chaîne.

Monts des Maures et de l'Esterel. Enfin un massif constitué par les mêmes terrains forme les monts des Maures et de l'Esterel, en Provence.

178. Matières exploitées. — Le gneiss et le micaschiste

sont employés comme pierres de construction; la disposition stratifiée que présente le mica permet d'exploiter facilement ces roches sous forme de dalles, ce qui fait que leur extraction n'est pas dispendieuse. Le granite est aussi une excellente pierre de construction, mais très difficile à tailler.

C'est, nous l'avons vu, par la décomposition du feldspath renfermé dans le granite que se forme le *kaolin*, avec lequel on fait la porcelaine.

On trouve, disséminées dans les roches du terrain primitif, de nombreuses pierres fines employées dans la joaillerie : le *rubis*, la *topaze*, l'*émeraude*, le *saphir*, le *grenat*, le *cristal de roche* incolore, ou coloré, tel que l'*améthyste;* la *tourmaline*, employée dans quelques instruments d'optique; l'*émeri*, dont la poussière est assez dure pour user et polir les pierres les plus résistantes; l'*amiante*, dont les houppes de filaments flexibles forment une sorte de feutrage et peuvent être tissées : les tissus ainsi formés sont absolument incombustibles, et, pour nettoyer ces étoffes, il suffit de les jeter dans le feu; l'amiante est aussi employée en chimie pour faire des filtres.

On trouve encore dans les mêmes terrains de la *plombagine*, si employée pour la fabrication des crayons dits de *mine de plomb*.

RÉSUMÉ

Superposition des terrains stratifiés. — Pour qu'un terrain se soit déposé sur un autre, il faut nécessairement que cet autre ait été déposé avant lui. Un terrain superposé à un autre est donc plus récent, à moins que des dislocations importantes du sol n'aient complètement renversé les couches.

Fossiles caractéristiques. — Les terrains correspondant à une époque peuvent manquer à l'endroit que l'on considère, soit par suite d'une dénudation, soit parce qu'à cette époque, le point considéré étant continental, il ne s'y est pas produit de dépôts. On a recours alors à d'autres caractères pour déterminer l'âge du terrain stratifié. La nature de la roche n'est pas un signe certain de l'âge, car des roches de même nature se sont formées aux époques les plus différentes; mais parmi les fossiles que renferment les couches stratifiées, il y en a qui se trouvent particulièrement dans certaines couches et qu'on ne rencontre ni au-dessus, ni au-dessous : on les nomme *fossiles caractéristiques*, et leur étude sert dans beaucoup de cas à déterminer l'âge du terrain que l'on considère.

Age des roches éruptives — Comme les roches éruptives ne renferment pas de fossiles, on a recours à d'autres considérations pour déterminer leur âge. Si des couches stratifiées reposent sur une roche éruptive, cette dernière est plus ancienne que ces couches ; si les couches stratifiées sont déformées et traversées par la roche éruptive, cette dernière est au contraire plus récente.

Terrains primitifs. — Dans tous les pays où l'on creuse à une assez grande profondeur dans le sol, on trouve du *gneiss* et du *micaschiste*, roches cristallines sans fossiles. Sur cette assise, qui constitue les *terrains primitifs*, reposent tous les autres terrains connus. Ils sont souvent traversés par du *granite*, roche éruptive qui forme aussi d'importants dépôts.

En certains points de la France ces terrains n'ont jamais été recouverts par d'autres dépôts, de telle sorte qu'on les voit à la surface. C'est ainsi que le Plateau central de la France, une grande partie de la Bretagne, une portion des Vosges et des Alpes, l'axe de la chaîne des Pyrénées et les monts de l'Esterel (Var) présentent les terrains primitifs à la surface du sol.

Matières exploitées. — Le gneiss, le micaschiste, le granite sont employés comme pierres de construction.

On trouve dans les roches des terrains primitifs de nombreuses pierres fines, employées dans la joaillerie.

CHAPITRE XI

TERRAINS PRIMAIRES.

179. Définition des terrains primaires : Trilobites. — Pour faciliter l'étude de l'histoire du globe, on a par convention divisé cette histoire en un certain nombre d'époques successives, appelées *primaire*, *secondaire*, *tertiaire* et *quaternaire*. Les dépôts produits pendant ces époques successives constituent les terrains primaires, secondaires, tertiaires et quaternaires.

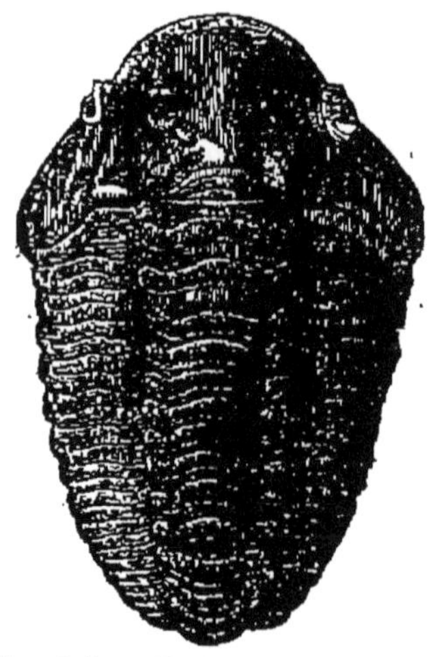

Fig. 105. — Trilobite (Calymène).

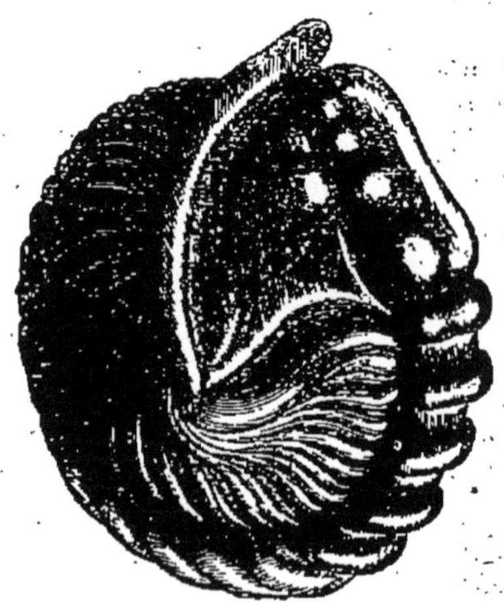

Fig. 106. — Calymène enroulé.

Les terrains primaires comprennent un ensemble de couches qui ne reposent jamais que sur les terrains primitifs, et qui peuvent être recouvertes par les terrains secondaires, tertiaires et quaternaires.

Ces terrains sont caractérisés par la présence de crustacés fossiles appelés *Trilobites* (fig. 105, 106, 107 et 108), ainsi nommés parce que leur corps est divisé en trois parties dans le sens de la longueur.

Donc toutes les fois que, dans un terrain, on trouve des empreintes de Trilobites, on peut, par là même, déterminer que c'est un terrain primaire.

180. **Principales divisions de l'époque primaire.** — On distingue des terrains appartenant à trois âges principaux dans l'époque primaire; on peut reconnaître ces divisions au moyen de fossiles caractéristiques.

Plaçant en bas le terrain le plus ancien, c'est-à-dire celui

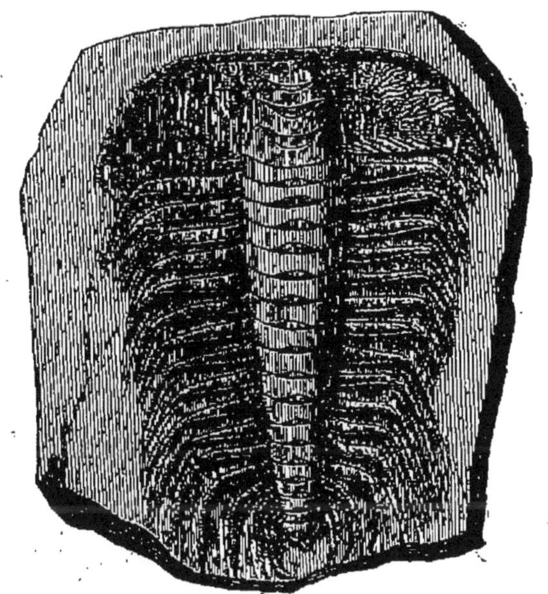

Fig. 107. — Paradoxides, Trilobite du Silurien.

qui se trouve au-dessous des autres terrains primaires, lorsqu'il y en a plusieurs, on a ainsi par ordre de superposition :

(Terrains secondaires.)

TERRAINS PRIMAIRES. (Trilobites.)	*Carbonifère* (âge des Productus).
	Dévonien (âge des Spirifers).
	Silurien (âge des Trilobites).

(Terrains primitifs.)

Le *Silurien* est le terrain le plus ancien connu, parmi

ceux qui renferment des fossiles[1]. Il est surtout caractérisé par certains Trilobites, tels que le *Paradoxides* (fig. 107) et le *Calymène* (fig. 105 et 106).

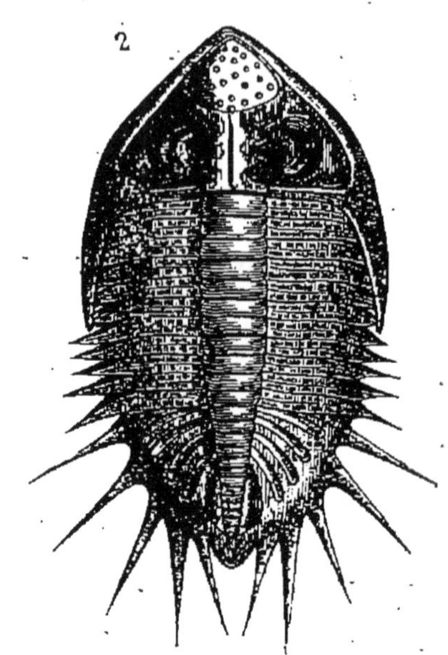

Fig. 108. — Dalmanites, Trilobite du dévonien.

Le *Dévonien*[2] est le terrain qui correspond à l'âge suivant. On y trouve encore des Trilobites, tels que celui que représente la fig. 108; mais les fossiles les plus nombreux sont les *Spirifer* (fig. 109)

Enfin le *Carbonifère*[3] est le moins ancien des terrains primaires. Les Trilobites y sont rares. Les fossiles les plus abondants sont les *Productus* (fig. 110).

181. Animaux de l'époque primaire. — Vertébrés. —

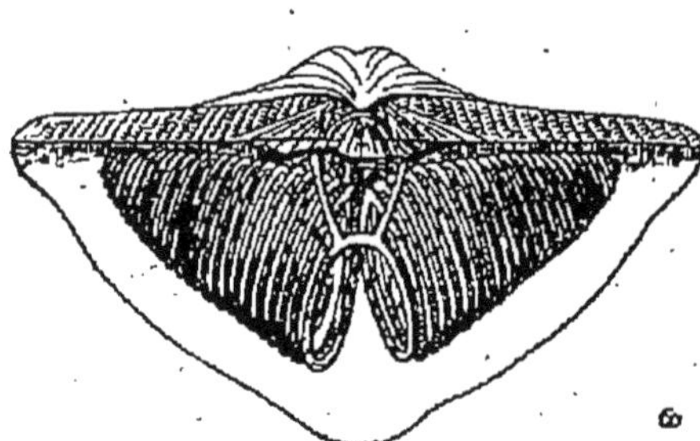

Fig 109. — Coquille de Spirifer montrant la spirale intérieure (Brachiopode du dévonien).

Fig. 110. — Coquille de Productus (Brachiopode du carbonifère).

On ne connaît pas un très grand nombre de fossiles de l'époque primaire se rapportant aux vertébrés.

1. Le terrain silurien est ainsi nommé parce qu'il a d'abord été étudié en Angleterre, dans la région habitée autrefois par les Silures.

2. Ainsi appelé du nom du comté de Devon en Angleterre, où ce terrain a été étudié.

3. Ce terrain est appelé carbonifère parce que c'est dans les couches

Tous ceux que l'on a trouvés sont des reptiles, des batraciens, des poissons ; on n'a rencontré encore ni mammifères, ni oiseaux dans ces terrains.

Les *reptiles* n'ont été observés que dans les terrains correspondant à la fin de l'époque primaire, c'est-à-dire dans le terrain carbonifère. Ce sont surtout de grands lézards, tels

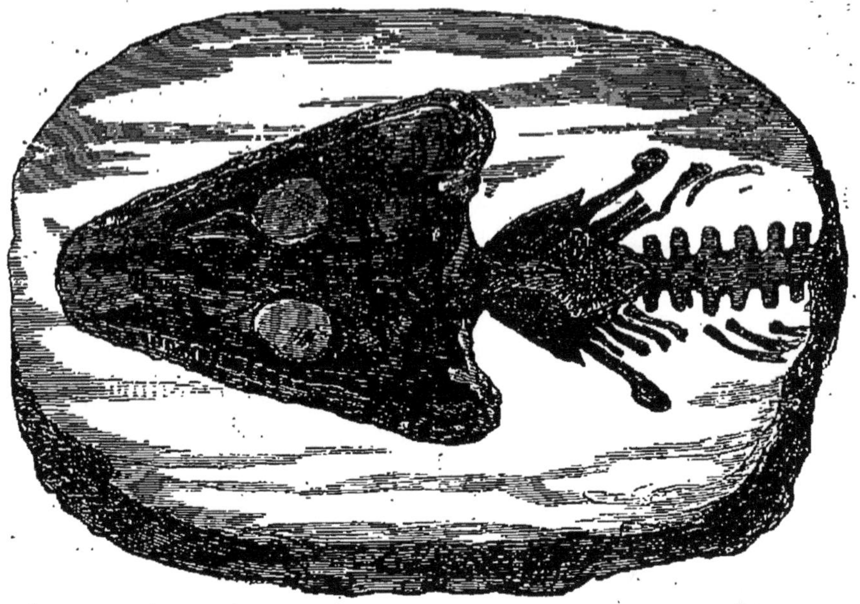

Fig. 111. — Portion de squelette d'Archégosaure (reptile du carbonifère).

que celui nommé *Archégosaure* et dont la figure 111 représente une partie du squelette fossile. On a aussi rencontré les empreintes de quelques batraciens qui rappellent un peu les grenouilles de l'époque actuelle.

Les *poissons* qu'on trouve à l'état fossile à l'époque primaire, depuis le Silurien jusqu'au Carbonifère, sont voisins des Raies et des Requins actuels ; ils ont tous la queue divisée en deux lobes inégaux ; la colonne vertébrale se continue dans le lobe supérieur, qui est le plus long.

de cette époque que se trouvent la plupart des mines de charbon les plus connues.

182. **Articulés.** — Les insectes se rencontrent dans les terrains primaires (fig. 113) ; on trouve entre autres des *Blattes* (insectes voisins de ceux que l'on voit souvent en

Fig. 112. — Poisson des terrains primaires (carbonifère).

grande quantité dans les maisons), depuis le Silurien jusqu'au Carbonifère. On a trouvé des empreintes de *Libellules*.

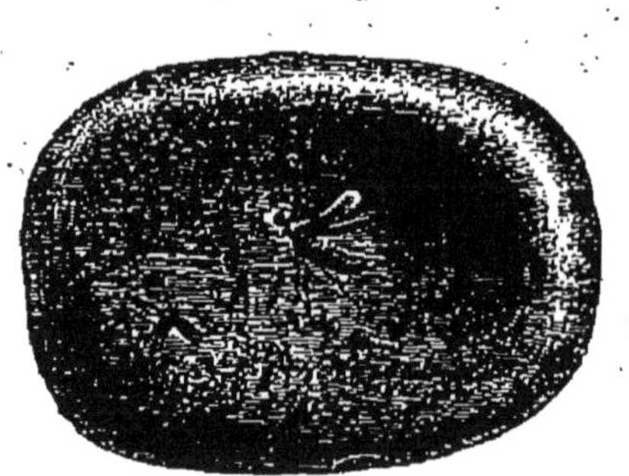

Fig. 113. — Insectes des terrains primaires.

Fig. 114. Orthocère (céphalopode).

Parmi les arachnides, les *Scorpions* ont été observés dans les terrains primaires, même dans le Silurien.

Crustacés. — Les fossiles se rapportant aux Crustacés sont très nombreux à l'époque primaire. Les plus importants et les plus caractéristiques sont les *Trilobites*, crustacés marins, dont il a été parlé plus haut.

La tête des Trilobites a la forme d'un bouclier, qui porte des yeux plus ou moins développés. Ces crustacés se rapprochent des cloportes actuels (fig. 105, 106, 107 et 108); leurs pattes devaient être molles; elles ont été rarement conservées par la fossilisation.

183. **Mollusques céphalopodes.** — Les Céphalopodes actuels sont des mollusques ainsi nommés à cause des prolongements munis de ventouses qu'ils portent sur la tête ; tels

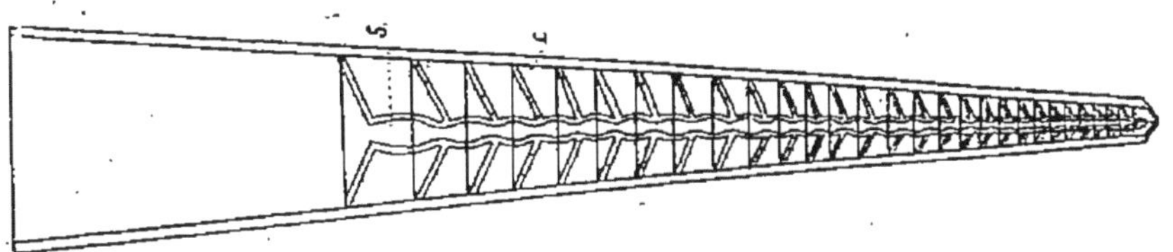

Fig. 115. — Orthocère (céphalopode). *s*, siphon ; *c*, cloisons.

sont la Seiche et le Nautile. Ce dernier animal a une coquille divisée en compartiments, au moyen de cloisons

Fig. 116. — Coquille de Céphalopode des terrains primaires (Lituites).

Fig. 117. — Pentamère (Brachiopode des terrains primaires).

sphériques réunies entre elles par un canal nommé siphon.

On trouve à l'époque primaire beaucoup de fossiles qui sont des coquilles de Céphalopodes : tels sont les *Orthocères* à coquilles droites (fig. 114 et 115) et les *Lituites* à coquilles courbées (fig. 116).

184. **Brachiopodes : Spirifers, Productus.** — Les Brachiopodes sont des animaux dont la coquille est à deux valves très inégales et toutes les deux convexes : tels sont la Térébratule et le Pentamère (fig. 117). Ces coquilles sont très nombreuses à l'état fossile dans les terrains primaires.

Les Brachiopodes les plus caractéristiques sont les *Spirifers*, très abondants surtout à l'époque du Dévonien; ils sont ainsi nommés à cause de la spirale dure qu'ils contiennent à l'intérieur et qui servait de support à deux grands bras ciliés enroulés en spires.

Les *Productus* se trouvaient surtout en abondance dans le terrain carbonifère ; celui que représente la figure 110 est remarquable par des tubes nombreux situés sur la coquille; ces tubes augmentaient la surface de la peau, par laquelle ces animaux respiraient.

185. **Végétaux de l'époque primaire. — Gymnospermes.** — Parmi les plantes à fleurs ou Phanérogames,

Fig. 118. — Cycas actuel.

on n'en connaît pas à l'époque primaire qu'on puisse déterminer avec certitude comme Angiospermes, c'est-à-dire comme ayant des fleurs à ovaire clos, contenant les graines à leur intérieur. Les Phanérogames de l'époque primaire sont toutes des Gymnospermes. Les unes sont des Conifères, comme les Pins et les Sapins actuellement vivants, les autres des Cycadées, comme les Cycas actuels (fig. 118). Parmi les Conifères, on peut citer les *Walchia* (fig. 119), et

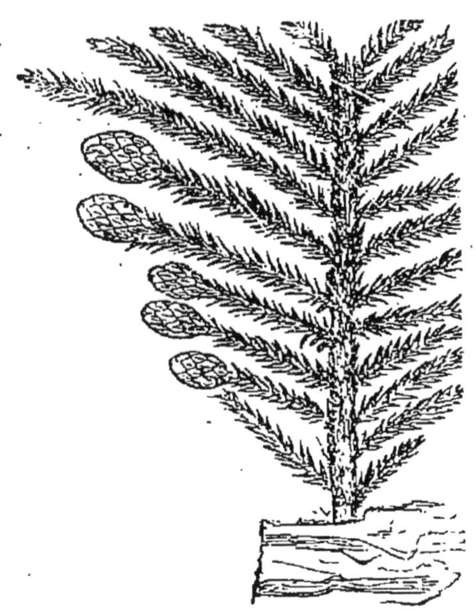

Fig. 119. — Fragment de Conifère du Carbonifère (Walchia).

parmi les Cycadées, les *Nœggerathia*. Les Gymnospermes, déjà observés dans le Silurien d'Amérique, sont plus abondants dans le Dévonien et surtout dans le Carbonifère, où les Cordaïtes (fig. 120) acquièrent un grand développement.

186. **Cryptogames à racines.** — Les Cryptogames à racines sont des plantes sans fleurs, ayant racines, tige et feuilles ; ce sont les végétaux que l'on trouve le plus à l'époque primaire. On en connaît de très nombreuses espèces, surtout dans le Dévonien supérieur et le Carbonifère.

Les genres les plus répandus sont les *Sigillaires* (fig. 121), arbres qui pouvaient dépasser 40 mètres de hauteur, les *Lé-*

pidodendrons (fig. 122), arbres aussi très élevés qui se rapprochent des Lycopodes actuels, et les *Calamites*, grandes plantes qui pouvaient atteindre 6 mètres de hauteur, voisines des Prêles qui vivent actuellement.

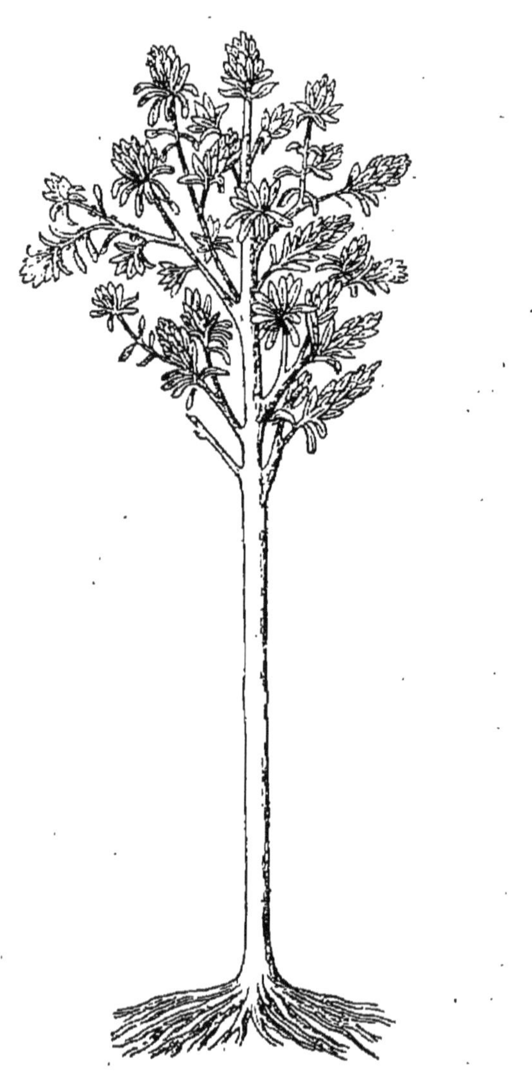

Fig. 120. — Cordaïtes, Gymnosperme du Carbonifère.

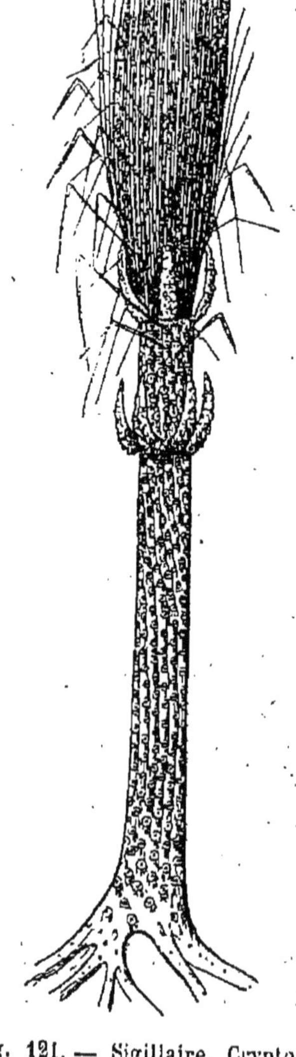

Fig. 121. — Sigillaire, Cryptogame du Carbonifère.

Il y avait aussi beaucoup de grandes Fougères arborescentes et de Fougères herbacées (fig. 123 et 124), dont les empreintes s'observent souvent sur les schistes du terrain carbonifère.

187. Principales roches des terrains primaires. — Les roches les plus anciennes de l'époque primaire sont souvent des schistes ou des grès.

Dans le Silurien, on trouve des calcaires cristallins ou compacts, quelquefois noirs et pétris de fossiles ; ou blancs, et dans ce cas entièrement dépourvus de fossiles. On y trouve des schistes, assez solides et se divisant en lames de manière à pouvoir former des ardoises.

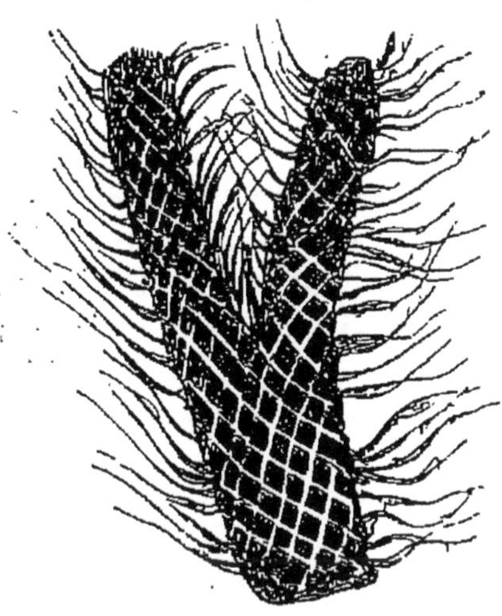

Fig. 122. — Fragment de Lépidodendron, Cryptogame du Carbonifère.

Dans le Dévonien, on trouve aussi des schistes et des calcaires; les calcaires sont souvent assez compacts pour constituer des marbres très recherchés. Une roche très particulière de ce terrain est la *grauwacke,* roche argileuse et siliceuse, assez dure pour rayer le verre, de couleur foncée, renfermant de nombreuses espèces de fossiles, surtout des Spirifers.

Dans le Carbonifère, on observe des calcaires de couleur foncée formant souvent de beaux marbres, des grès, et surtout des couches de houille ou charbon de terre, beaucoup plus fréquentes et plus puissantes que dans les autres terrains.

Les roches des terrains primaires donnent ordinairement, à cause de leur couleur foncée, un aspect particulier aux pays où ce terrain est à la surface.

Les dépôts de houille de cette époque proviennent de la décomposition des végétaux, soit que cette décomposition ait eu lieu sur place, soit que ces végétaux aient été charriés et déposés au fond des lacs ou à l'embouchure de grands fleuves; toutes les substances végétales se seraient décomposées et il ne serait resté que le charbon. C'est à peu près ce qui se passe actuellement dans des lacs de l'Amérique du Nord, ou à l'embouchure de quelques grands fleuves, comme le Mississippi.

Roches éruptives. — Les couches du Silurien sont souvent soulevées par des éruptions de granite. Ce granite est reconnaissable en ce que le mica qu'il contient est blanc : c'est ce qui le distingue des granites qui avaient fait éruption précédemment, et dont le mica était noir.

Les couches du Carbonifère sont fréquemment plissées (fig. 125); souvent aussi elles sont soulevées par des éruptions de porphyre; on voit même, dans bien des pays, ces couches de porphyre s'épancher au-dessus des couches houillères qu'elles ont traversées.

188. **Distribution géographique.** — *Bretagne* et *Normandie.* — Les terrains primaires (fig. 184) viennent affleurer en Bretagne, où l'on voit leurs couches reposer directement sur les deux bandes granitiques qui viennent se réunir à Pontivy.

La rade de Brest est dans la grauwacke dévonienne.

A Cherbourg et dans le Calvados il existe aussi des dépôts primaires.

Ardennes. — Les collines des Ardennes sont principalement formées de terrains primaires; la Meuse, dans une grande partie de son cours, coule au milieu de ce terrain.

Plateau central. — Tout autour du Plateau central, on trouve de nombreux affleurements de terrains primaires, formant des lambeaux reposant sur les bords du plateau, comme si à cette époque le plateau central avait été une

Fig. 123. — Fougères du Carbonifère.
1. Fougère aborescente ; 2, 3, 4, fougères herbacées.

île située au milieu de la mer où se déposaient les terrains primaires.

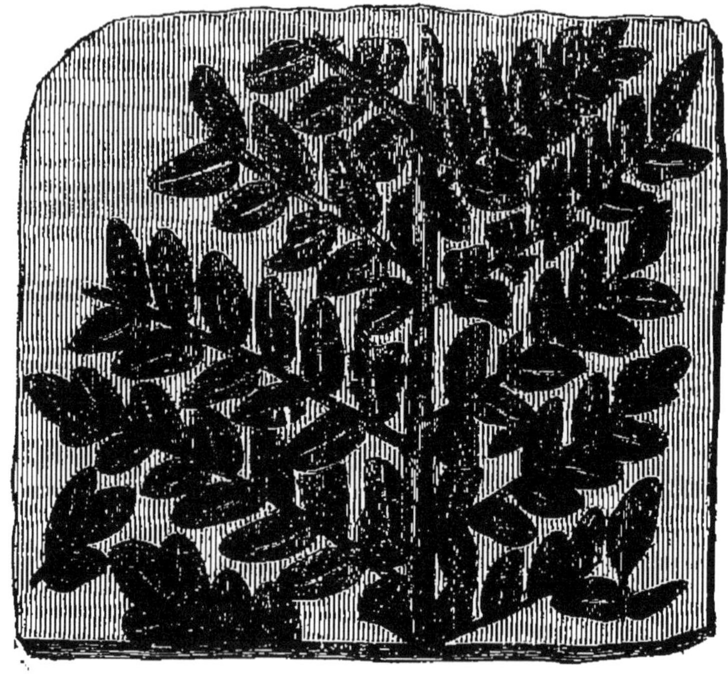

Fig. 124. — Empreinte de Fougère sur un fragment de schiste houiller

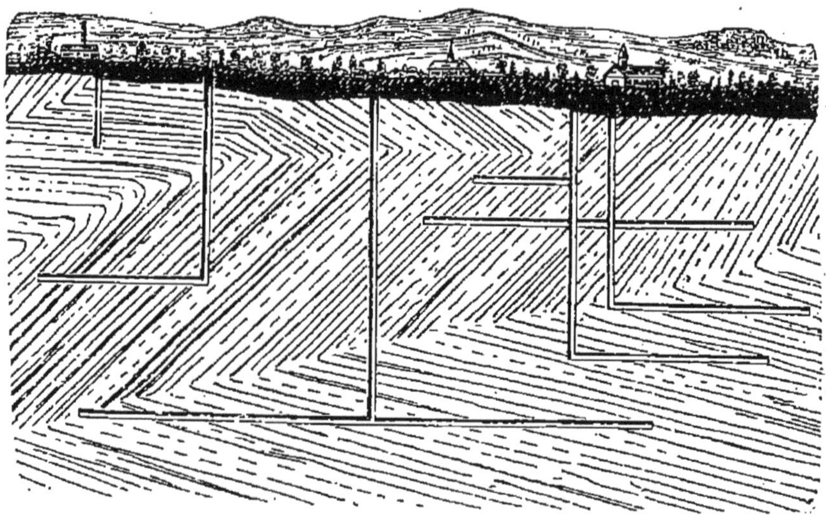

Fig. 125. — Puits et galeries d'une mine de houille de Belgique.

Pyrénées. — De nombreux affleurements, à peu près alignés le long des Pyrénées, révèlent la présence d'une bande de terrains primaires, à peu près parallèle à l'axe de la chaîne.

Localités diverses. — On constate enfin des affleurements d'importance variable dans les Alpes vers Briançon, dans les Vosges et près de Boulogne-sur-Mer.

189. **Matières exploitées.** — Les *grès* sont fréquemment employés comme pierre de construction. Certains grès sont aussi souvent utilisés pour fabriquer des *pierres à aiguiser.*

Les *ardoises* donnent lieu à de nombreuses exploitations le long des Pyrénées; mais les gisements les plus importants sont ceux d'Angers et ceux de la Meuse. Les ardoises de la Meuse, bien supérieures comme qualité à celles d'Angers, se reconnaissent à de nombreuses taches vertes.

Les terrains primaires sont les plus riches en mines; les minerais ont presque tous été amenés à la surface du sol en même temps que se faisaient les éruptions de granite et de porphyre; le *fer*, le *cuivre*, le *zinc*, le *plomb* sont exploités dans beaucoup d'endroits.

Les *marbres* les plus appréciés se trouvent aussi dans ces terrains. Dans les Pyrénées, le marbre blanc de Saint-Béat est exploité pour la sculpture; les marbres de Sarrancolin, de Campan, des Eaux-Bonnes, de Bagnères-de-Bigorre donnent lieu à un commerce important. Des marbres noirs, ou noirs et blancs, sont aussi très exploités dans la Normandie; il nous en vient également beaucoup de Belgique.

Dans Saône-et-Loire, aux environs d'Autun, on soumet à la distillation des schistes imprégnés de *pétrole*, d'où l'on tire une grande quantité d'huile.

Enfin la plus grande exploitation est certainement celle de la *houille*, qui fait la fortune de tant de villes autour du Plateau central : Saint-Étienne, Roanne, le Creuzot, Saint-Cé, Rive-de-Gier, Graissessac, Alais, Semur, Autun, Carmaux, etc. Dans la basse Loire, et dans le département du Nord, dont les gisements sont la continuation de ceux de la Belgique, les mines de houille sont d'une extrême richesse.

RÉSUMÉ

Terrains primaires. — Les terrains primaires sont caractérisés par la présence de crustacés fossiles appelés *Trilobites*, dont le corps est divisé en trois parties dans le sens de la longueur. Ils reposent sur les terrains primitifs et peuvent être recouverts par les terrains secondaires ou supérieurs.

Les terrains primaires comprennent les terrains suivants : *silurien, dévonien, carbonifère.*

Silurien. — Le *Silurien* est, jusqu'à présent, le terrain le plus ancien où l'on ait trouvé des fossiles. Il est surtout caractérisé par certains Trilobites, tels que le *Paradoxides* et le *Calymène*. On y trouve aussi des Mollusques, des Brachiopodes et à la partie supérieure, des poissons.

Les végétaux fossiles connus du Silurien sont des Algues, dont les empreintes sont plus ou moins nettes. En Amérique, on a trouvé dans le Silurien supérieur des empreintes de plantes terrestres : Cryptogames à racines et Gymnospermes. Dans le Silurien on trouve surtout des schistes et des calcaires.

Dévonien. — Dans le *Dévonien*, terrain formé à l'époque qui suit immédiatement l'époque silurienne, on rencontre encore des Trilobites; mais les fossiles les plus abondants sont les *Spirifers*, Brachiopodes qui avaient à l'intérieur de leurs valves deux spirales pour soutenir leurs bras enroulés. Les Mollusques sont aussi assez abondants à cette époque ; les Poissons sont nombreux et de formes bizarres. Les fossiles végétaux sont analogues à ceux du Silurien supérieur, mais plus abondants et mieux connus. Les roches du Dévonien sont surtout des schistes et une sorte de grès schisteux appelé *grauwacke ;* on y trouve aussi des calcaires.

Carbonifère. — Le *Carbonifère* comprend les terrains de l'époque suivante, la moins ancienne des terrains primaires. Les fossiles les plus abondants que l'on rencontre dans ces terrains sont des Brachiopodes du genre *Productus*. Les trilobites ne sont plus représentés que par quelques espèces de petite taille. On connaît à l'époque carbonifère de nombreux animaux fossiles appartenant à tous les embranchements du règne animal. Parmi les Vertébrés, on peut citer des poissons, des batraciens et des reptiles tels que l'Archégosaure, sorte de grand lézard.

Les fossiles végétaux sont encore plus abondants. On en trouve surtout des empreintes sur les schistes des mines de houille. Ce sont, parmi les Cryptogames à racines : des Fougères, des Calamites rappelant les Prêles actuelles, des Lépidodendrons, sorte de Lycopodes gigantesques, et des Sigillaires. On trouve en outre des Gymnospermes de formes très variées. Les principales roches du Carbonifère sont des calcaires, dont quelques-uns peuvent êtres polis et fournir de beaux marbres unis ; des schistes, des grès, et de la *houille* exploitée comme combustible. On observe aussi des porphyres, qui sont des roches éruptives de cette époque, ainsi que du Silurien et du Dévonien.

Distribution géographique. — Matières exploitées. — Les terrains primaires affleurent à la surface du sol en Bretagne et en Normandie, dans les Ardennes, sur quelques points du Plateau central, dans les Pyrénées et dans les Alpes.

Les principales mines de houille en France sont celles de Saint-Etienne, du Creuzot, d'Alais, d'Autun et celles des bassins du Nord qui sont sur le prolongement des mines de houille exploitées en Belgique.

Les terrains primaires fournissent aussi des grès, des ardoises (Angers), des marbres et du pétrole.

CHAPITRE XII

TERRAINS SECONDAIRES.

190. **Définition des terrains secondaires : Bélemnites, Ammonites.**—Les terrains secondaires comprennent un ensemble de couches qui ne reposent jamais que sur les terrains primitifs et primaires, et qui peuvent être recouvertes par les terrains tertiaires et quaternaires.

Fig. 126. — Ammonite.
On distingue à l'extérieur, les découpures persillées des cloisons.

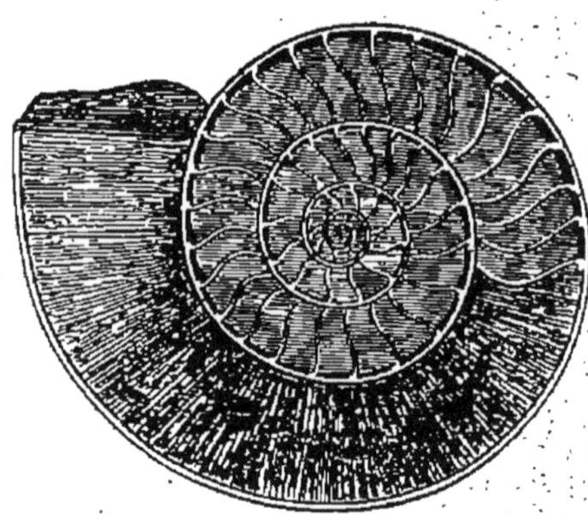

Fig. 127. — Coupe d'une Ammomite.
On voit la disposition des cloisons et le siphon dorsal.

Les fossiles caractéristiques des terrains secondaires sont surtout les Mollusques céphalopodes qui appartiennent au genre *Ammonite* ou au genre *Bélemnite*.

Les Ammonites (fig. 126 et 127) ont une coquille enroulée sur elle-même, et divisée en cloisons, comme les spirules actuelles; mais ces cloisons, au lieu d'être reliées simplement aux bords de la coquille par une ligne presque droite, sont très sinueuses sur les bords et forment de nombreux replis (fig. 128).

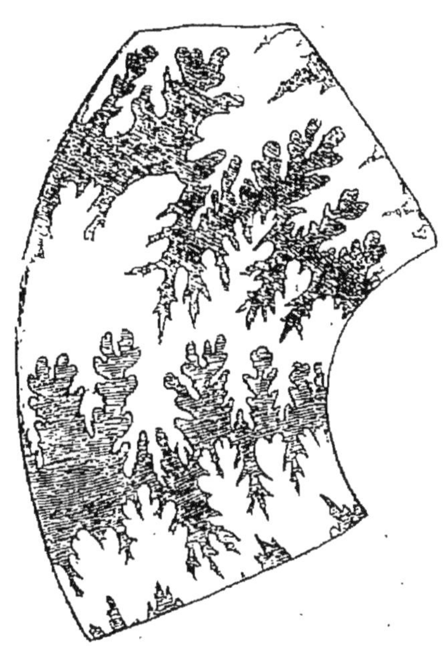

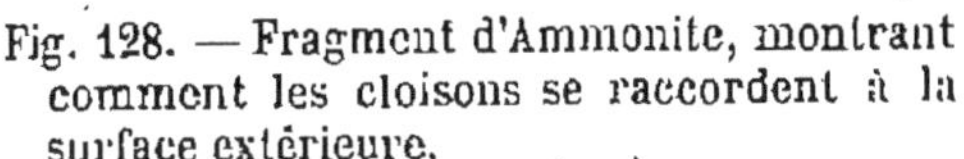

Fig. 128. — Fragment d'Ammonite, montrant comment les cloisons se raccordent à la surface extérieure.

Fig. 129.
Pointe de Bélemnite.

Les Bélemnites (fig. 129 et 130) sont des sortes de pointes qu'on a reconnu appartenir à une coquille interne de Céphalopode analogue à celle de la Seiche actuelle.

On n'a trouvé ni Ammonite ni Bélemnite dans les terrains primaires ou tertiaires; ces fossiles sont au contraire très répandus dans presque tous les terrains secondaires. Inversement, les Trilobites des terrains primaires ne se rencontrent pas dans les couches de l'époque secondaire.

Ainsi, un terrain dans lequel on trouve des fossiles appartenant au genre Ammonite où au genre Bélemnite peut être déterminé comme terrain secondaire.

191. Principales divisions de l'époque secondaire. — On distingue trois terrains parmi ceux de l'époque secondaire. Ils sont caractérisés par leur position relative et par des fossiles dont nous allons citer les principaux. Si l'on suit les diverses couches de ces terrains, les plus anciennes de l'époque secondaire forment le *Trias*[1]. On n'y rencontre pas encore beaucoup d'Ammonites, mais surtout des coquilles appartenant à un genre voisin, le genre *Cératite* (fig. 131) dont les cloisons, à leur jonction avec la surface de la coquille, sont un peu moins contournées.

Au-dessus du Trias se trouve une importante succession de couches qui renferment en abondance des Ammonites et des Bélemnites : c'est le *Juras-*

Fig. 130.— Coquille de Bélemnite restaurée avec le cône C et la pointe P.

Fig. 131.
Coquille de Cératite (Trias).

sique[2]. On y trouve fréquemment, et dans un grand nom-

1. Ainsi nommé parce qu'il se divise assez nettement en trois couches différentes.

2. Ainsi nommé, parce que la plupart des montagnes du Jura sont constituées par ce terrain.

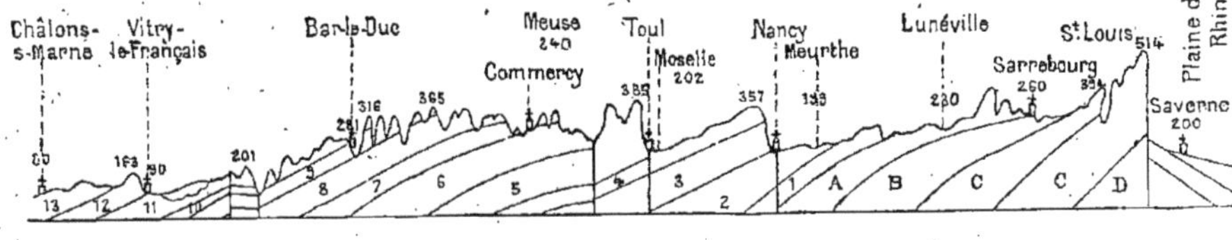

Fig. 152. — Coupe de Châlons-sur-Marne à Saverne, d'après M. Hébert.

C, C, B, A. Couches du terrain *Triasique*, 1, 2, 3, 4, 5, 6, 7, 8, 9, 10, Couches du terrain *Jurassique*. 11, 12, 13, Couches du terrain *Crétacé*.

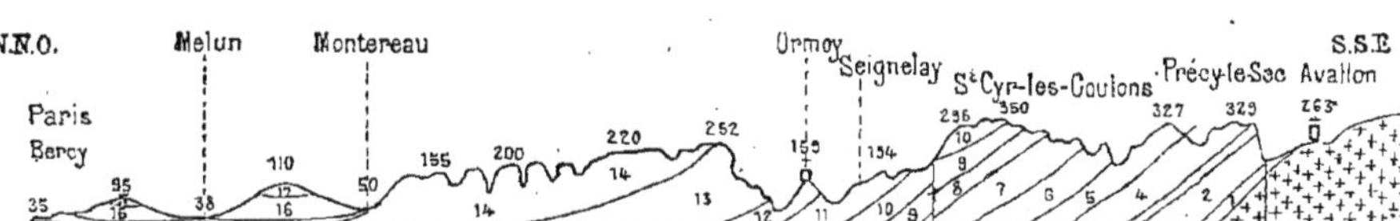

Fig. 152 *bis*. — Coupe de Paris à Avallon (d'après Leymerie et Raulin). Avallon est sur les *terrains primitifs*.

1, 2, 3, 4, 5, 6, 7, 8, 9, 10, Couches superposées du terrain *Jurassique*. 11, 12, 13, 14, Couches superposées du terrain *Crétacé*. 15, 16, 17, Couches du terrain *Tertiaire* reposant sur le terrain *Secondaire*.

bre de couches, des empreintes ou des squelettes fossiles de grands reptiles adaptés à la vie aquatique ; ils avaient les pattes transformées en nageoires, comme les Cétacés actuels parmi les mammifères. Tels sont les *Ichtyosaures* (fig. 137) et les *Plésiosaures* (fig. 138).

Enfin, au-dessus du terrain jurassique se rencontrent

Fig. 153. — Myrmécobie. Mammifère marsupial, vivant actuellement en Australie.

d'autres couches nombreuses et souvent très épaisses, dans lesquelles on trouve encore, en grand nombre, des Ammonites et des Bélemnites ; leur ensemble forme le *Crétacé*[1].

Fig. 154. — Mâchoire de Phascolothère (Jurassique) : le plus ancien mammifère connu.

On trouve dans le terrain crétacé un grand nombre d'Oursins fossiles (fig. 148) et plusieurs genres de Mollusques céphalopodes dont la coquille enroulée se prolonge par une suite de corne, telle que celle des *Scaphites* (fig. 142).

1. Ainsi nommé parce que les couches supérieures de ce terrain sont formées surtout par de la craie.

Si l'on suit la succession des terrains depuis Saverne dans les Vosges jusqu'à Châlons-sur-Marne, en observant les carrières ou les tranchées de chemin de fer, on peut voir se succéder toutes les couches des terrains secondaires développées dans le bassin parisien. Tous les terrains (fig. 132) plongent de l'est à l'ouest en se superposant et forment ainsi comme des cuvettes emboîtées les unes dans les autres. Dans les Vosges, on observe d'abord les couches du *Trias*, reposant sur les terrains primaires; puis viennent les divers terrains du *Jurassique*, sur lesquels reposent à leur tour les assises du *Crétacé*.

En somme, on peut diviser l'époque secondaire de la manière suivante :

(Terrains tertiaires.)

TERRAINS SECONDAIRES (Ammonites.)	*Crétacé* (âge des Scaphites).
	Jurassique (âge des Ichtyosaures).
	Trias (âge des Cératites).

(Terrains primaires.)

192. **Animaux de l'époque secondaire : Mammifères, Marsupiaux, Oiseaux.** — On connaît beaucoup plus de fossiles d'animaux vertébrés à l'époque secondaire qu'à l'époque primaire. Parmi les vertébrés on a trouvé des mammifères. Ils appartiennent tous au groupe des Marsupiaux, animaux qui sont, à l'époque actuelle, presque tous confinés en Australie, tels que les Kangurous, les Myrmécobies, etc. (fig. 133), ou encore tels que la Sarigue de l'Amérique du Sud. Ce qui caractérise facilement les Marsupiaux, c'est que la mère place ses petits, quand ils sont jeunes, dans une poche spéciale, placée en avant du corps. On peut retrouver sur le squelette fossile d'un Marsupial les deux os spéciaux destinés à soutenir cette poche; on ne l'observe jamais chez les autres mammifères.

Celui de ces mammifères marsupiaux qui est dans les couches les plus anciennes est le *Phascolothère*, dont la figure 134 représente la mâchoire fossile; il se rencontre dans le terrain jurassique.

On a trouvé aussi dans les terrains secondaires des sque-

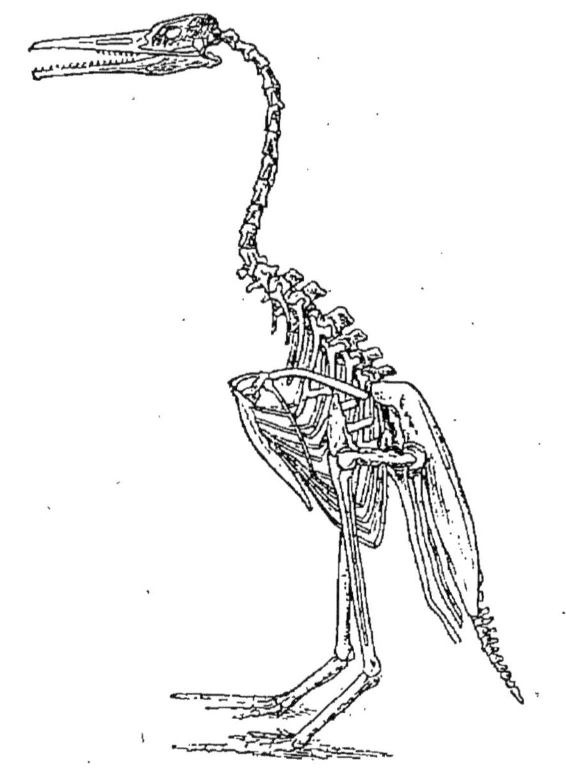

Fig. 135. — Hespérornis, oiseau à bec muni de dents (Crétacé).

lettes fossiles d'oiseaux très curieux : les mâchoires des *Hespérornis* (fig. 135) étaient munies de dents; d'autres oiseaux, comme l'*Archéoptérix* (fig. 136), étaient remarquables par la manière dont les plumes de la queue s'inséraient sur le prolongement de la colonne vertébrale.

193. **Reptiles.** — Les Reptiles étaient très nombreux à l'époque secondaire. On en trouve un grand nombre d'espèces : ce sont les vertébrés dominants à cette époque.

Quelques-uns de ces reptiles, comme l'*Ichtyosaure* (fig. 137) et le *Plésiosaure* (fig. 138), qui atteignaient d'énormes dimensions, étaient disposés pour la natation : leurs membres avaient la forme de palettes. D'autres, comme le *Ptérodactyle* (fig. 139), qui n'était guère plus gros qu'un pigeon, étaient disposés pour se soutenir dans les airs; le doigt correspondant au petit doigt de l'homme était très grand et devait porter une membrane qui permettait à cet animal, non de voler, car le poids de sa tête

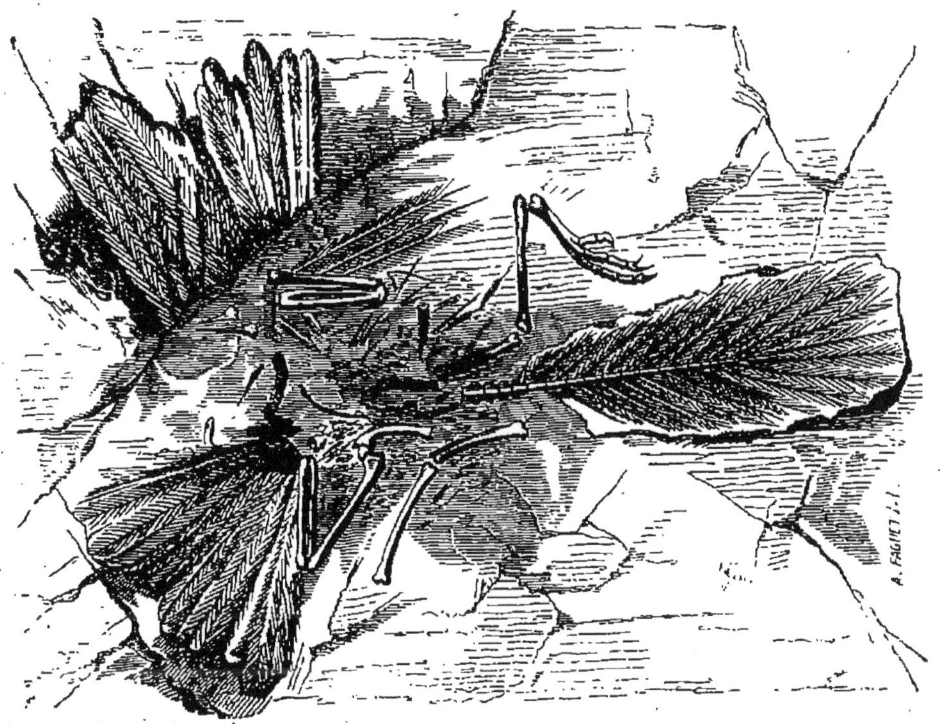

Fig. 138 — Débris de squelette d'Archéoptéryx, oiseau du Jurassique.

l'en aurait empêché, mais de bondir d'une branche à une autre : il devait se soutenir quelques instants dans l'air, à peu près comme le fait actuellement l'écureuil volant.

On trouve dans certaines couches de grès du Trias les empreintes de pas d'un reptile (fig. 140) appelé *Labyrinthodon* à cause de ses dents dont l'émail forme de nombreux replis. Ce genre se rencontre déjà dans les terrains primaires.

Dans le Jurassique et le Crétacé on a découvert les sque-

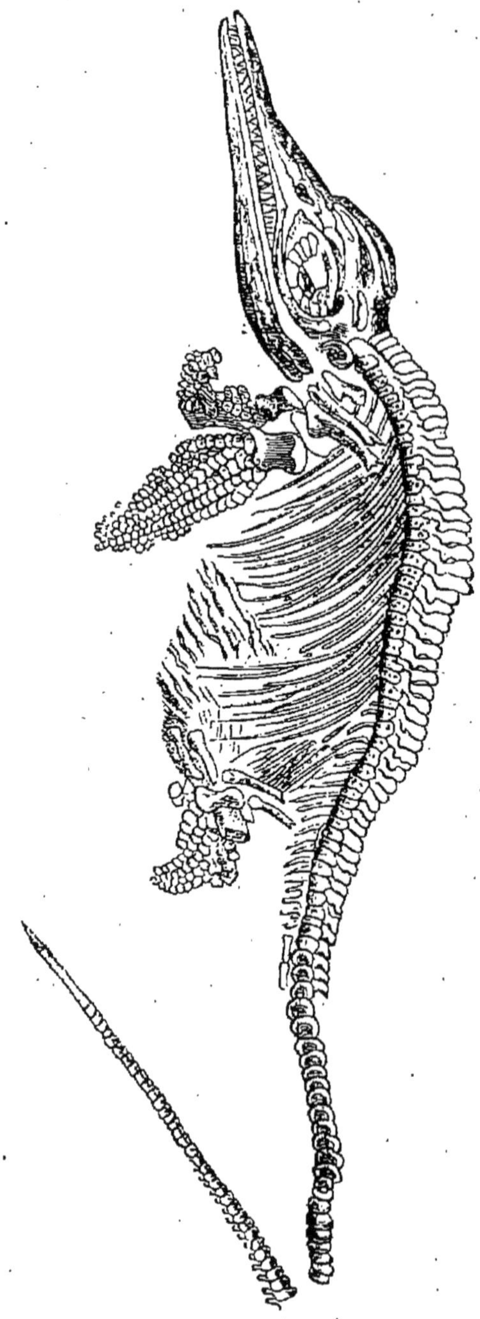

Fig. 137. — Squelette d'Ichthyosaure (Jurassique) reptile nageur, 10 mètres de longueur.

lettes d'un grand reptile dont les membres postérieurs sont

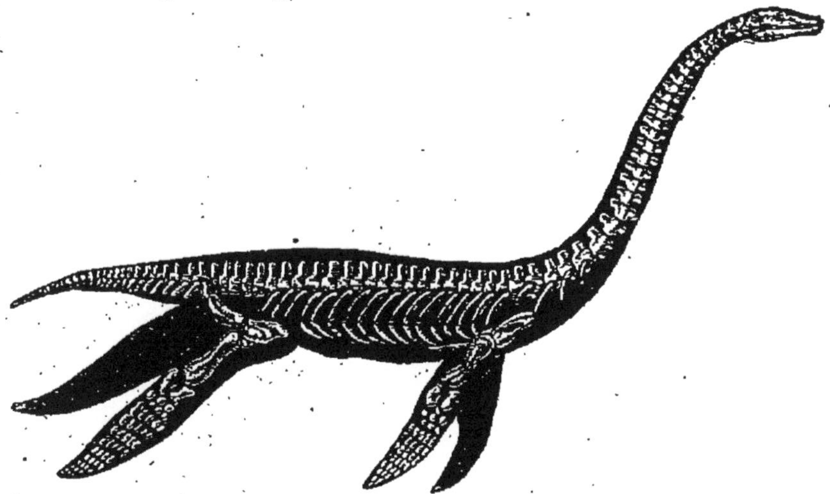

Fig. 138. — Squelette de Plésiosaure (Jurassique), reptile nageur, 10 mètres de longueur.

Fig. 139. — Squelette de Ptérodactyle (Jurassique et Crétacé), reptile volant d'environ 30 centimètres de longueur.

beaucoup plus développés que les autres : on a donné à ce reptile le nom d'*Iguanodon*.

Signalons encore des fossiles analogues aux *Crocodiles* actuels, et qu'on rencontre dans le Crétacé.

Fig. 140. — Empreintes de pas de Labyrinthodon, reptile du Trias.

194. Mollusques céphalopodes. — Les coquilles de Mollusques céphalopodes sont abondantes dans presque toutes les couches de l'époque secondaire.

Les plus importants à citer sont ceux qui appartiennent aux deux genres que l'on a cités plus loin, les *Ammonites* (fig. 126), dont la coquille est comparée à celle de la Spirule actuellement vivante (fig. 141), et les *Bélemnites* (fig. 129). On peut encore citer les *Cératites* du Trias (fig. 131), les *Scaphites* du Crétacé (fig. 142), époque à laquelle correspond un grand développement des mollusques du groupe des Ammonitidés. Comme espèces caractéristiques de ces mol-

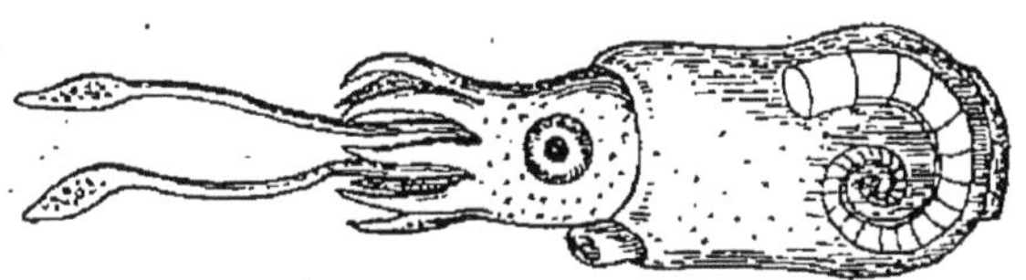

Fig. 141. — Spirule, Céphalopode actuellement vivant.

lusques dans les terrains secondaires, on peut citer les suivantes :

Trias. . . . Cératite (fig. 131); Scaphite (fig. 142).
Jurassique. Ammonite d'Humphry (fig. 143).
Crétacé . . Bélemnite à petite pointe (fig 129) ; Scaphite (fig. 142).

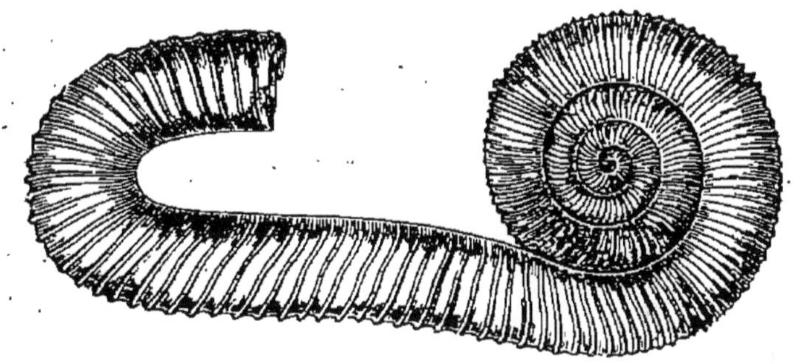

Fig. 142. — Coquille de Scaphite, Mollusque Céphalopode (Crétacé).

195. **Autres mollusques.** — Il y a aussi de nombreux fossiles qui se rapportent aux Mollusques *acéphales* et *gastéropodes*.

Les Acéphales les plus abondants sont des Huîtres plus ou moins allongées, les unes recourbées comme l'*Huître arquée* (fig. 144) des couches inférieures du Jurassique ou l'*Huître en virgule* (fig. 145) du Jurassique supérieur; les autres se rapprochent par leurs formes des huîtres actuelles : on les rencontre en grand nombre dans le terrain crétacé.

Il faut aussi signaler dans le terrain crétacé du midi de la France de singulières coquilles à deux valves, en forme de cornes d'abondance ou de cônes irréguliers : ce sont des *Rudistes* (fig. 146), mollusques aujourd'hui disparus.

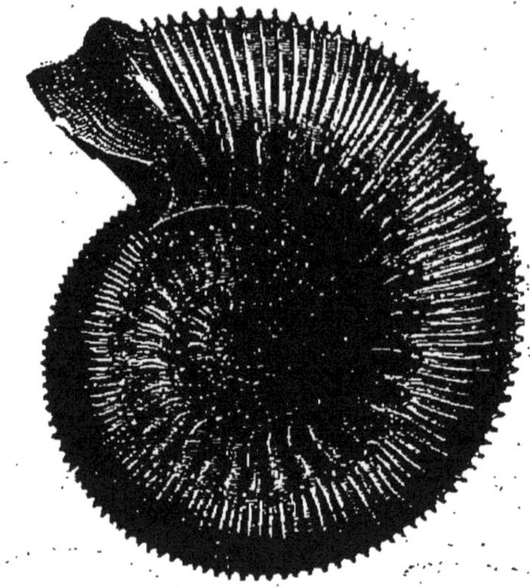

Fig. 143. — Coquille d'Ammonite d'Humphry (Jurassique).

Fig. 144. — Huître arquée (Jurassique). (Taille réduite).

Fig. 145. — Huître en virgule grossie (Jurassique).

196. **Brachiopodes.** — Il y a encore beaucoup de Brachiopodes parmi les fossiles des terrains secondaires, quoique relativement il y en ait bien moins que dans les terrains primaires; on ne rencontre presque plus de vrais Spirifers à coquille allongée transversalement. L'un des fossiles les

plus curieux parmi les Brachiopodes est la *Térébratule diphyée*. qu'on observe dans les couches inférieures du

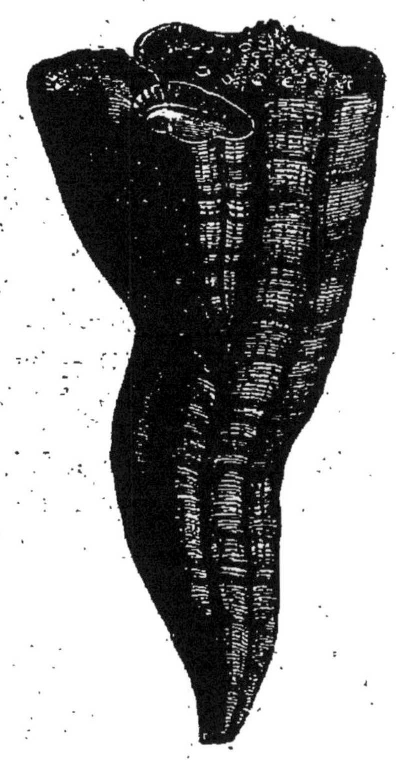

Fig 146. — Rudiste, mollusque acéphale du crétacé.

Crétacé et dont la coquille (fig. 147) est naturellement trouée.

197. **Oursins.** — Les Oursins fossiles qui se rapportent à l'époque secondaire sont, comme nous l'avons vu, particulièrement abondants dans le Crétacé; l'un d'eux caractérise la craie blanche : c'est le *Micraster cœur de tortue* (fig. 148), ainsi nommé à cause de sa forme générale; la partie de cet animal, que l'on trouve conservée par la fossilisation, c'est sa carapace ou l'empreinte intérieure de cette carapace; on y voit les places où s'inséraient les piquants de l'animal.

On peut comparer cette carapace à celle d'un Oursin actuel (fig. 149).

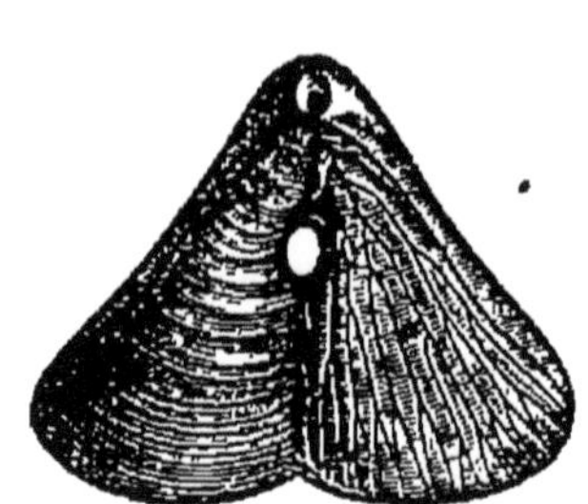

Fig. 147. — Térébratule Diphyée, Brachiopode du Crétacé.

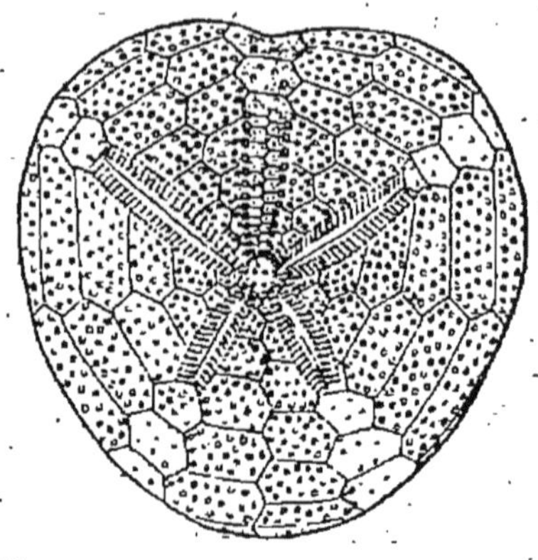

Fig. 148. — Carapace d'Oursin fossile, Micraster cœur de tortue (Crétacé).

198. Végétaux de l'époque secondaire : Cycadées; Angiospermes. — Les fossiles végétaux qu'on observe au

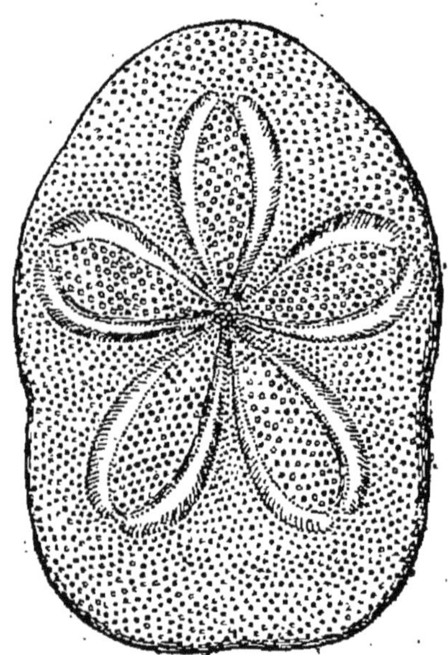

Fig. 149. — Carapace d'Oursin vivant, Clypéastre à rosace.

commencement de l'époque secondaire se rapportent surtout aux Cryptogames et aux Gymnospermes : les *Cycadées* sont alors très abondantes; on peut citer, parmi ces dernières, des empreintes de feuilles de *Ptérophylles* (fig. 150) dans les grés du Trias et dans les mêmes grès des empreintes de iges de Prêles de grande taille (fig. 151).

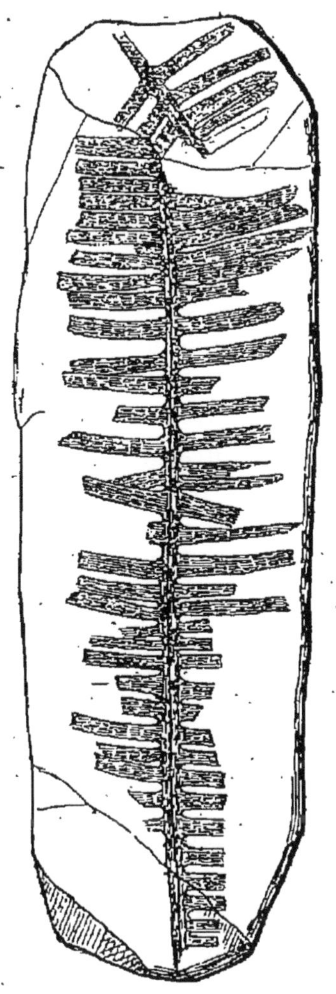

Fig. 150. — Fragment, feuille de Gymnosperme : Cycadée du Trias (Ptérophylle).

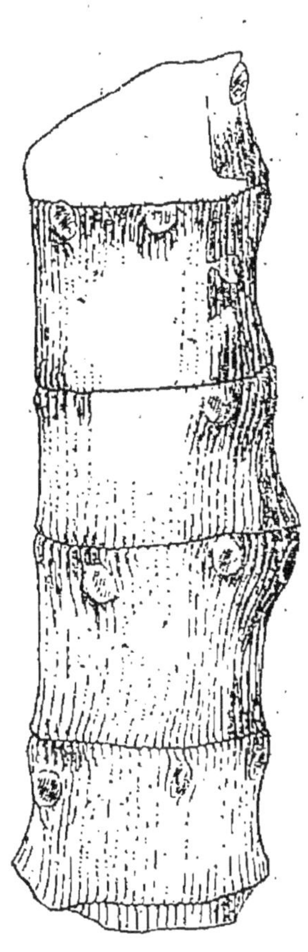

Fig. 151. — Fragment d'empreinte de Prêle du Trias (Prêle en colonne.

On signale dans le jurassique quelques empreintes de feuilles rapportées à des plantes monocotylédones.

Dans la partie supérieure du Crétacé on rencontre des dépôts où se trouvent de nombreuses empreintes de végétaux dicotylédones, parmi lesquels on peut citer les Érables, les

Saules, les Chênes, et aussi les Protéacées, famille de plantes très répandue en Australie à l'époque actuelle.

199. Principales roches des terrains secondaires.

1° *Trias.* — Dans le Trias, on trouve de nombreux grès, entre autres, à la base, le *grès vosgien*, qui souvent a une couleur rose; le grès vosgien a servi à bâtir beaucoup de villes d'Alsace et du duché de Bade.

On trouve aussi dans le Trias des calcaires, des marnes souvent très argileuses, entre les couches desquelles sont parfois intercalées des masses de *sel gemme* et de *gypse*, exploitées dans les Vosges. On suppose que ces dépôts provenant de l'évaporation des anciennes mers ont été conservés à l'abri de l'eau par les couches imperméables des marnes argileuses. Comme roches éruptives, on constate dans le Trias la présence de nombreux *porphyres*.

2° *Jurassique.* — Les dépôts du terrain jurassique en France sont surtout constitués par des couches d'argile et de calcaire, plus rarement de sable.

On observe parfois dans le Jurassique de la *limonite*, en couche épaisse : c'est un minerai de fer exploité.

3° *Crétacé.* — Ce sont encore des argiles, et surtout des calcaires, qui forment le terrain crétacé. En France, on trouve à la base de ce terrain des calcaires compacts; les couches supérieures sont formées par de la *craie*. Dans quelques couches du Crétacé on observe des nodules de pyrite (sulfure de fer) et des nodules de phosphate de chaux.

200. **Distribution géographique.** — Durant la période jurassique, la Côte d'Or a émergé; les mers qui couvraient à cette époque une partie de la surface de la France ont alors été séparées par une bande de terrain qui a formé un détroit vers Dijon. A partir de ce moment, on trouve quelques différences entre les fossiles déposés dans les mers qui étaient au nord de la Côte d'Or et dans celles qui étaient au sud.

Les terrains secondaires sont très répandus en France.

Golfe Parisien. — Ils forment une large bande presque ininterrompue qui part du cap Gris-Nez et, se dirigean d'abord vers l'est, passe par Mézières et Luxembourg; puis, vers le sud, par Metz, Nancy, Chaumont ; puis, obliquant au sud-ouest, elle passe par Poitiers, Auxerre, Bourges, Châteauroux; là, se dirigeant vers le nord, elle passe par Loudun, le Mans, Alençon, Argentan, Caen et Valognes.

Cette large bande de terrains secondaires qui vient affleurer sur les terrains primaires et primitifs, constitue une sorte de ceinture au bassin de la Seine, qui formait alors un golfe dont Paris occupe à peu près le centre. On peut suivre cette bande de terrains secondaires sur la carte géologique, où elle est teintée en jaune et en vert.

Golfe d'Aquitaine. — On peut suivre une bande de terrains secondaires qui part de Cette, se dirige vers le nord-ouest et longe le Plateau central en passant par le Vigan, Mende, Espalion, Figeac, Périgueux, Angoulême, Niort, la Rochelle. Une autre bande longe les Pyrénées. Ces deux dernières bandes, reposant aussi sur les terrains primaires et primitifs, font le tour du bassin de l'Aquitaine, qui alors formait un grand golfe.

Golfe du Rhône. — De Chaumont on peut encore suivre une bande de terrains secondaires se dirigeant vers le midi et passant par le Jura, par Grenoble, Gap, Digne, Castellane et Nice. De Chaumont on peut suivre aussi une autre bande souvent interrompue, qui longe le Plateau central du nord au midi, en passant par Beaune, Mâcon, Lyon, Vienne, Valence, Privas, Alais, Montpellier, Cette. Ces deux bandes de terrains secondaires partant de Chaumont et s'appuyant sur les couches de terrains primaires et primitifs, forment une ceinture au bassin du Rhône, qui était alors un golfe étroit se prolongeant jusqu'à l'endroit où se trouve actuellement Vesoul.

201. **Matières exploitées.** — Les terrains secondaires fournissent d'excellentes *pierres de construction.* A la base du Trias on trouve des grès rouges ou bigarrés, avec lesquels sont bâtis beaucoup de villes et de villages et de très grands édifices, comme la cathédrale de Strasbourg et la base du Palais de l'Industrie à Paris.

Dans le Jurassique, des calcaires compacts à grains très fins donnent d'excellentes *pierres lithographiques;* d'autres fournissent des *marbres* à couleur unie, ou des *marbres brèches* à couleurs très variées, ou encore des *lumachelles*, uniquement composées de débris de coquilles. — Le *calcaire oolithique* est généralement une pierre de construction de très bonne qualité ; beaucoup de villes, Lyon par exemple, sont bâties avec cette pierre.

On trouve aussi quelques marbres dans le Crétacé; mais les pierres de construction les plus ordinaires des pays crayeux sont surtout les *silex*.

Les silex sont, nous l'avons vu, des pierres extrêmement dures, en grande partie formées de silice, qui sont répandues dans la craie et ordinairement disposées en lignes parallèles. On se servait beaucoup autrefois de ces silex comme de *pierres à fusil;* on s'en sert encore aujourd'hui pour faire des briquets.

Beaucoup de calcaires marneux sont exploités dans le Jurassique pour fabriquer de la *chaux hydraulique* et du *ciment romain.*

On exploite dans plusieurs pays, mais surtout en Lorraine, les dépôts de *sel gemme* et de *gypse.*

On utilise aussi dans quelques pays des dépôts de *lignites* et de houille.

Enfin c'est dans les terrains secondaires en général qu'on trouve les *mines de fer* qui alimentent les usines les plus importantes de France. Tels sont les gisements de l'île d'Elbe, du Creuzot, de Semur, de Vassy, de Bayeux, de l'Ardèche, de la Sarthe, des Ardennes, de l'Ariège.

RÉSUMÉ

Terrains secondaires. — Les terrains secondaires sont caractérisés par la présence de deux fossiles appartenant aux Mollusques céphalopodes. Ce sont les *Ammonites*, coquilles cannelées à cloisons dont les bords sont très sinueux, et les *Bélemnites*, fossiles formés par une pointe qui appartenait à l'extrémité de la coquille interne d'un Céphalopode voisin des Seiches actuelles.

Les terrains secondaires reposent sur les terrains primitifs ou sur les terrains primaires. Ils comprennent le *Trias*, le *Jurassique* et le *Crétacé*.

Trias. — Le Trias correspond à la période la plus ancienne de l'époque secondaire, celle qui suit immédiatement l'époque carbonifère. Ce terrain est surtout caractérisé par des coquilles de Céphalopodes voisins des Ammonites et appelés *Cératites*. On y trouve aussi de nombreux fossiles appartenant aux autres groupes de Mollusques et aux autres embranchements du règne animal. Les plus remarquables parmi les Vertébrés sont les *Labyrinthodons*, qui existaient déjà à l'époque carbonifère. On trouve aussi des végétaux fossiles dans ces terrains ; les plus nombreux sont des Gymnospermes et en particulier des *Cycadées*, ainsi que de grandes Prêles, parmi les Cryptogames à racines. Les roches les plus importantes sont des grès ferrugineux, des calcaires, des marnes, du *sel gemme* et du *gypse*.

Jurassique. — Pendant la période jurassique, qui succède à la période triasique, il s'est formé de nombreux dépôts renfermant beaucoup d'espèces d'Ammonites et de Bélemnites. C'est dans ces terrains qu'on trouve assez fréquemment des os de grands reptiles marins, tels que les *Ichtyosaures*, qui avaient les pattes transformées en nageoires. On a trouvé des oiseaux fossiles et des mammifères marsupiaux se rapportant à l'époque jurassique. On observe aussi de nombreux fossiles appartenant aux autres groupes, et surtout des Mollusques acéphales, des Brachiopodes et des Echinodermes. C'est à l'époque jurassique qu'on a observé les végétaux Angiospermes les plus anciens connus. Les dépôts jurassiques sont pour la plupart argileux ou calcaires.

Crétacé. — Les dépôts de la période crétacée contiennent encore beaucoup d'Ammonites et de Bélemnites, comme ceux de l'époque jurassique; mais on trouve beaucoup de Céphalopodes voisins des Ammonites et de formes très variées, tels que les *Scaphites*, les *Criocères*, etc. D'autres mollusques, tels que les Acéphales, les Gastéropodes, sont abondants, tandis que les Brachiopodes sont un peu moins nombreux que dans les terrains précédents. Les Oursins sont très fréquents ; quant aux Vertébrés, ce sont encore des Reptiles, tels que les *Ptérodactyles*, reptiles volants qui existaient déjà dans le jurassique, des oiseaux et des mammifères marsupiaux.

Dans le crétacé supérieur, presque tous les groupes importants du règne végétal sont représentés. Les plantes à fleurs sont abondantes, et parmi elles les Angiospermes, peu ou pas représentées dans les terrains précédents.

Les roches de l'époque crétacée sont surtout des argiles et des calcaires. Le crétacé supérieur est souvent formé par de la *craie*.

Distribution géographique et matières exploitées. — Les terrains secondaires se trouvent à la surface du sol sur une très grande étendue en France, autour des régions où les terrains primaires affleurent à la surface ; c'est ainsi que les dépôts secondaires se rencontrent tout autour du Plateau central, et viennent affleurer dans le bassin parisien, le bassin de l'Aquitaine et le bassin du Rhône, recouverts seulement au milieu de ces bassins par des terrains plus récents.

Beaucoup de calcaires des terrains secondaires sont employés comme pierres de construction. Les argiles sont aussi utilisées. C'est dans les couches de l'époque secondaire que se trouvent les principales mines de fer exploitées en France.

CHAPITRE XIII

TERRAINS TERTIAIRES.

202. **Définition des terrains tertiaires. Cérithes et Nummilites.** — Les terrains tertiaires se sont déposés sur les terrains primitifs, primaires et secondaires et ne sont jamais recouverts par ces terrains.

Les fossiles caractéristiques des terrains tertiaires sont

Fig. 152. — Coquille de Cérithe. Mollusque gastéropode (Tertiaire).

Fig. 153. — Coquille de Nummulite coupée par le milieu, montrant la disposition de ses cloisons : Protozoaire (Tertiaire).

surtout les mollusques du genre *Cérithe* et des carapaces de Protozoaires relativement très grands, nommés *Nummulites*.

Les *Cérithes* fig. 152) sont des Mollusques gastéropodes

dont la coquille est allongée et terminée en pointe; la bouche est large, et l'on y voit toujours un petit sillon destiné à loger le tube respiratoire de l'animal. Les Cérithes étaient prodigieusement nombreux dans les terrains tertiaires ; quelques espèces atteignaient des dimensions énormes, une quarantaine de centimètres par exemple. Il existe encore des Cérithes à l'époque actuelle.

Les *Nummulites* (fig. 153) étaient des foraminifères atteignant quelquefois un diamètre de deux centimètres; leur test a la forme d'un disque; si on le casse, on voit que l'intérieur était divisé en petites loges disposées en spirale. Ce fossile est extrêmement répandu.

On ne trouve plus dans les terrains tertiaires ni Ammonites ni Bélemnites; ainsi, un terrain dans lequel manquent ces derniers fossiles et où l'on rencontre en abondance des Cérithes ou des Nummulites, peut être à peu près sûrement déterminé comme terrain tertiaire.

203. Principales divisions de l'époque tertiaire. — On a divisé conventionnellement l'époque tertiaire en trois périodes principales, correspondant aux terrains suivants :

L'*Éocène* est surtout caractérisé par le grand développement des Nummulites et aussi par la présence de fossiles appartenant aux Mammifères proprement dits, de la famille des Tapirs; l'un des plus connus est le *Paléotherium* (fig. 154).

Le *Miocène*, généralement superposé au terrain précédent, renferme aussi des fossiles de mammifères, parmi lesquels l'un des plus caractéristiques est le *Dinotherium* (fig. 155), sorte d'éléphant dont les défenses étaient portées par la mâchoire inférieure et recourbées en arrière et en bas.

Le *Pliocène*, dont on ne connaît que des dépôts très peu étendus, est surtout caractérisé par la présence des fossiles se rapportant au genre *Éléphant*, et au genre *Hipparion*, sorte de cheval à trois doigts développés (fig. 156).

On trouve dans les terrains tertiaires un grand nombre de

fossiles, qui appartiennent à des êtres actuellement vivants, surtout parmi ceux du Miocène et de Pliocène.

En somme, on peut diviser l'époque tertiaire de la manière suivante :

	(Terrains quaternaires.)
TERRAINS TERTIAIRES (Cérithes.)	*Pliocène* (âge de l'Hipparion).
	Miocène (âge du Dinotherium).
	Eocène (âge du Paléotherium).
	(Terrains secondaires.)

204. Animaux de l'époque tertiaire : Mammifères proprement dits. — Les *Mammifères vrais*, c'est-à-dire

Fig. 154. — Paléotherium : mammifère du terrain tertiaire (Éocène).

ceux qui ne sont pas marsupiaux, ne sont pas connus avant l'époque tertiaire, où ils acquièrent un grand développement.

Dans l'Eocène on trouve de nombreux pachydermes assez voisins du type actuel, entre autres les *Paléotheriums* (fig. 154), animaux de dimensions variables, mais dont quelques-uns atteignaient la taille d'un cheval ; ces animaux, comme on l'a dit plus haut, ressemblaient beaucoup aux tapirs actuels : leur corps était lourd, leur tête très grosse. On rencontre aussi des *Anoplotheriums*, dont quelques espèces n'avaient que la taille du rat, tandis que d'autres atteignaient celle de l'âne ; ils étaient caractérisés par une

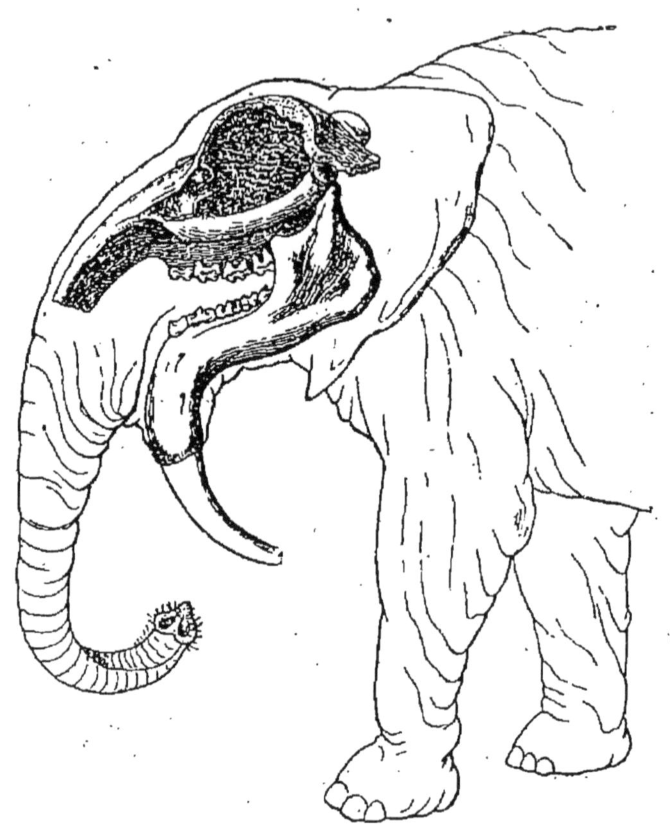

Fig. 155. — Dinotherium (Miocène).

queue très longue et très rte qui devait leur servir pour se diriger dans les eaux. Les *Xiphodons* ressemblaient aux gazelles, dont ils avaient à peu près la taille.

Dans le Miocène dominent les grands mammifères voisins de l'Éléphant : le *Mastodonte* (fig. 157), possédant quatre grandes défenses, dont deux légèrement recourbées ; ses dents étaient mamelonnées ; le *Dinotherium* (fig. 155), le plus grand des mammifères terrestres qui aient existé ; il

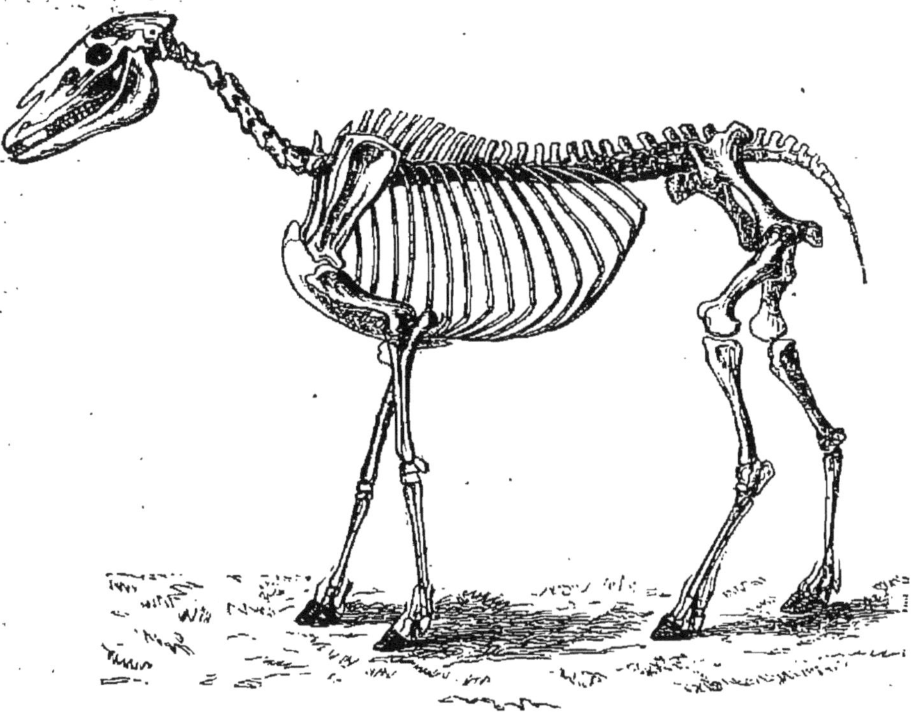

Fig. 156. — Hipparion. Mammifère du tertiaire (Pliocène).

portait à la mâchoire inférieure une paire de défenses diri-

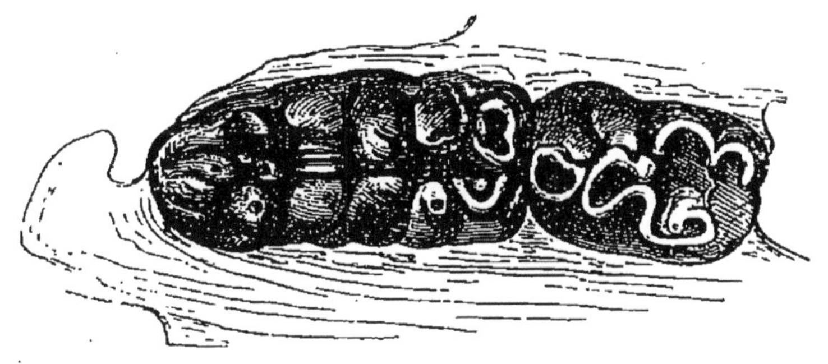

Fig. 157. — Dents molaires de Mastodonte.

gées vers le bas. On trouve aussi différentes espèces de *Phoques*, de *Rhinocéros*, d'*Hippopotames*, de *Chats* et de *Singes*.

Dans le Pliocène apparaissent de vrais éléphants, dont l'espèce la plus connue est l'*Éléphant méridional* (fig. 158); il

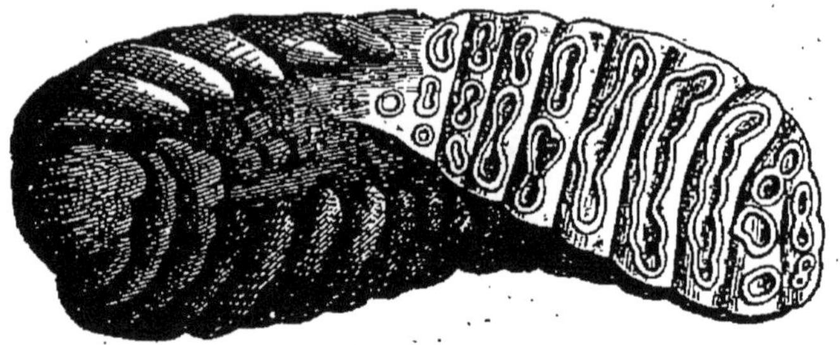

Fig. 153. — Dents molaires d'Éléphant fossile.

existait aussi plusieurs espèces d'*Ours*, de *Cerfs*, de *Bœufs*, de *Chevaux*.

205. **Oiseaux, reptiles, poissons.** — Les oiseaux sont très-nombreux dans tout le tertiaire. L'un des plus remarquables est un grand oiseau coureur appelé *Gastornis*, qu'on rencontre dans les couches inférieures de l'Éocène.

On ne trouve plus les grands reptiles si communs dans les terrains secondaires. Les crocodiles, les lézards, les tortues ou les serpents qu'on rencontre à l'état fossile dans les terrains tertiaires se rapprochent des reptiles actuels. Il en est de même des poissons, dont on rencontre des fossiles très nombreux. Les dents de ces poissons, et en particulier de ceux qui sont voisins des requins, sont très bien conservées; on en rencontre beaucoup dans les carrières de pierres à bâtir des environs de Paris.

206. **Invertébrés.** — On observe dans les terrains tertiaires des fossiles de presque tous les groupes d'Invertébrés; les plus caractéristiques sont, comme nous l'avons dit, les Cérithes parmi les Mollusques gastéropodes et les Nummulites parmi les Protozoaires. Des insectes, appartenant à tous les groupes actuels, ont été trouvés à l'état d'empreintes.

Les mers de l'époque tertiaire renfermaient une grande quantité de Mollusques, surtout de Mollusques gastéropodes, dont, comme nous l'avons vu, un grand nombre d'espèces se sont conservées jusqu'à nos jours. Outre les *Cérithes* (fig. 152 et 159), on peut citer les *Natices* (fig. 160), les *Fuseaux*, les *Turritelles*, etc., parmi les Gastéropodes marins dont on trouve de nombreuses coquilles.

Les Mollusques d'eau douce, *Lymnées* (fig. 161 et 162), *Unios*, *Paludines*, prennent surtout une très grande extension.

On rencontre aussi des Mollusques terrestres, *Colimaçons* (fig. 163), *Cyclostomes* (fig. 164).

Fig. 159. — Coquille de Cérithe géant, taille très réduite (Éocène).

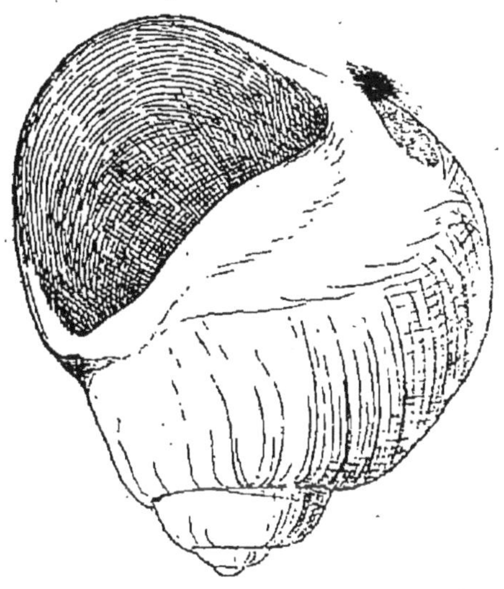

Fig. 160. — Coquille de Natice fossile (Éocène).

207. **Végétaux de l'époque tertiaire.** — A la base de l'Éocène, les fossiles végétaux rappellent ceux du Crétacé supérieur ; il y a même beaucoup d'espèces communes aux

deux terrains : ce sont des Chênes, des Peupliers (fig. 165), des Noyers, des Érables (fig. 166), des Lauriers, des Lierres,

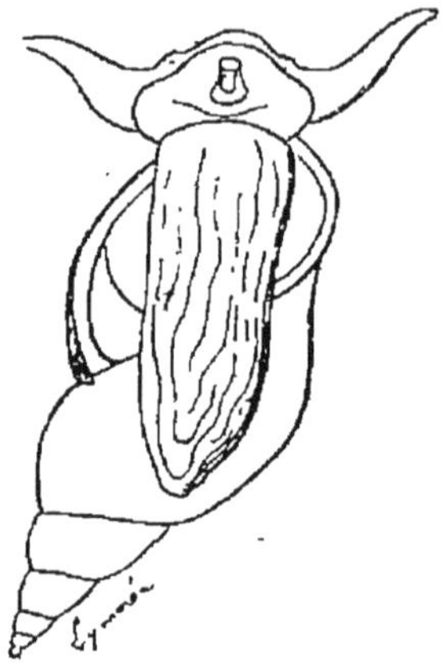

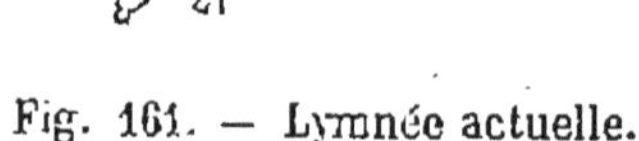

Fig. 161. — Lymnée actuelle.

Fig. 162. — Lymnée, mollusque gastéropode d'eau douce du terrain tertiaire.

des Vignes (fig. 167) parmi les Dicotylédones, des Palmiers et des Bambous parmi les Monocotylédones; des Fougères et

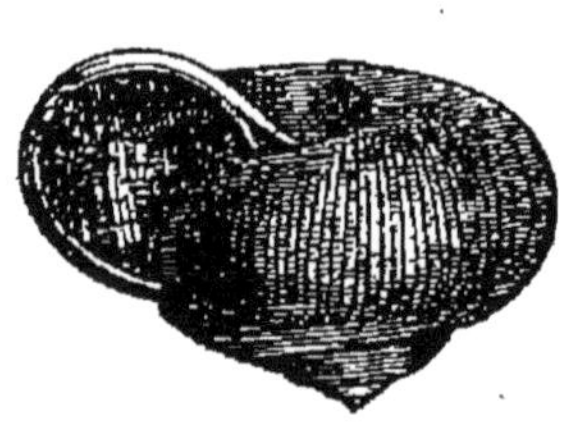

Fig. 163. — Helix, mollusque gastéropode terrestre du terrain tertiaire.

Fig. 164. — Cyclostome, mollusque gastéropode terrestre du terrain tertiaire.

des Mousses parmi les Cryptogames; les mousses fossiles n'ont pas jusqu'ici été trouvées dans les terrains primaires ni dans les terrains secondaires.

L'étude des fossiles végétaux de l'Éocène supérieur semble prouver que vers le milieu de l'époque éocène le climat était, en Europe, devenu plus chaud; la flore de l'Europe à cette époque ressemble à celle qu'on observe actuellement dans les Indes : on trouve des empreintes de plantes voisines du Café, du Dattier, du Dragonnier, etc.

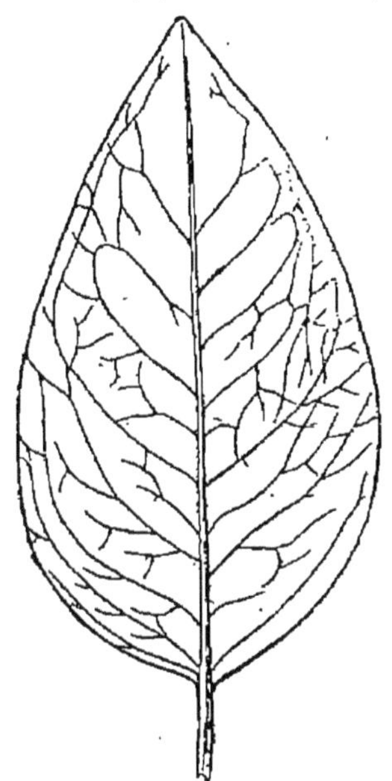

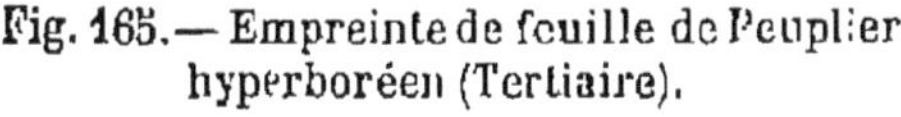

Fig. 165.— Empreinte de feuille de Peuplier hyperboréen (Tertiaire).

Fig. 166.— Fruit fossile d'Érable trilobé (Tertiaire)

Vers la fin de l'époque miocène et pendant le Pliocène, les

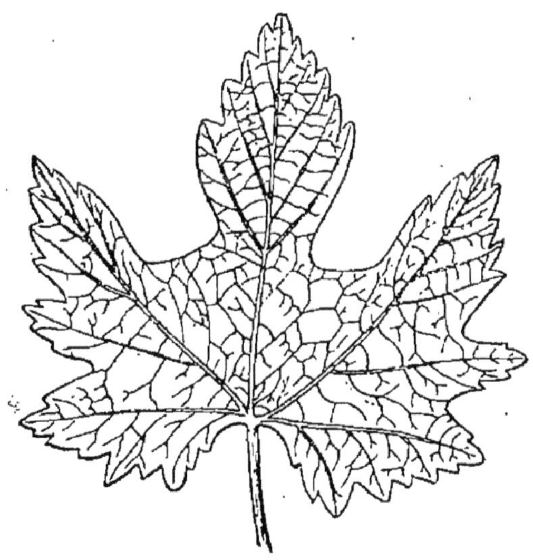

Fig. 167. — Empreinte de feuille d'une Vigne tertiaire.

espèces végétales fossiles sont plus rapprochées des espèces actuelles, ce qui semblerait indiquer un refroidissement dans le climat. On peut citer le Hêtre de cette époque, dont

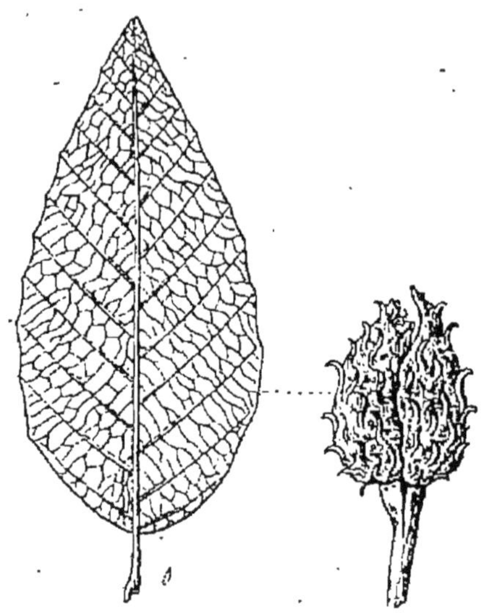

Fig. 168. — Feuille et fruit fossiles du Hêtre pliocène.

on connaît les feuilles et les fruits à l'état fossile (fig. 168).

208. **Principales roches des terrains tertiaires.** — Les couches des terrains tertiaires présentent une alternance fréquente de dépôts marins et de dépôts d'eau douce ; cela explique la grande variété de roches qu'on y observe.

On trouve surtout des *sables* et des *grès*, des *marnes* et des *argiles*, renfermant souvent de grands amas de *gypse* et de *sel gemme*, des *lignites*, des *calcaires* plus ou moins compacts, quelquefois chargés de silice, formant des *meulières*. En général, les couches de ce terrain ne sont pas très épaisses, mais en revanche elles sont nombreuses (fig. 169).

Il ne paraît pas qu'il se soit produit de phénomènes éruptifs importants pendant l'époque éocène.

Au contraire, pendant la formation du Miocène et du Pliocène, des éruptions considérables et fréquentes ont amené à la surface du sol des *trachytes* et des *basaltes*.

En Auvergne, où ces phénomènes ont eu une grande intensité, ces roches forment de grandes nappes qui recouvrent une partie du pays.

209. **Distribution géographique.** — C'est dans les trois golfes formant le bassin de la Seine, celui de l'Aquitaine et celui du Rhône que se sont formés les dépôts du terrain tertiaire; il semble que le sol de la France se soit soulevé peu à peu et ait rejeté dans les mers actuelles l'eau des mers et des lacs qui couvraient alors le sol.

Il ne faudrait pas croire toutefois que ce mouvement s'est opéré régulièrement et sans interruption; la configuration des côtes a, en effet, changé bien des fois pendant cette longue période des terrains tertiaires.

210. **Matières exploitées.** — Les nombreuses assises calcaires du terrain tertiaire, surtout celles d'origine marine, fournissent des *pierres de construction* d'excellente qualité; les calcaires d'eau douce sont aussi employés en architecture; quelques-uns même sont recherchés à cause de leur particularité d'être très tendres quand on les retire de la carrière, et de pouvoir alors être taillés et travaillés avec la plus

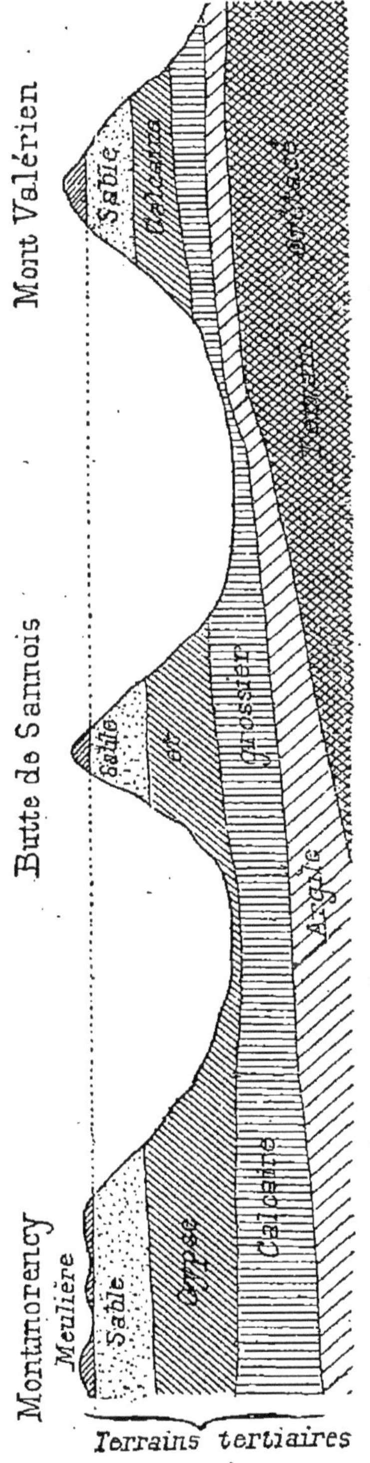

Fig. 169. — Coupe des terrains tertiaires aux environs de Paris.

grande facilité; plus tard, au contact de l'air, ces pierres acquièrent toute la dureté désirable.

Quelques calcaires d'eau douce, nommés *travertins*, forment aussi de très bonnes pierres.

Paris et beaucoup d'autres grandes villes sont construites avec des calcaires tertiaires : le *calcaire grossier*, pétri de cérithes, est le plus employé. C'est par le travail de son extraction qu'ont été creusées les catacombes.

Quelques *calcaires siliceux* fournissent des pierres extrêmement résistantes, très dures à travailler, mais se conservant très longtemps.

Avec des pierres siliceuses criblées de trous, on fait d'excellentes meules pour écraser les grains; on donne à cause de cela à ces pierres, qui forment de vastes assises, le nom de *meulières*. Dans bien des pays, ces meulières sont exploitées pour la construction, surtout pour bâtir la partie des édifices qui est sous le sol. Les meulières, en effet, ne se désagrègent pas sous l'action de l'humidité, comme le font toujours plus ou moins les calcaires; de plus, elles sont très résistantes, et peuvent supporter sans s'écraser des poids considérables. Toute la partie souterraine des constructions de Paris est faite en meulière.

Des *grès* sont, dans bien des pays, utilisés pour la construction; avec les grès siliceux surtout, qui sont très résistants, on fait de bons pavés.

De grands dépôts d'*argile* sont exploités pour la fabrication des briques et pour la poterie; des amas de *gypse* le sont pour la fabrication du plâtre; des dépôts de *lignite* pour le chauffage, ou pour servir d'engrais. Dans ces lignites, on trouve fréquemment de l'*ambre*, résine qui découlait de certains arbres de l'époque tertiaire.

Un engrais d'une grande valeur est fourni par des masses de phosphate de chaux nommées *phosphorites*.

Des couches formées de fragments de coquilles brisées, nommés *faluns*, sont utilisées dans certains pays pour le marnage des terres.

On trouve encore dans les terrains tertiaires un certain nombre de *mines de fer*.

RÉSUMÉ.

Terrains tertiaires. — Les terrains déposés à l'époque tertiaire sont surtout caractérisés par la présence de coquilles de mollusques gastéropodes du genre *Cérithe* et par des coquilles appartenant à des protozoaires de taille relativement grande et appelés *Nummulites*. C'est seulement à partir de l'époque tertiaire que l'on a observé des mammifères non marsupiaux.

On a divisé l'époque tertiaire en trois périodes : *Éocène, Miocène* et *Pliocène*.

Éocène. — L'Eocène, la plus ancienne des trois périodes tertiaires, offre des terrains qui sont surtout caractérisés par l'abondance des Nummulites et par la présence de vrais mammifères fossiles, tels que le *Paleotherium*, voisin des Tapirs actuels. On y rencontre aussi un grand nombre de coquilles de mollusques, et en particulier des Gastéropodes. Sa flore ressemble beaucoup à celle du crétacé supérieur.

Les principales roches sont des argiles, des sables, du calcaire grossier et du gypse.

Miocène. — Pendant la période suivante s'est déposé le terrain miocène, qui renferme comme fossile caractéristique le *Dinotherium*, sorte d'éléphants, dont les défenses étaient portées par la mâchoire inférieure et recourbées en arrière. On observe aussi à cette époque d'autres vertébrés très divers, dont beaucoup se rapprochent des espèces actuellement vivantes, et, parmi les invertébrés, de nombreux Mollusques, dont la plupart appartiennent à des espèces qui existent encore actuellement. La flore est aussi formée de plantes qui, d'après les empreintes qu'elles ont laissées, peuvent être rapprochées des plantes actuelles.

Les principales roches dans le Miocène du bassin parisien sont des calcaires, des meulières et des sables.

Pliocène. — Les dépôts de la période qui succède au Miocène forment le terrain pliocène, plus riche encore en fossiles appartenant aux espèces actuellement vivantes. On peut caractériser ce terrain par un mammifère fossile intéressant, nommé *Hipparion*. C'est une sorte de cheval ayant trois doigts à chaque pied. Les espèces végétales sont aussi voisines des végétaux qui vivent maintenant. Parmi les plantes dicotylédones, les Gamopétales sont relativement plus nombreuses que dans les terrains précédents.

Les roches pliocènes connues sont principalement des sables et des calcaires.

Distribution géographique et matières exploitées. — Les terrains tertiaires se trouvent en France, à la surface du sol, au milieu des trois bassins de Paris, de l'Aquitaine et du Rhône, ainsi que dans une partie de la Touraine.

On trouve dans les dépôts tertiaires, par exemple dans ceux qui environnent Paris, tous les matériaux nécessaires aux constructions : pierre à bâtir, argile, sable, pierre à chaux, pierre à plâtre.

CHAPITRE XIV

TERRAINS QUATERNAIRES.

211. Définition des terrains quaternaires. — Les terrains quaternaires sont formés par un ensemble de couches qui peuvent reposer sur les terrains primitifs, primaires, secondaires ou tertiaires, et qui ne sont jamais recouverts que par des dépôts identiques à ceux qui se forment actuellement ; il semble que ces couches aient le plus souvent été déposées par des eaux courantes très agitées, car le sol sur lequel elles reposent est presque toujours raviné.

Cet aspect, qu'on ne trouve pas habituellement dans les terrains précédents, tient à ce qu'on ne connaît guère que des dépôts continentaux de l'époque quaternaire. La forme des continents et des mers ayant peu changé depuis cette époque, presque tous les dépôts marins de l'époque quaternaire sont encore enfouis au fond des mers actuelles, où jusqu'à présent on ne les a presque pas étudiés.

L'époque quaternaire est caractérisée par les débris fossiles de l'*Homme* ou de l'industrie humaine, ainsi que par la présence du *Mammouth* (fig. 170).

212. Principales divisions de l'époque quaternaire. — Les dépôts quaternaires sont très variés et très complexes ; on a souvent essayé d'en faire un classement chronologique, comme on l'a fait pour les couches des terrains précédents ; mais à cause de ce qui vient d'être dit, on comprend qu'un tel classement offre de grandes difficultés.

On peut toutefois considérer plusieurs groupes de couches qu'il est possible d'étudier à part, mais sans rien affirmer sur leur âge relatif.

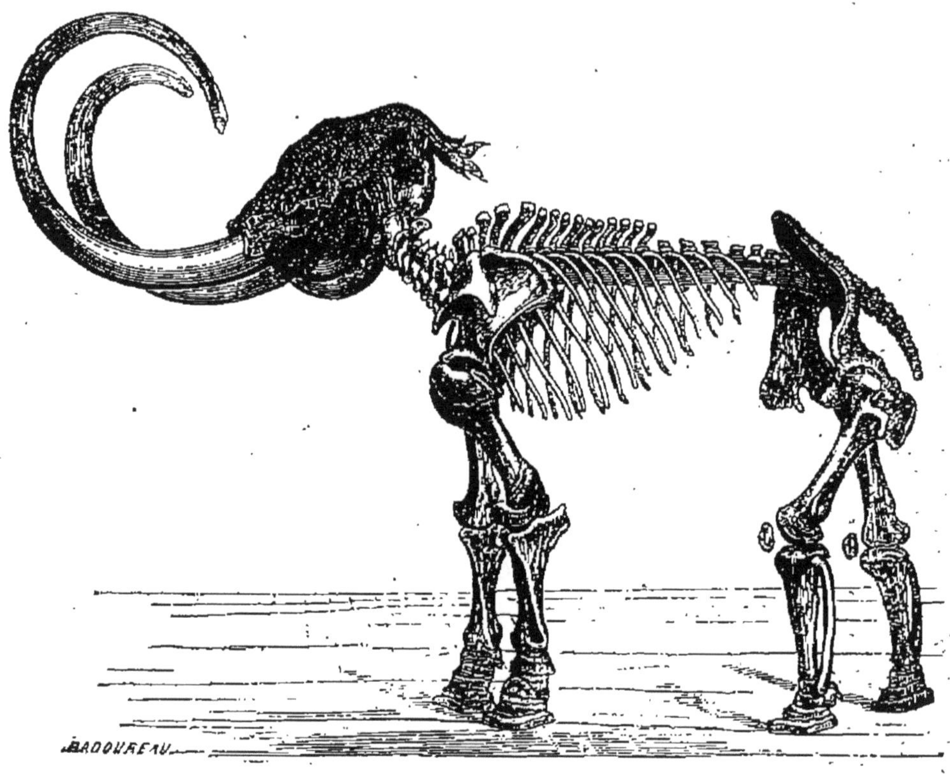

Fig. 170. — Squelette de Mammouth.

L'une des divisions les plus adoptées est certainement celle en quatre époques, caractérisées chacune par un progrès de l'industrie humaine.

1° Age de la pierre taillée;

2° Age de la pierre polie;

3° Age du bronze;

4° Age du fer.

Mais il ne faut pas croire que le développement de l'intelligence humaine se soit fait progressivement partout à la fois; un certain nombre de peuples, ceux de la Nouvelle-

Guinée par exemple, sont encore aujoud'hui à l'âge de la pierre polie.

213. **Homme fossile.** — L'*Homme* a laissé, dès les couches

Fig. 171. — Hache en silex

Fig. 172. — Couteau en silex

les plus inférieures du terrain quaternaire, des preuves de son existence.

Dans les dépôts des cavernes, on a trouvé des squelettes

humains entiers; dans les autres dépôts quaternaires, on n'a guère rencontré que des débris isolés. Mais c'est surtout par les traces de son industrie que se révèle l'existence de l'espèce humaine.

On trouve des pierres, surtout des *silex*, taillés en forme de haches (fig. 171), de couteaux (fig. 172), de scies (fig. 173), de pointes de flèche (fig. 174), etc., des harpons en bois de

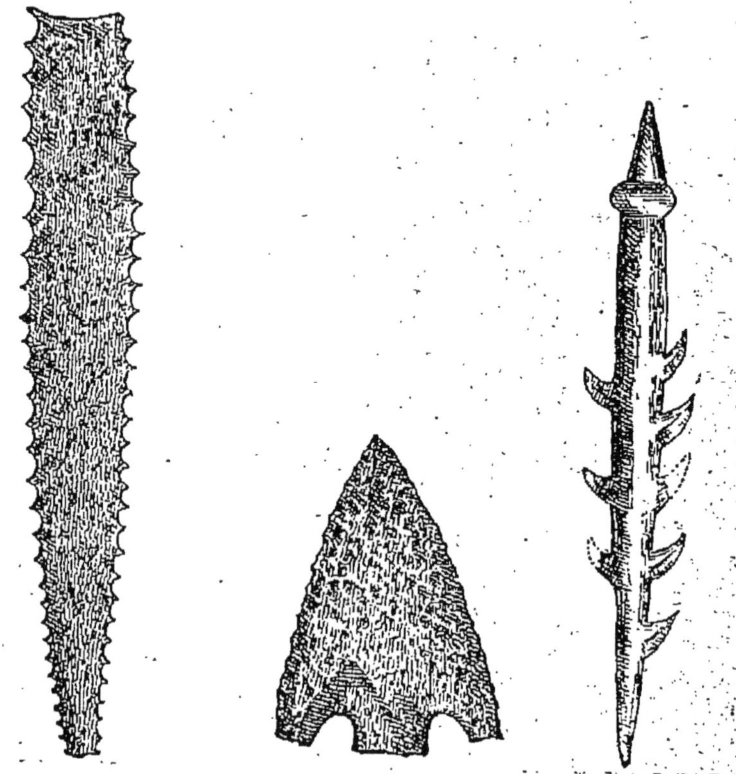

Fig. 173. — Silex taillé en forme de scie.

Fig. 174. — Pointe de flèche en silex.

Fig. 175. — Harpon en bois de renne.

renne (fig. 175), des poteries, des morceaux de bois carbonisés entourés de cendres, indiquant l'existence d'un foyer. L'homme quaternaire, dont nous trouvons des restes sur presque toute la Terre, nous semble avoir vécu dans des conditions comparables à celles des peuples actuellement les plus misérables et les plus sauvages.

Ses seules armes ont été longtemps des morceaux de

silex cassés, présentant une arête tranchante ou une pointe aiguë ; la pierre était enchâssée dans un os, dans une corne de cerf ou de renne, ou encore dans une branche d'arbre fendue, de manière à former une sorte de hache.

On découvre généralement les premiers débris de l'espèce humaine dans des grottes (fig. 176), que ces hommes disputaient aux animaux féroces, surtout aux ours (fig. 180). On peut découvrir dans ces grottes, en creusant le sol, la trace

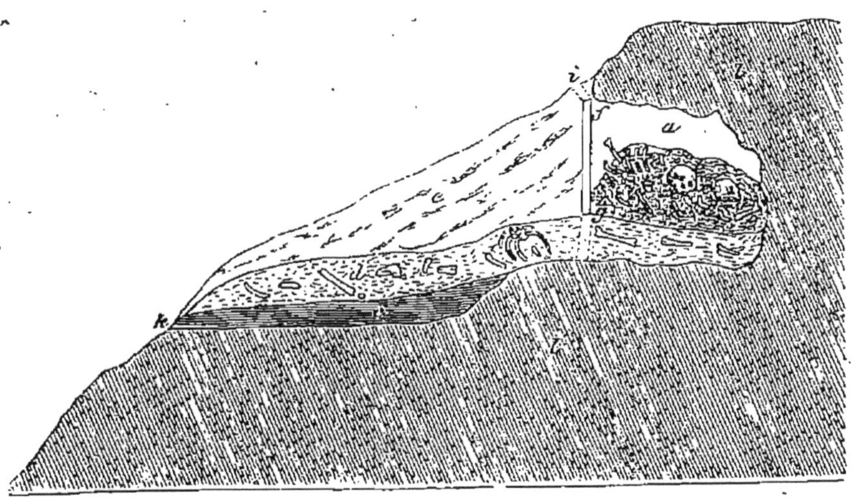

Fig. 176. — Coupe de la caverne d'Aurignac (Haute-Garonne): *l*, *l*, roche. — *a*, cavité, au-dessus de squelettes ensevelis par des hommes de l'âge de la pierre. — *f*, *g*, dalle fermant la caverne dont l'ouverture est en *i*. — *d*, débris d'ossements et de cendres prouvant que cette caverne a été habitée. — *k*, *c*, dépôts antérieurs à l'habitation. — *e*, dépôts modernes.

des foyers autour desquels se réunissaient ces hommes ; des os nombreux des animaux qui servaient à leur nourriture sont répandus autour du foyer ; presque tous ces os sont percés aux deux bouts, ce qui semble indiquer qu'on en extrayait la moelle ; on observe aussi quelquefois des os humains percés de la même manière.

Plus tard on trouve des objets en pierre polie et ces objets présentent une forme moins grossière, quelquefois même presque artistique. Sur le manche des poignards ou des haches en corne de cerf ou de renne, ou sur les défenses des mammouths, on voit quelquefois des dessins d'animaux très reconnaissables, des mammouths, des rennes (fig. 177), etc. La poterie était aussi employée, et sur les débris de quelques-uns de ces ustensiles grossiers on peut observer des essais d'ornementation.

Plus tard encore, l'homme quitte les cavernes pour se bâtir sur pilotis, au milieu des lacs, des maisons en bois,

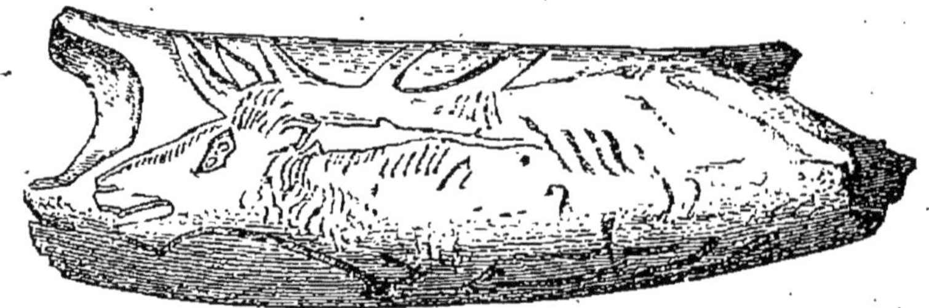

Fig. 177. — Dessin représentant un renne fait par un homme à l'époque quaternaire.

où il était à l'abri des bêtes féroces. Il découvre le bronze, avec lequel il peut faire des outils et des armes qui permettent des progrès réels dans la civilisation; dans les débris de ces habitations rustiques on trouve des morceaux d'étoffe (fig. 178), des instruments qui ne pouvaient servir qu'à l'agriculture ; un certain nombre d'animaux sont alors domestiqués et forment des troupeaux.

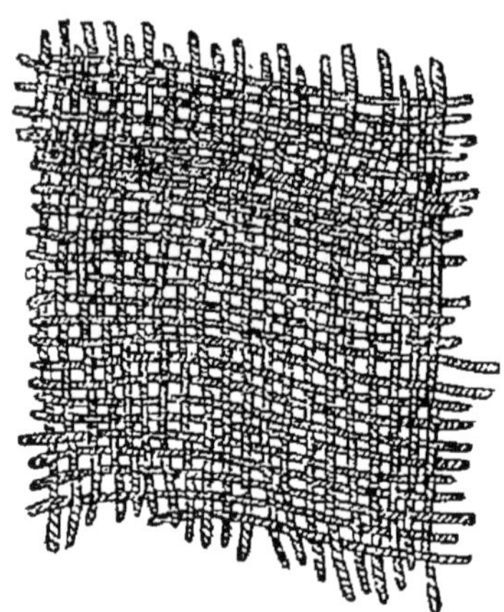

Fig. 178. — Morceau d'étoffe fabriquée par les hommes de l'époque quaternaire.

Enfin la découverte du fer permet à la civilisation de se développer de plus en plus; et les hommes, après bien des siècles sans doute, vont former des groupes nombreux, des peuples, dont l'étude rentre dans le domaine de l'histoire.

214. Animaux fossiles de l'époque quaternaire. — Autour des traces de foyers, indiquant l'existence de l'homme quaternaire, on rencontre de nombreux ossements d'animaux existant encore actuellement dans nos pays, tels que l'*Ane*, le *Chien*, le *Bœuf*, le *Cheval*, etc.; ou d'animaux existant encore actuellement, mais non dans nos pays, tels

Fig. 179. — Cerf à grandes cornes, de l'époque quaternaire. La dimension des bois de ce cerf était énorme; chacun d'eux atteignait plus de 3 mètres.

que le *Renne*, qui a émigré vers le nord, et l'*Hippopotame*, qui s'est déplacé vers le sud; ou encore d'animaux dont les espèces ont disparu, tels que certains *Cerfs* gigantesques (fig. 179), des *Mammouths* (fig. 170), sortes d'éléphants recouverts de poils et dont les défenses étaient recourbées, des *Rhinocéros*, des *Hyènes* et des *Ours* (fig. 180), spéciaux à cette époque.

En Amérique, la faune du Quaternaire est assez différente; on y trouve des Édentés de taille gigantesque, entre autres le *Mégatherium*.

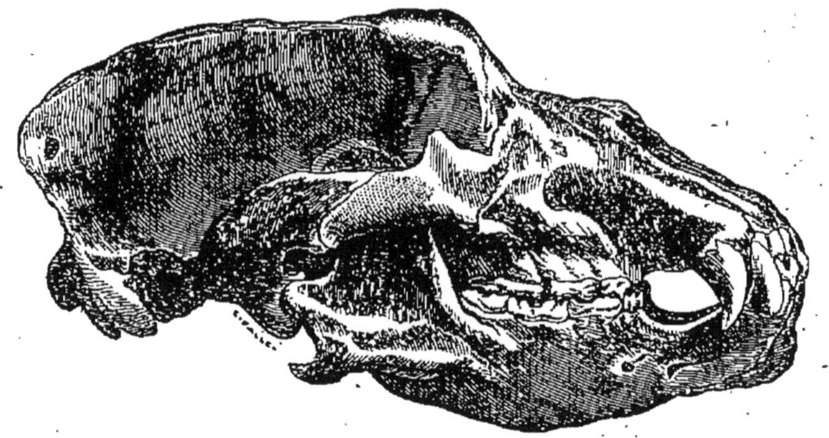

Fig. 180. — Crâne de l'ours des cavernes de l'époque quaternaire (longueur 0m,55)

En Australie, on trouve de nombreux *Marsupiaux*, généralement de plus grande taille que les Marsupiaux actuels; dans la Nouvelle-Zélande, on trouve des *oiseaux* gigantesques dont l'espèce est aujourd'hui éteinte.

Les autres animaux fossiles de l'époque quaternaire appartiennent, en général, aux espèces actuelles.

215. **Végétaux.** — Les végétaux fossiles de cette époque se rapportent ordinairement aux espèces qui vivent maintenant; mais leur distribution était souvent très différente; c'est ainsi qu'à l'époque glaciaire (voyez plus loin § 218) les végétaux comme le *Dryas* ou le *Bouleau nain* étaient dans les plaines, alors qu'ils sont maintenant confinés sur les hauts sommets ou dans les régions arctiques.

216. **Principales roches de l'époque quaternaire.**

Argiles à blocs. — Des dépôts argileux, atteignant quelquefois une grande épaisseur, recouvrent des plaines étendues;

dans ces masses argileuses, on rencontre de loin en loin des *blocs* énormes, dont il est ordinairement facile de reconnaître la provenance, car ils sont habituellement disposés suivant une même direction, comme le sont les blocs erratiques des moraines des glaciers.

Cette masse argileuse est absolument comparable à la boue des glaciers actuels; les blocs erratiques présentent souvent des surfaces unies, polies ou striées; de plus, dans bien des pays, on observe sur les roches où reposent ces couches, des stries et des cannelures. Tous ces faits ne peuvent s'expliquer que par une extension très considérable des glaciers : on a donné à l'époque de cette formation géologique le nom de *période glaciaire*.

Diluvium. — On distingue souvent sous le nom de *diluvium* différentes couches d'alluvions qui forment le terrain quaternaire.

Le *diluvium gris* est en grande partie formé de limons, de sables, de graviers, de cailloux roulés et de fragments de roches arrachés aux formations préexistantes; ces différentes couches alternent fréquemment. Ces dépôts, qui ne renferment que des fossiles d'eau douce ou terrestres, ont beaucoup de rapports avec ceux qui se forment actuellement le long des rivières qui débordent.

Le *diluvium rouge*, caractérisé par sa couleur, se compose d'argiles rouges ferrugineuses, souvent sableuses; dans ces argiles, on trouve beaucoup de cailloux non roulés, présentant des arêtes vives; aux environs de Paris, ces cailloux anguleux sont presque toujours des morceaux de silex. Le diluvium rouge ne repose presque jamais sur une surface horizontale; il ne présente pas de stratifications nettes; il forme des amas qui remplissent des sortes de puits très irréguliers, creusés dans les roches sous-jacentes, et ayant souvent plusieurs mètres de profondeur.

Ce sont ces formations, auxquelles on donne le nom de *poches*, qui produisent les nombreuses taches rouges que l'on voit dans les tranchées des environs de Paris.

Tous ces dépôts quaternaires se rencontrent dans les plaines ou sur les pentes des collines. Le lit des rivières est ordinairement creusé dans ces couches, qui sont incessamment remaniées par le courant. C'est ainsi que la Seine recouvre de ses alluvions actuelles les dépôts du diluvium gris et du diluvium rouge.

Cavernes. — De nombreux dépôts quaternaires se sont encore faits dans les cavernes creusées dans des roches calcaires ; ces dépôts, généralement argileux, remplis d'ossements, sont ordinairement recouverts par une couche de calcaire produite par des sources calcarifères dont la plupart existent encore ; ces sources continuent à former des *stalactites* et des *stalagmites*, qui protègent les dépôts qu'elles recouvrent.

217. **Courants d'eau douce à l'époque quaternaire.** — Les dépôts quaternaires sédimentaires que l'on connaît présentent le plus souvent des couches formées d'argile, renfermant des pierres de volumes très différents. Les fossiles sont tous terrestres ou d'eau douce ; si l'on trouve des fossiles marins, ce sont des coquilles qui proviennent des terrains précédents auxquels elles ont été arrachées.

Nous trouvons donc, dans les dépôts de cette époque géologique, la preuve de l'existence à la surface de la Terre de courants d'eau douce qui paraissent avoir été quelquefois très violents.

218. **Période glaciaire.** — Durant une partie de l'époque quaternaire, les glaciers ont pris une extension prodigieuse.

Sur les bords du Rhône, par exemple, on trouve, bien au-dessous du glacier actuel du Rhône, des blocs erratiques provenant des montagnes de la partie haute de la vallée (fig. 181) ; de loin en loin, on peut observer en travers de la vallée des blocs accumulés formant une sorte de muraille qui barre la vallée : on est alors évidemment sur une ancienne moraine ; on trouve aussi en différents points des roches striées et polies. Et ces indices certains de la présence d'un glacier, on les trouve jusque près de Lyon.

Le glacier du Rhône s'étendait donc à cette époque jusqu'au lac de Genève, dont il remplissait l'immense cavité ; il continuait à Genève à remplir la vallée, et pendant un certain temps sa moraine frontale s'est formée tout près de Lyon, c'est-à-dire que le glacier du Rhône, qui a aujourd'hui une longueur d'une trentaine de kilomètres, avait à cette époque une étendue de plus de 300 kilomètres.

Fig. 181. — Blocs erratiques provenant de la moraine frontale d'un ancien glacier. (Suisse). Période glaciaire.

On peut observer des phénomènes du même genre pour tous les glaciers de la Suisse : à cette époque la Suisse était presque entièrement recouverte de glaces.

Dans les Pyrénées, les glaciers existant encore actuellement avaient aussi une étendue beaucoup plus considérable, et des glaciers énormes s'étendaient dans les vallées où il n'en existe pas aujourd'hui. Ainsi le cirque de Gavarnie, maintenant entièrement vide de glaces, était à cette époque rempli par un glacier dont on trouve la moraine frontale au delà de Tarbes; ce glacier disparu avait donc une longueur d'environ 100 kilomètres.

Les Pyrénées étaient donc, comme les Alpes, couvertes de glaces. On constate dans les Vosges et sur le Plateau central des faits du même genre. Par exemple, on voit assez souvent, sur le penchant BE d'une vallée (fig. 182), des blocs prove-

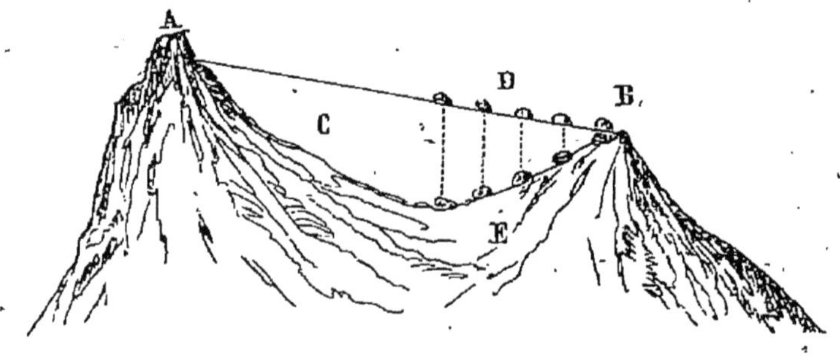

Fig. 182. — A, C, E, B. Coupe d'une vallée anciennement remplie par un glacier.

AB, niveau ancien de la glace. — D, blocs portés par la glace. — E, ces mêmes blocs déposés sur le sol de la vallée quand la glace s'est fondue.

nant de la montagne A qui forme l'autre penchant de la vallée. Ce transport peut s'expliquer si l'on suppose que la vallée a été à une certaine époque envahie par un glacier qui la remplissait jusqu'en ADB; les blocs arrachés de A ont été portés à la surface de ce glacier, puis abandonnés en EB, quand le glacier a fondu.

C'est cette époque où notre pays et même une partie de notre hémisphère étaient couverts de glaciers, que nous avons appelée *période glaciaire*.

Mais nous devons remarquer que cette extension des glaciers ne nécessite pas un refroidissement aussi grand qu'on pourrait le croire; il n'est pas nécessaire de supposer qu'il y a eu une série d'hivers rigoureux; il est plus probable que cet effet a dû être produit par une longue suite d'étés pluvieux.

Ne voit-on pas actuellement des glaciers énormes dans la Nouvelle-Zélande, dont le climat est très doux? Des Palmiers, des Fougères arborescentes recouvrent une partie des moraines de ces glaciers, dont la formation est due à la grande humidité des hauts sommets de l'île, sur lesquels s'accumulent des masses énormes de neige.

Ce qui nous autoriserait à admettre que le froid n'a pas été si intense pendant cette période glaciaire, c'est qu'en effet non loin de ces glaciers vivaient de nombreux animaux, tels que l'hippopotame ou le rhinocéros, que nous ne trouvons actuellement que dans les pays chauds; il est vrai que l'on trouve aussi des rennes, qui ne vivent plus que dans les pays froids, mais ces animaux devaient être cantonnés dans le voisinage immédiat des glaciers.

219. **Creusement des vallées actuelles.** — De grands cours d'eau devaient sortir de ces glaciers; nous avons la preuve de leur existence dans bien des pays.

Souvent, en effet, dans des vallées larges de plusieurs kilomètres, sur l'un des penchants, à une grande hauteur au dessus du fond de cette vallée, on voit une couche à peu près horizontale formée de sable et de gros cailloux roulés : là était autrefois évidemment le lit d'un cours d'eau; sur le penchant opposé, précisément à la même hauteur, on retrouve la même couche de sable et de cailloux roulés.

Un immense cours d'eau, ayant pour largeur la distance qui sépare les deux bords de la vallée, remplissait donc cette vallée, dont le fond était alors beaucoup plus élevé qu'il ne l'est actuellement. Qu'est-ce qui, depuis cette époque, a creusé aussi profondément cette vallée? C'est ce même cours d'eau qui pendant des siècles a usé ses bords avec une grande violence, et qui est devenu de plus en plus petit à mesure que s'est fondu le glacier d'où il sortait; aujourd'hui, ce n'est souvent plus qu'un ruisseau, que l'on voit serpenter au milieu de la vallée.

Il est donc probable que le relief actuel de la Terre a été en grande partie formé par le creusement des vallées, sous l'action des cours d'eau qui sortaient des glaciers.

De grandes inondations ont dû se produire et former les vastes dépôts d'alluvions qui caractérisent cette époque.

220. **Distribution géographique.** — Le terrain quaternaire se trouve dans toute la France, surtout dans les parties basses des vallées; il recouvre souvent de grandes étendues de plaines; quelquefois aussi on en trouve des lambeaux qui sont probablement les restes de formations plus importantes qui auront été détruites par des dénudations considérables.

On observe des dépôts quaternaires à peu près sur toute la surface de la Terre.

221. **Matières exploitées.** — Les plus riches mines d'or et de platine se trouvent dans les sables du terrain quaternaire provenant de la destruction des roches anciennes; la grande densité de ces métaux les a séparés des grains de sable qui ont été entraînés au loin, tandis que les paillettes métalliques sont restées en grande quantité au pied des montagnes dénudées.

RÉSUMÉ

Terrains quaternaires. — Les terrains quaternaires sont surtout caractérisés par la présence de l'homme fossile ou des débris de l'industrie humaine. C'est aussi à cette époque que vivait le Mammouth, éléphant couvert de poils, et à grandes défenses recourbées.

On distingue souvent plusieurs âges qui correspondent plus ou moins nettement à des périodes successives; ce sont l'âge de la pierre taillée, l'âge de la pierre polie, l'âge du bronze et l'âge du fer.

Autour des traces de foyers, indiquant l'existence de l'homme à cette époque, on trouve de nombreux ossements d'animaux : Ane, Chien, Bœuf, Cheval, Hippopotame, Cerf géant, Rhinocéros, Ours, etc.

Presque tous les végétaux fossiles du quaternaire sont des espèces actuellement vivantes.

Les principales roches que l'on connaît dans les terrains quaternaires sont les argiles à blocs erratiques et le *Diluvium*, formé de couches d'alluvions anciennes.

Période glaciaire. — Pendant une partie de l'époque quaternaire, les glaciers ont pris une très grande extension. Le glacier du Rhône, par exemple, remplissait à cette époque la cavité du lac de Genève, et sa moraine frontale est allée jusqu'à Lyon.

Les Pyrénées, les Vosges étaient, comme les Alpes, couvertes de grands glaciers.

Creusement des vallées actuelles. — Le creusement des vallées actuelles et des plaines est dû surtout à l'érosion par les cours d'eau qui y circulent. On suppose que ces cours d'eau ont été beaucoup plus puissants qu'aujourd'hui pendant la période glaciaire.

Distribution géographique et matières exploitées. — On observe des dépôts quaternaires, en général peu importants, dans toutes les parties de la France.

Les plus riches mines d'or et de platine se trouvent dans des terrains quaternaires formés par la destruction de roches cristallines anciennes.

CHAPITRE XV

TERRAINS ACTUELS. — TERRE VÉGÉTALE. — CONSTITUTION DU SOL DE LA FRANCE.

222. **Dépôts du fond des mers, des lacs et des marais.** — Nous avons vu que les eaux des mers, des lacs et des marais laissent constamment déposer des substances qu'elles tiennent en suspension ou en dissolution.

Au fond des mers, on a pu constater, à plusieurs reprises, la formation de dépôts argileux, marneux et calcaires qui tendent à combler les parties profondes.

Des polypes innombrables fixent dans leurs polypiers le calcaire en dissolution dans l'eau et forment ces îles si répandues dans certaines mers.

Sur quelques plages, des sources calcaires, filtrant à travers les sables, forment des grès. Dans des lacs et dans des marais, ces sources pétrifiantes donnent naissance à des travertins ou à des calcaires oolithiques dont on peut voir l'épaisseur augmenter sensiblement.

Ces sources pétrifiantes forment ailleurs des grès, des poudingues et des brèches, ou des stalactites et des stalagmites. Des eaux siliceuses ou ferrugineuses produisent des effets analogues.

Au fond de beaucoup de marais, il se forme des dépôts plus ou moins épais, produits par les débris de végétaux, particulièrement des sphaignes qui poussent dans les parties peu profondes de ces marais ; ces dépôts, connus sous le nom de *tourbe*, constituent quand ils sont desséchés un combustible utilisé dans l'industrie. Dans les parties profondes de plusieurs *tourbières* on a trouvé de nombreux fossiles quaternaires.

223. **Dépôts formés par les cours d'eau.** — Nous avons vu également que l'eau de la pluie dénude les différents terrains sur lesquels elle tombe, et que les ruisseaux, ainsi que les cours d'eau qu'ils forment par leur réunion, détruisent constamment leurs bords, pour aller former plus loin des alluvions caillouteuses ou limoneuses qui recouvrent le sol.

Les *deltas* de l'embouchure des fleuves, les *éboulis* de nos montagnes et les cônes de déjection qu'ils produisent, sont encore autant de formations que nous voyons se faire actuellement, et recouvrir tous les terrains précédemment formés.

224. **Formation de la terre végétale.** — La couche de terre végétale qui recouvre la plus grande partie de la surface solide de la Terre est formée par les débris des roches sous-jacentes ou environnantes, auxquelles viennent se mêler les débris des animaux et des végétaux qui ont vécu sur ces terrains.

On peut facilement observer la formation de la terre végétale, car cette formation se fait d'ordinaire assez rapidement. Sur les roches les plus nues, sur les constructions, sur les statues même, on voit, au bout de peu de temps, se développer des lichens qui recouvrent les pierres de leurs lames plus ou moins sèches. Ces lichens peuvent, au bout de deux ou trois ans, former une couche qui cache la pierre, et alors l'épaisseur de cette couche augmente par suite de l'accumulation des débris des lichens qui meurent, et de la poussière que le vent jette sur la pierre ; cette poussière se loge et se fixe dans les replis des lichens. La couche est alors assez épaisse pour que, si l'air est humide, il se développe des mousses ; ces mousses à leur tour fixent de la poussière, et augmentent, des débris de leurs tiges et de leurs feuilles, l'épaisseur de la couche qui se forme sur la pierre.

Si l'exposition de la pierre est bonne, ce sera bientôt une couche de vraie terre végétale dont nous pourrons constater la présence; de petites plantes phanérogames, des saxifrages, des graminées s'y développent, et la pierre disparait sous cette végétation. C'est ce qu'on peut voir actuellement à Paris, sur les ruines de la Cour des Comptes abandonnées à elles-mêmes depuis quinze ans : une grande partie des pierres a entièrement disparu sous la couche de terre végétale qui les recouvre.

La terre végétale se produit donc sous l'influence du ven qui enlève, sous forme de poussière, des débris très fins à toute la surface de la Terre; cette poussière est fixée par l'humidité à la surface des corps sur lesquels elle tombe; les débris des lichens et autres végétaux s'ajoutent aux débris précédents; souvent enfin, la décomposition de la roche elle-même sur laquelle s'opère ce dépôt fournit un nouvel élément à cette formation.

225. **Composition de la terre végétale.** — La terre végétale doit nécessairement renfermer certains éléments pour être apte à entretenir la végétation.

Ces éléments essentiels sont : du sable, de l'argile, du calcaire et du terreau ou humus.

Les proportions de ces éléments varient beaucoup; c'est ce qui fait que, sous un même climat, le sol ne peut pas être partout cultivé de la même manière, certaines proportions de ces éléments convenant mieux pour certains végétaux que pour d'autres.

Utilité du sable. — Le sable n'est pas un aliment pour les végétaux; mais, grâce à l'irrégularité de la surface de ses grains, il forme dans le sol une foule de petites cavités qui laissent pénétrer l'eau et l'air nécessaires aux racines des végétaux.

L'eau, s'infiltrant dans toutes ces petites cavités, ne séjourne pas à la surface du sol, comme cela a lieu dans les terrains argileux, qui sont presque imperméables et forment des marais.

Utilité de l'argile. — L'argile n'est pas non plus un aliment pour les végétaux; mais sa grande utilité provient de la propriété qu'elle possède d'absorber très facilement les sels alcalins, qui constituent une partie indispensable des aliments des végétaux.

L'eau qui pénètre dans le sol tient toujours en dissolution des sels alcalins qu'elle a enlevés de la surface du sol; ces sels seraient presque entièrement perdus pour la végétation si l'argile ne les retenait pas au passage, pour les distribuer peu à peu aux végétaux.

Utilité du calcaire. — Le calcaire, mélangé à l'argile, rend cette argile beaucoup plus perméable.

Les sols qui ne renferment pas de calcaire sont boueux, souvent marécageux, même quand ils renferment beaucoup de sable.

De plus, il y a des sels calcaires qui peuvent constituer un aliment pour les végétaux.

Utilité du terreau. — Enfin le terreau, formé de débris végétaux et animaux, donne naissance, en se décomposant, à une foule de corps solubles dont se nourrissent les végétaux.

L'*amendement* des terres a pour but d'introduire dans le sol les éléments qui lui manquent.

Les *engrais* réparent, conservent et augmentent la fécondité du sol.

226. **Ce que devient la terre végétale.** — Nous avons vu que la terre végétale se forme constamment. Si elle n'occupe pas à la surface de la Terre une épaisseur plus considérable, c'est qu'elle est constamment enlevée par les causes qui dénudent le sol; ses éléments se mêlent aux matériaux entraînés par les cours d'eau et vont au loin former de nouveaux terrains, calcaires, marnes, argiles ou sables : on ne peut plus alors reconnaître dans ces nouvelles formations les éléments qui proviennent de la décomposition de la terre végétale, ou ceux qui proviennent de la destruction des terrains préexistants.

Cette dissociation complète des éléments de la terre végétale et leur réintégration dans des formations nouvelles expliquent qu'on ne trouve jamais de traces de terre végétale dans les terrains qui ont précédé les formations actuelles.

227. **Constitution du sol de la France.** — *Bassin de Paris.* — Si l'on quitte Paris, qui est situé sur le terrain tertiaire, pour aller à Mézières, on peut observer, à toutes les tranchées du chemin de fer jusqu'aux environs d'Épernay, les différentes couches du terrain tertiaire. Ces couches, que l'on voit se succéder assez régulièrement, sont de plus en plus anciennes; c'est-à-dire que celles que l'on trouve en quittant Paris sont les couches supérieures, ou les plus récentes, tandis que celles que l'on observe un peu avant Épernay sont les couches inférieures ou les plus anciennes. A Épernay, on trouve le terrain secondaire, et la première couche inférieure des terrains tertiaires.

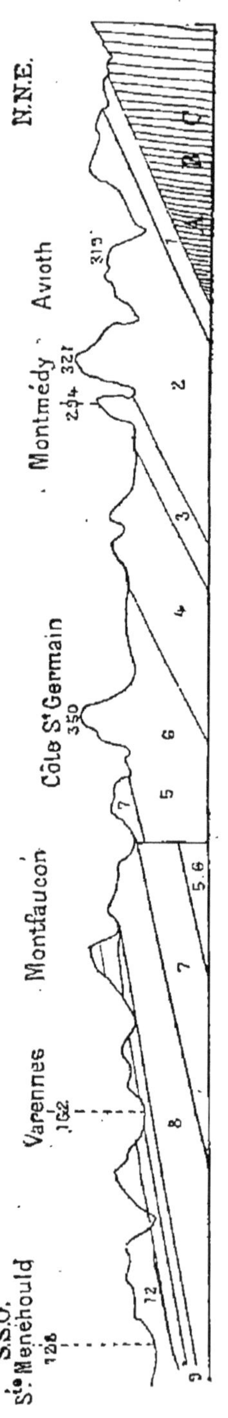

Fig. 185. — Coupe de Sainte-Menehould à l'Ardenne (d'après M. Hébert).
A, B, C, Terrains primaires. — 1 à 12, Terrains secondaires.

D'Épernay à Mézières, en passant par Reims et Réthel, on voit de même aux tranchées du chemin de fer se succéder les différentes couches des terrains secondaires, les plus récentes d'abord, puis les plus anciennes.

D'Épernay à Réthel, ce sont les formations crétacées que l'on aperçoit, et de Rethel à Mézières, les terrains jurassiques.

Un peu au delà de Mézières, la voie est creusée dans les terrains primaires, dont on

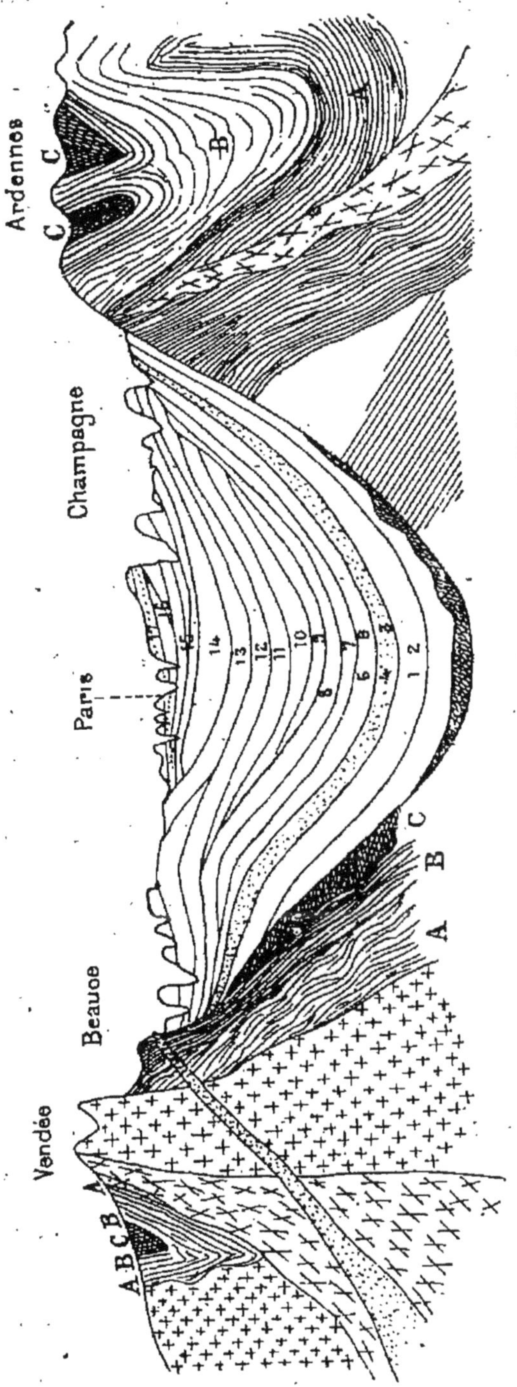

Fig. 184. — Coupe idéale du bassin de Paris (d'après M. Hébert).

A. Terrain silurien. — B. Terrain dévonien. — C. Terrain carbonifère. — 1 à 14, Terrains secondaires, 15, 16, 17, tertiaires.

voit successivement les couches de plus en plus anciennes (fig. 183)

Si l'on quitte Paris pour aller à Avallon, les tranchées du chemin de fer nous montrent ces terrains se succédant dans le même ordre ; nous arriverons à Avallon sur les terrains primitifs (fig. 132 et 132 *bis*).

Il en serait à peu près de même si nous allions de Paris à Argentan, ou de Paris à Cherbourg, ou encore de Paris à Boulogne.

Donc Paris occupe le centre d'un bassin qui semble formé d'assises concentriques, dont la réunion formerait comme une série de cuvettes emboîtées les unes dans les autres. Cette conclusion peut être vérifiée : les puits artésiens creusés de loin en loin dans le bassin de Paris traversent la série de couches successives que l'on trouve en quittant Paris pour aller aux limites du bassin de la Seine. Il est donc probable que les couches tertiaires sur lesquelles est bâti Paris reposent sur les couches secondaires, peut-être non interrompues ; de même les couches secondaires reposeraient sur les couches primaires, qui elles-mêmes seraient appuyées sur les terrains primitifs, lesquels formeraient comme une ceinture au bassin de la Seine (fig. 184).

Bassin d'Aquitaine. — Si l'on quitte Toulouse, située vers le milieu du bassin d'Aquitaine, pour aller à Tulle ou à Mende, ou à une localité quelconque située dans les Pyrénées, on pourra observer une disposition analogue des couches tertiaires, secondaires et primaires.

Le bassin d'Aquitaine est donc, comme le bassin de Paris, formé d'assises successives, les plus récentes en dedans, les plus anciennes à l'extérieur, et formant comme une série de cuvettes emboîtées.

Bassin du Rhône. — De même, si d'Avignon on remonte le Rhône ou la Saône, ou que l'on se dirige vers le Vigan, ou vers Privas, ou vers Draguignan, ou encore vers Briançon, on verra les terrains les plus anciens apparaître les uns à la suite des autres, toujours dans le même ordre. Le bassin du Rhône est donc, comme le bassin de Paris et celui d'Aquitaine, formé d'une série de cuvettes emboîtées les unes dans les autres, les plus anciennes à l'intérieur, les plus récentes à l'extérieur.

228. Conséquences de cette disposition concentrique des couches. — Une application de cette disposition concentrique des couches formant les trois grands bassins de France est le forage des puits artésiens, qui est basé, comme nous l'avons vu, sur la non-interruption d'une couche aquifère, formant une nappe d'eau.

Dans la recherche des mines, particulièrement des mines de houille, on s'appuie aussi sur cette disposition concentrique des couches, qui permet le plus souvent de retrouver la couche à exploiter après qu'on a percé celles qui sont situées au-dessus d'elle.

229. Disposition générale du sol de la France. — Les *terrains primitifs* forment le Plateau central et une partie de la Bretagne, des Vosges, du Jura, de la Provence et des Pyrénées.

Sur ces formations primitives, on trouve souvent les *terrains primaires*, formant à ces massifs primitifs des ceintures plus ou moins interrompues.

Puis les *terrains secondaires* viennent à leur tour former une bande irrégulière sur les terrains primaires (ou directement sur les terrains primitifs).

Puis viennent les *terrains tertiaires*, qui occupent les plaines et qui reposent le plus souvent sur les terrains secondaires.

Enfin les *terrains quaternaires* recouvrent souvent les dépôts tertiaires et autres sur de vastes étendues.

230. Hypothèses émises sur cette disposition. — On peut expliquer cette disposition des différents terrains en supposant que le Plateau central et une partie de la Bretagne, des Vosges, du Jura, de la Provence et des Pyrénées étaient au-dessus de l'eau quand se déposait le terrain primaire.

Le terrain primaire existerait donc partout, excepté aux endroits où le terrain primitif apparaît à la surface du sol.

Puis les massifs de terrains primitifs et le sol qui les entourait se seraient soulevés assez régulièrement et auraient fait émerger, tout autour des massifs primitifs, une bande de terrains primaires formant comme une ceinture autour de ces massifs.

Puis les terrains secondaires se seraient déposés partout où le sol n'était pas encore soulevé, et la continuation du soulèvement des massifs primitifs aurait mis à sec une bande de terrains secondaires formant à leur tour une deuxième ceinture autour de la ceinture primaire.

Les massifs primitifs se soulevant toujours auraient porté au-dessus de l'eau une troisième bande formée de terrains tertiaires.

Enfin, à l'époque quaternaire, les dépôts produits par les eaux douces auraient été abandonnés sur toutes les formations précédentes.

Dans cette hypothèse, on voit peu à peu se former le sol de la France et l'on peut faire la carte du pays émergé à chaque époque géologique.

Mais beaucoup de cartes ainsi formées, surtout celles des mers anciennes, peuvent ne pas être exactes; de ce que dans un pays, sur le Plateau central par exemple, nous ne trouvons pas de dépôts primaires, pouvons-nous affirmer que jamais en ce point il n'y ait eu de dépôts de cette époque, et que, par conséquent, ce point de notre sol émerge depuis ces temps reculés?

Nous ne le pouvons pas; car, depuis cette époque, d'immenses dépôts secondaires, tertiaires et quaternaires se sont formés aux dépens des terrains primaires et primitifs précédemment déposés; rien ne peut nous assurer que les dépôts primaires qui auraient existé sur le Plateau central n'aient été entièrement détruits par la dénudation, et que leurs débris n'aient pas servi à constituer des formations plus récentes.

231. Carte géologique de la France. — Pour faire une carte géologique de la France, on suppose, comme nous l'avons vu, que toute la terre végétale qui recouvre le sol a été enlevée.

On voit alors les différents terrains affleurer à la surface du sol ; on fait une carte de France et l'on donne aux différentes régions une couleur déterminée correspondant à chaque terrain.

RESUMÉ

Terrains se formant actuellement. — On a, dans plusieurs circonstances, constaté la formation, au bord de la mer, de dépôts argileux, marneux ou calcaires. Les eaux calcarifères forment des grès, des poudingues, des brèches.

Dans des cours d'eau, dans des lacs et dans des marais, des sources pétrifiantes produisent des travertins ou des calcaires oolithiques.

Dans quelques marais, les débris accumulés de sphaignes forment des dépôts de tourbe.

Enfin nous assistons au développement des deltas, des éboulis des montagnes, et des cônes de déjection des torrents.

Terre végétale. — La terre végétale se forme par la détérioration des roches, sous l'action de l'humidité, et par la décomposition des débris d'animaux et de végétaux.

La terre végétale se compose de sable, d'argile, de calcaire et de débris organiques.

Sous l'action de l'eau courante la terre végétale est décomposée en ses éléments, qui vont se disposer isolément en formant des dépôts d'argile, de sable, ou de calcaire : de sorte que la terre végétale, qui se forme constamment, se décompose aussi constamment en ses éléments constituants ; ceci explique qu'on ne trouve de terre végétale que dans les terrains actuels.

Constitution du sol de la France. — On peut considérer la France comme formée des trois grands bassins de la Seine, de l'Aquitaine et du Rhône. Chacun de ces bassins est formé d'une série de couches superposées les unes aux autres, de manière à former une série de cuvettes emboîtées, les plus anciennes à l'intérieur, les plus récentes au-dessus. Le forage des puits artésiens a confirmé l'exactitude de cette disposition.

On pourrait supposer que les terrains primaires existent partout où les terrains primitifs ne sont pas visibles à la surface du sol ; de même les terrains secondaires se trouveraient aussi partout sous le sol, excepté aux points où l'on voit à la surface les terrains primitifs et les terrains primaires, et ainsi de suite ; mais cette hypothèse peut être fausse, à cause des exhaussements et des affaissements qu'a dû subir le sol. De même, là où nous voyons à la surface les terrains primitifs ou primaires, nous ne pouvons pas être certains que les terrains secondaires ou tertiaires ne s'y sont pas déposés, car il serait très possible que les dépôts de ces terrains aient été entraînés par les eaux, sous l'effet de la dénudation.

Carte géologique de France. — La carte géologique de la France indique la nature des terrains qui se trouvent à la surface du sol ou immédiatement au-dessous de la terre végétale.

RÉSUMÉ GÉNÉRAL.

TERRAINS	TERRAINS ACTUELS.		
	QUATERNAIRES.	4° *Age du fer.* 3° *Age du bronze.* 2° *Age de la pierre polie.* 1° *Age de la pierre taillée.*	(Mammouth, Homme.)
	TERTIAIRES.	*Pliocène* (Hipparion). *Miocène* (Dinotherium). *Eocène* (Palœotherium).	
	SECONDAIRES.	*Crétacé* (Scaphites). *Jurassique* (Ichthyosaures). *Trias* (Cératites).	
	PRIMAIRES.	*Carbonifère* (Productus). *Dévonien* (Spirifers). *Silurien* (Trilobites).	
	PRIMITIFS.		

Seignette, Géologie.

CARTE GÉOLOGIQUE DE LA FRANCE ET DE SES MERS.

Hachette et Cie Paris.

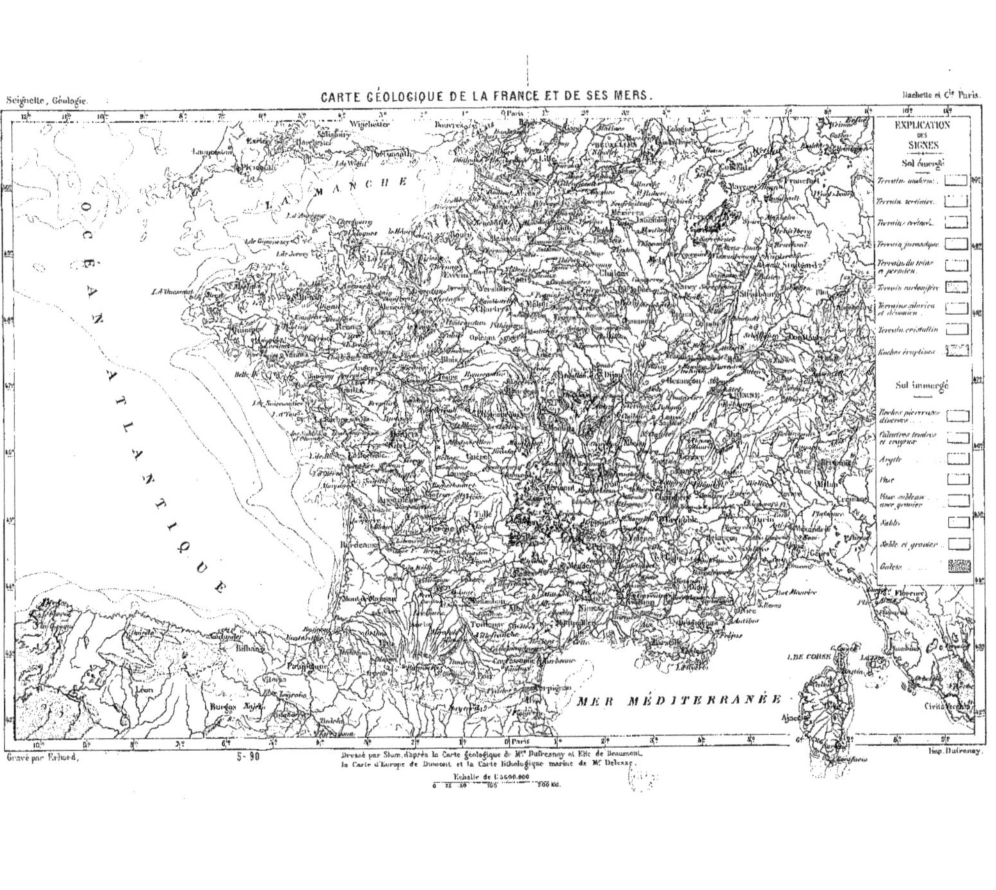

Gravé par Erhard,

5-90

Dressé par Slom, d'après la Carte géologique de Mrs Dufresnoy et Elie de Beaumont, la Carte d'Europe de Dumont et la Carte lithologique marine de Mr Delesse.

Echelle de 1:5600.000

Imp. Dufresnoy.

TABLE DES MATIÈRES

PREMIÈRE PARTIE

NOTIONS SUR LES PRINCIPALES ROCHES.

CHAPITRE Ier. — Granite. — Porphyre. — Gneiss. — Schistes cristallins. 1
— II. — Les pierres calcaires. 8
— III. — Argile. — Marne. — Schistes. — Grès. — Gypse. 16

DEUXIÈME PARTIE

MODIFICATIONS DU SOL.

CHAPITRE IV. — La pluie. — Ruissellement. — Infiltration. — Évaporation. 27
— V. — Érosions produites par les eaux. 42
— VI. — Les glaciers. 67
— VII. — Dépôts formés par les eaux. — Dunes. 86
— VIII. — Roches stratifiées. — Fossiles. — Roches non stratifiées. 105
— IX. — Volcans. — Sources thermales. — Mouvements du sol. 129

TROISIÈME PARTIE

ÉPOQUES GÉOLOGIQUES

CHAPITRE X. — Âge des terrains. — Terrains primitifs. . . . 153
— XI. — Terrains primaires. 162
— XII. — Terrains secondaires. 178
— XIII. — Terrains tertiaires.. 199
— XIV. — Terrains quaternaires.. 215
— XV. — Terrains actuels. — Terre végétale. — Constitution du sol de France. 228

TABLE ALPHABÉTIQUE

Acéphales, n° 195.
Acide carbonique, n°s 8, 51.
— silicique, n° 51.
Affaissements, n° 141.
Age des terrains, n°s 173, 174.
Alambic, n° 42.
Albâtre, n°s 24, 120.
Alios, n° 124.
Alluvions, n° 92.
Ambre, n° 210.
Amendements, n° 225.
Améthyste, n° 178.
Amiante, n° 178.
Ammonites, n°s 190, 194.
Amphibole, n° 3.
Ancylocères, n°s 191, 194.
Anes, n° 214.
Angiospermes, n°s 185, 198.
Anodonte, n° 152.
Anoplothérium, n° 204.
Archégosaure, n° 181.
Archéoptérix, n° 192.
Ardoises, n°s, 21, 180.
Argile, n°s 16, 125, 208, 210, 225.
Argile à blocs, n° 216.
Argile réfractaire, n° 18.
Armes en silex, n° 215.
Articulés, n° 182.
Aurochs, n° 156.
Avalanches, n°s 77 à 80.

Bambous, n° 207.
Barres, n°s 98, 105.
Basalte, n°s 156, 208.
Batraciens, n° 181.
Bélemnites, n°s 137, 190, 194
Biscuits de mer, n° 137.
Blattes, n° 182.
Blocs erratiques, n° 73.
Bœufs, n°s 204, 214.
Bombes, n°s 150, 152.
Bouleaux, n° 215.
Brachiopodes, n°s 184, 196.
Brèches, n°s, 25, 125, 201, 222.
Briques, n°s 17, 18.
Bronze, n°s 212, 213.

Cailloux roulés, n°s 88 à 90.
Calamites, n° 186.
Calcaires, n°s 8, 208, 225.
Calcaire grossier, n°s 13, 210.
Calcaire oolithique, n°s 13, 201.
Calcaire siliceux, n° 210.
Calymènes, n° 180.
Carbonate de potasse, n° 51.
Carbonifères (terrains), n° 180.
Carte géologique, n°s 2, 231.
Cavernes, n° 216.
Cendres, n°s 150, 152.
Céphalopodes, n°s 137, 183, 194.
Cératites, n°s 191, 194.
Cerfs, n°s 204, 213, 214.
Cérithes, n°s 13, 202, 210.
Chats, n° 204.
Chaudières, n° 47.
Chaulage, n° 10.
Chaux éteinte, n° 9.
Chaux hydraulique, n°s 20, 201.
Chaux vive, n°s 8, 9, 11.
Cheminée, n° 145.

Chênes, n° 207.
Chevaux, n° 204, 214.
Chiens, n° 214.
Chutes d'eau, n° 45.
Ciment romain, n° 201.
Colmatage, n° 95.
Comblement des lacs, n° 96.
Cône de déjection, n°s 51, 86.
Cône (volcan), n° 145.
Conglomérat, n° 125.
Conifères, n° 185.
Consolidation des fossiles, n° 131.
Coulée, n° 150.
Courants marins, n°s 65, 67, 68.
Couteaux en silex, n° 215.
Craie, n°s 12, 199.
Cratère, n° 145.
Cratères d'explosion, n° 150.
Crétacés (terrains), n°s 191, 199.
Crevasses, n°s 69, 83.
Cristal de roche, n° 178.
Crocodiles, n°s 195, 205.
Cuivre, n° 189.
Cycadées, n°s 185, 198.
Cyclostomes, n°s 132, 206.

Débit des cours d'eau, n° 59.
Débit des sources, n° 36.
Deltas, n°s 98 à 104, 223.
Dénudation, n°s 52, 168.
Dessèchement des lacs, n° 58.
Dévonien (terrain), n° 180.
Diatomées, n° 122.
Diluviums, n° 216.
Dinothérium, n°s 203, 204.
Dislocation, n° 168.
Dronte, n° 136.
Dryas, n° 215.
Dunes, n°s 107 à 115.

Eau séléniteuse, n° 121.
Eboulis, n° 223.
Effervescence, n° 8.
Éléphants, n°s 203, 204.
Émeraude, n° 178.
Émeri, n° 178.
Empreintes, n° 135.
Engrais, n° 225.
Éocène, n° 203.
Érable, n° 193.
Érosion, n° 55.
Éruptions, n°s 146, 149 à 151.
Espèces éteintes, n° 136.
Estuaires, n°s 98, 103.
Évaporation, n°s 27, 40 à 42.

Failles, n° 141.
Falaises, n°s 62 à 66.
Faluns, n° 210.
Feldspath, n°s 5, 51.
Fer, n° 189.
Ferrugineuses (sources), n° 124.
Ferrugineux (dépôts), n° 124.
Filons, n° 144.
Formation d'un glacier, n° 81.
Fossiles, n°s 126 à 137, 171, 172.
Fossiles caractéristiques, n° 172.
Fossilifères (roches), n° 126.
Fougères, n°s 186, 207.
Fractures, n° 141.
Front de glacier, n° 69.
Fumerolles, n° 147.

Galets, n° 65.
Gastéropodes, n° 195.
Gastornis, n° 205.
Géologie, n° 1.
Geysers, n°s 122, 160.
Glaces flottantes, n° 85.
Glaciaire (époque), n° 75, 216.
Glaciers, n° 69.
Gneiss, n°s 2, 6, 175.
Granite, n°s 2, 4, 51.
Grauwacke, n° 187.
Grenat, n° 178.
Grès, n°s 25, 125, 189, 208, 210, 222.
Grès vosgien, n° 199.
Grottes, n°s 59, 60, 213.
Gymnospermes, n° 185.
Gypse, n°s 24, 30, 121, 199, 201, 208, 210.
Gyrocères, n° 183.

Haches de pierre, n° 213.
Harpons en bois de renne, n° 215
Hélix, n° 206.
Hespérornis, n° 192.
Hipparions, n° 203.
Hippopotames, n° 204.
Homme fossile, n°s 211, 215.
Houille, n°s 187, 189, 201.
Huile de schiste, n° 21.
Huîtres, n° 195.
Hyènes, n° 214.

Ichtyosaures, n°s 191, 193.
Iguanodons, n° 193.
Infiltration, n° 27.
Inondations, n°s 49 à 54.

Insectes, nos 182, 206.

Jurassiques (terrains), nos 191, 199.

Kaolin, nos 19, 51, 125, 178.

Labyrinthodons, n° 195.
Lapilli, nos 150, 152.
Lauriers, n° 207.
Laves, nos 150, 155.
Lépidodendron, n° 186.
Lézards, n° 155.
Libellules, n° 182.
Lichen, n° 224.
Lierre, n° 207.
Lignite, nos 201, 208, 210.
Limon, n° 91.
Limonite, n° 199.
Lumachelles, n° 201.
Lymnées, n° 206.

Madrépores, n° 166.
Mammifères, nos 192, 204, 214,
Mammouth, nos 213, 214.
Marbres, nos 14, 189, 201.
Marche des glaciers, nos 70, 71, 74.
Marées, n° 64.
Marne, nos 20, 125, 208.
Marsupiaux, nos 192, 214.
Mastodontes, n° 204.
Mégathérium, n° 214.
Mica, nos 3, 31.
Micaschistes, nos 7, 175.
Micraster, n° 197.
Mines de fer, nos 201, 210.
Mines d'or, n° 221.
Mines de plomb, n° 178.
Miocène, n° 205.
Mofettes, n° 158.
Montagnes, n° 1.
Moraines, nos 69, 72, 218.
Moulages, nos 26, 155.
Mousses, n° 207.
Mouvements du sol, n° 165.

Nappe d'infiltration, nos 55, 228.
Névés, n° 81.
Nœggerathia, n° 185.
Noyers, n° 207.
Nummulites, n° 202.

Oiseaux, nos 192, 205, 214.
Oolithes, nos 15, 118.
Orthocères, n° 183.

Os de Seiche, n° 137.
Ours, nos 204, 213, 216.
Oursins, nos 191, 197.

Paléotherium, nos 203, 204.
Palmiers, nos 207, 218.
Paludines, n° 206.
Paradoxides, n° 180.
Pente des cours d'eau, n° 59.
Péridot, n° 156.
Pétrole, n° 21.
Phoques, n° 204.
Phosphorites, n° 210.
Pierres à aiguiser, n° 189.
Pierres à fusil, n° 201.
Pierres à plâtre, n° 25.
Pierres de taille, nos 15, 201, 210.
Pierres gélives, n° 87.
Pierres lithographiques, nos 15, 201.
Pierres meulières, nos 22, 122, 208, 210.
Pierres ponces, n° 150, 152, 156.
Plaines, n° 1.
Plâtre, n° 25.
Plésiosaures, nos 191, 193.
Pliocène, n° 205,
Plomb, n° 189.
Plombagine, n° 178.
Poches, n° 216.
Pointes de flèches, n° 215.
Poissons, nos 181, 205.
Polypiers, nos 166, 222.
Porcelaines, n° 19
Porphyre, n° 2, 51, 187, 199.
Potasse, n° 31.
Poteries, nos 18, 215.
Poudingue, nos 25, 125, 222.
Primaires (terrains), nos 179, 229.
Primitifs (terrains), nos 175, 229.
Productus, nos 180, 184.
Protéacées, n° 195.
Ptérodactyles, n° 193.
Ptérophylles, n° 198.
Puits, n° 35.
Puits artésiens, nos 37, 228.
Pyroxène, n° 3.

Quartz, nos 5, 31.
Quaternaires (terrains), nos 179, 211, 229.

Reboisement, n° 53.
Rennes, nos 213, 214.
Reptiles, nos 181, 194, 205.

Rhinocéros, nos 204, 214.
Roches cristallines, n° 2.
Roches éruptives, nos 142 à 144, 187, 208.
Roches polies, n° 69.
Roches siliceuses, n° 22.
Roches solubles, nos 50, 60
Roches striées, n° 69.
Rubis, n° 178.
Rudistes, n° 195.
Ruissellement, n° 27.

Sable, nos 90, 208, 222, 225.
Saphir, n° 178.
Saules, n° 193.
Scaphites, n° 194.
Schistes ardoisiers, n° 21.
Schistes argileux, n° 21.
Schistes cristallins, nos 2, 7.
Scies en silex, n° 215.
Scories, nos 150, 152.
Scorpions, n° 182.
Secondaires (terrains), nos 179, 229.
Sédimentaires (terrains), n° 114.
Sédiments, n° 114.
Seiche, n° 157, 183.
Sel gemme, nos 199, 201, 208.
Serpents, n° 205.
Sigillaires, n° 186.
Silex, nos 22, 52, 201, 215.
Silicate d'alumine, nos 17, 51.
Silicate de potasse, n° 51.
Silice, n° 22.
Siliceux (dépôts), n° 122
Siluriens (terrains), n° 180.
Singes, n° 204.
Siphons, n° 61.
Soffioni, n° 122.
Solfatares, n° 148.
Sources, nos 53, 54.
Sources intermittentes, n° 61.
Sources minérales, n° 161.
Sources pétrifiantes, nos 116, 222.
Sources thermales, nos 158, 161.
Sphaignes, n° 222.
Spirifères, nos 180, 184, 196.
Spirules, nos 183, 190.
Stalactites, nos 120, 216, 222.
Stalagmites, nos 120, 216, 222.
Stratifications concordantes, n° 140.
Stratifications discordantes, n° 140.
Stratifiés (terrains), nos 114, 138 à 142.
Superposition, n° 167,

Table de glacier, n° 75.
Talc, n° 3.
Tapirs, n° 205.
Terrains, n° 167.
Terrasses, n° 92.
Térébratules, nos 184, 196.
Terre glaise, n° 16.
Terre végétale, nos 2, 224 à 226.
Terreau, n° 225.
Tertiaires (terrains), nos 179, 202, 229.
Topaze, n° 178.
Torrents, nos 51 à 54.
Tortues, n° 205.
Tourbe, n° 222.
Tourbières, n° 223.
Tourmalines, n° 178.
Tourmentes, n° 78.
Trachytes, nos 156, 208.
Travertins, nos 117, 210.
Tremblements de terre, n° 165.
Trias (terrains de), nos 191, 199.
Trilobites, nos 179, 182.
Tripoli, n° 122.
Tufs, nos 117, 150.

Unios, n° 206.

Vallées, n° 1.
Vallées d'érosion, n° 55.
Végétaux, nos 185, 198, 207, 215.
Vitesse des cours d'eau, n° 59.
Volcans, nos 145 à 159.
Volcans éteints, nos 146, 156.

Walchia, n° 185.

Xyphodons, n° 204.

Zinc, n° 189.

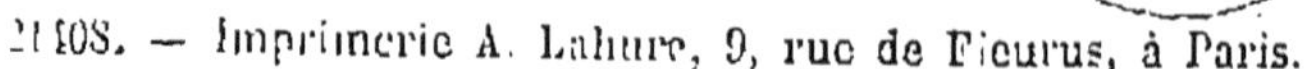

2108. — Imprimerie A. Lahure, 9, rue de Fleurus, à Paris.